...ers
Alli... ...eführer
Ruhrgebiet

Baedekers

Allianz Taschenbücher

Ruhrgebiet

BAEDEKER STUTTGART · FREIBURG

Impressum

Titelbild: Baldeneysee mit Villa Hügel

Ausstattung:
57 Abbildungen
9 Sonderpläne, 8 Grundrisse, 6 Stadtpläne, 5 graphische Darstellungen, 1 Verkehrsplan, 2 Übersichtskarten

Konzeption:
Redaktionsbüro Harenberg, Schwerte
Text:
Ludwig Hertel, Hamm
Bearbeitung und Ergänzung:
Baedeker-Redaktion
Gesamtleitung:
Dr. Peter Baumgarten, Baedeker Stuttgart

Kartographie:
Ingenieurbüro für Kartographie Huber & Oberländer, München
Mairs Geographischer Verlag GmbH & Co., Ostfildern-Kemnat (große Übersichtskarte)

Sternchen (Asterisken) als typographisches Mittel zur Hervorhebung bedeutender Bau- und Kunstwerke, Naturschönheiten und Aussichten, aber auch guter Unterkunfts- und Gaststätten hat Karl Baedeker im Jahre 1844 eingeführt; sie werden auch in diesem Reiseführer verwendet. Besonders Beachtenswertes ist durch * einen vorangestellten ‚Baedeker-Stern', einzigartige Sehenswürdigkeiten sind durch ** zwei Sternchen gekennzeichnet.

Wenn aus der Fülle von Unterkunfts- und Gaststätten nur eine wohlüberlegte Auswahl getroffen ist, so sei damit gegen andere Häuser kein Vorurteil erweckt.

Da die Angaben eines solchen Reiseführers in der heute so schnellebigen Zeit fast ständig Veränderungen unterworfen sind, kann für die Richtigkeit keine absolute Gewähr übernommen werden. Auch lehrt die Erfahrung, daß sich Irrtümer nie gänzlich vermeiden lassen. Für Berichtigungen und Verbesserungsvorschläge ist die Redaktion (Zeppelinstr. 44/I, D-7302 Ostfildern 4) stets dankbar.

1. Auflage
Laufzeit 1983–1985

Urheberschaft:
Baedekers Autoführer-Verlag GmbH, Ostfildern-Kemnat bei Stuttgart

Nutzungsrecht:
Mairs Geographischer Verlag GmbH & Co., Ostfildern-Kemnat bei Stuttgart

Satz:
Setzerei Lihs, Ludwigsburg

Reproduktionen:
Gölz Repro-Service GmbH, Ludwigsburg

Druck:
Mairs Graphische Betriebe GmbH & Co., Ostfildern-Kemnat bei Stuttgart

Buchbinderarbeiten:
H. Wennberg GmbH, Leonberg-Eltingen

Printed in Germany

ISBN 3-87504-154-2

Inhalt

Bildnachweis:
Das Gros der Vorlagen zur Reproduktion der farbigen Abbildungen stellten die Presseämter der genannten Städte zur Verfügung.
Titelbild: Walter Moog, Essen-Kettwig (Freigabe-Nr. 19 / E 384, Reg.Präs. Düsseldorf); S. 8: Krupp Stahl AG, Duisburg; S. 11: Stadt Duisburg; S. 13: Stadt Recklinghausen; S. 15: Stadt Dortmund; S. 16: Stadt Duisburg; S. 18: Stadt Gelsenkirchen; S. 21 (3x): Historia-Photo, Hamburg; S. 25: Stadtarchiv Duisburg; S. 32: Achim Sperber, Hamburg; S. 43, 47 (2x), 49, 52 und 53: Stadt Bochum; S. 57: Stadt Castrop-Rauxel; S. 59 und 61: Stadt Datteln; S. 65 (2x): Stadt Dorsten; S. 66: Stadt Recklinghausen; S. 68: Stadt Dorsten (Freigabe-Nr. 10529/78, Reg.Präs. Münster); S. 71, 75, 77, 78 und 79: Stadt Dortmund; S. 81: Stadt Duisburg (Freigabe-Nr. 9/55443, Reg.Präs. Stuttgart); S. 83: Demag, Duisburg; S. 90: Stadt Duisburg; S. 103, 105 und 110: Stadt Essen; S. 115: Stadt Gelsenkirchen (Freigabe-Nr. 1627/75, Reg.Präs. Münster); S. 119 und 122: Stadt Hagen; S. 125: Stadt Hamm; S. 128: Stadt Hattingen; S. 132: Stadt Herne (Freigabe-Nr. 1464482, Reg.Präs. Münster); S. 135: Stadt Herten; S. 137: Stadt Kamen; S. 139: Stadt Lünen; S. 146: Stadt Mülheim a.d. Ruhr; S. 151: Stadt Oberhausen; S. 155 (2x): Stadt Recklinghausen; S. 159: Stadt Attendorn; S. 162: Fremdenverkehrsverband Sauerland (Freigabe-Nr. 9/360696279); S. 167: Stadt Lüdinghausen (Freigabe-Nr. 30 B 1983, Reg.Präs. Düsseldorf); S. 169: Stadt Unna; S. 171 (2x): Stadt Waltrop; S. 175 und 177: Stadt Wetter.

Vorwort

Dieser Reiseführer gehört zur neuen Baedeker-Generation.

In Zusammenarbeit mit der Allianz Versicherungs-AG, die durch ihren Beitrag die neue Konzeption ermöglichte, erscheinen bei Baedeker erstmals durchgehend vierfarbig illustrierte Reiseführer im Taschenbuchformat. Die neue Gestaltung entspricht den Gewohnheiten modernen Reisens: Nützliche Hinweise werden in der Marginalienspalte neben den Beschreibungen herausgestellt. Diese Anordnung gestattet eine überaus einfache und rasche Handhabung.

Baedekers Allianz-Taschenbuch-Reiseführer „Ruhrgebiet" ist in drei Hauptteile gegliedert: Im ersten Teil wird über Zahlen und Fakten, Geschichte, berühmte Persönlichkeiten u. a. berichtet. Im zweiten Teil werden die Städte und Naherholungsgebiete mit ihren Sehenswürdigkeiten beschrieben. Daran schließt sich ein dritter Teil mit praktischen Informationen. Sowohl die Sehenswürdigkeiten als auch die Informationen sind in sich alphabetisch geordnet.

Baedekers Allianz-Taschenbuch-Reiseführer zeichnen sich durch Konzentration auf das Wesentliche sowie Handlichkeit aus. Sie enthalten eine Vielzahl neu entwickelter Pläne und zahlreiche farbige Abbildungen. Zu diesem Taschenbuch gehört als integrierender Bestandteil eine große Übersichtskarte.

Wir wünschen Ihnen mit Baedekers Allianz-Taschenbuch-Reiseführer viel Freude und einen lohnenden Aufenthalt ‚vor Ort'!

H. Baedeker

Dr. W. Schieren
Vorsitzender des Vorstandes
der Allianz Versicherungs-AG

Dr. V. Mair

Zahlen und Fakten

Allgemeines

Region

Als Kern des Rheinisch-Westfälischen Industriegebietes ist das Ruhrgebiet im engeren Sinn der größte industrielle Ballungsraum Europas – mit einem dichten Netz von Siedlungen, Industrieanlagen (vor allem Kohlezechen, Eisenhütten, Stahlwerke), Verkehrswegen (Autobahnen, Bundesstraßen; Eisenbahnen für Personen- und Güterverkehr, U- und S-Bahnen, Straßenbahnen, Omnibusse; Kanäle, Flüsse, Binnenhäfen).

Landesteil

Das Ruhrgebiet ist das Herzstück des Bundeslandes Nordrhein-Westfalen. Der allgemeine Sprachgebrauch geht von einer einheitlichen Zuordnung aus, die so nicht besteht. Denn das Ruhrgebiet ist weder eine landschaftliche noch eine historische oder politische Einheit.
Die groben Grenzen sind markiert durch die Flüsse Ruhr (Süden), Rhein (Westen), Lippe (Norden) und durch die Linie Hamm–Unna–Hagen (Osten).

Geographische Lage

Das Ruhrgebiet liegt im Schnittpunkt naturräumlicher Zonen: Rheinisches Schiefergebirge, Westfälische Tiefebene, Niederrheinische Ebene. Im Süden reicht das Gebiet bis ins Bergische Land mit den letzten Höhenzügen des Steinkohlengebirges südlich der Ruhr. Nördlich der Ruhr schließen sich die Lößebenen der Hellwegzone und die Emscherniederung an. Jenseits des Lippetals im Norden geht das Ruhrgebiet in die Münsterländische Bucht über.

Fläche und Einwohner

Das Ruhrgebiet umfaßt eine Fläche von knapp 5000 qkm – das ist so viel wie zehnmal Westberlin oder wie das Saarland und das Großherzogtum Luxemburg zusammen. Seit mehr als einem Jahrzehnt war die Einwohnerzahl – wegen der anhaltenden Kohle- und Stahlkrise – rückläufig. Der jetzige Bevölkerungsstand erreicht knapp 5,4 Millionen, darunter 450000 Ausländer.
Die Besiedlungsdichte des Ruhrgebiets beträgt rund 1210 Einwohner pro Quadratkilometer.

Verwaltungsgliederung

In der preußischen Zeit lief durch das Ruhrgebiet die Grenze zwischen den Provinzen Westfalen (Regierungsbezirke Arnsberg und Münster) und Rheinland (Regierungsbezirk Düsseldorf). Da bis heute das Revier keine verwaltungspolitische Einheit ist, hat es sich seit 1920 eingebürgert, das vom Kommunalverband Ruhrgebiet (früher Siedlungsverband Ruhrkohlenbezirk) betreute Gebiet mit ‚Ruhrgebiet' gleichzusetzen. Seit der kommunalen Neugliederung 1975/1976 gehören zum Kommunalverband Ruhrgebiet elf kreisfreie Städte – nämlich Bochum, Bottrop, Dortmund, Duisburg, Essen, Gelsenkirchen, Hagen, Hamm, Herne, Mülheim und Oberhausen – sowie vier Kreisgebiete: Ennepe-Ruhr, Recklinghausen, Unna, Wesel. Insgesamt sind das 53 selbständige Gemeinden.

◀ *‚Stahlkocher' an der Ruhr*

Verwaltungsaufbau

Die Bürgervertretung (Stadt-, Gemeinderat) in den selbständigen Kommunen, die vom Volk gewählt wird, wählt ihrerseits den (Ober-)Bürgermeister, der für die politischen Aufgaben zuständig ist. Für die eigentlichen Verwaltungsdienste werden vom Stadtrat der (Ober-)Stadtdirektor und die für einzelne Fachgebiete verantwortlichen Dezernenten ernannt. Die beratende Funktion der Bezirks- bzw. Stadtteilvertretungen ist seit der kommunalen Neugliederung wichtiger geworden, ohne daß diese Gremien praktische Entscheidungsbefugnisse hätten.
An der Spitze des Kreises – mit gewähltem Kreistag – steht der Landrat, an der Spitze der Regierungsbezirke der Regierungspräsident (mit verschiedenen nachgeordneten Behörden und Dienststellen).

Kommunalverband Ruhrgebiet

Der Kommunalverband Ruhrgebiet (KVR) nimmt für die ihn tragenden Städte und Kreise eine Vielzahl von Aufgaben und Tätigkeiten wahr: Umwelt- und Landschaftspflege, Öffentlichkeitsarbeit, Betrieb überörtlicher Freizeitanlagen, kommunale Technologieberatung, Stadtentwicklung und Raumplanung, Kartographiewesen, Erarbeitung von wirtschaftlichen Grunddaten u. a.

Bevölkerung und Religion

Bevölkerungsentwicklung

Die Bevölkerung des Ruhrgebietes ist im Zuge der stürmischen Industrialisierung innerhalb von 160 Jahren um das Zwanzigfache gestiegen. Im Jahre 1820 verzeichnete die Statistik gerade 274204 Einwohner. Um die Jahrhundertwende waren es 630000. Die Millionengrenze wurde etwa 1925 überschritten, und 1950 gab es bereits 4,7 Millionen Ruhrgebietler. Der höchste Bevölkerungsstand war 1965 mit 5715690 Einwohnern erreicht. Dann setzte – durch Rückgang der Arbeitsplätze und sinkende Geburtenraten – eine rückläufige Entwicklung ein. Erst 1980 erfuhr das Ruhrgebiet wieder Zuwanderungsgewinne. Die Einwohnerzahl liegt jetzt bei 5,38 Millionen.

Ausländer

Fast die Hälfte (47%) der rund 450000 Ausländer, die im Ruhrgebiet leben, stammt aus der Türkei. Dann folgen in der Statistik Jugoslawen (12%), Italiener (9%) und Griechen (6%). Jeder achte Grundschüler im Revier ist heute ausländischer Herkunft.

Soziokulturelle Vermischung

Der Zustrom in das Ruhrgebiet erfolgte weder planmäßig noch kontinuierlich. Die Zuwanderer kamen – in verschiedenen Etappen und in unterschiedlicher Anzahl – aus allen Teilen Deutschlands sowie aus dem Ausland (vielfach aus Polen). Obwohl heute noch zahlreiche Heimatvereine (vor allem Schlesier und Bayern) bei gemeinsamen Feiern an das alte Kulturerbe erinnern, vermischten sich im Laufe der Jahrzehnte die Gebräuche und der Volkscharakter der Zuwanderer (‚Ostlinge') mit der angestammten, z.T. regional unterschiedlichen rheinisch-westfälischen Soziokultur. Prägende Wirkung auf die Wesensmerkmale der neuen Revierbewohner hatte nicht zuletzt die gleiche Erfahrung beim gemeinsamen Erleben und Durchstehenmüssen der schweren Arbeit in der Grube und am Hochofen.

Sprache

Eines der wesentlichsten, wenn nicht sogar das einzige typische Merkmal der heutigen (deutschen) Bevölkerung im Ruhrgebiet ist die Sprache, die für Außenstehende annähernd gleich klingt – Insider vermögen dagegen deutliche Unterschiede zwischen den einzelnen Regionen festzustellen – und die der Gelsenkirchener Humorist Jürgen von Manger in ganz Deutschland bekannt gemacht hat. Wichtiges Indiz für das Ruhrdeutsch ist die Verkürzung von Grammatik und Schriftsprache auf einen knappen Verständigungsslang: „Willze Buttas?" (Möchtest du Butterbrote essen?), „Kumman Ennaz" (Schau mal, was der Bernhard da macht!), „Hasse Schulla?" (Hast du die Schulaufgaben gemacht?), „Kommze auf Schalke?" (Gehst du auch zum Fußballspiel des FC Schalke 04?). „Körrie Fritten weißrot" heißt heute die Bestellung für „Eine Currywurst und eine Portion Pommes frites mit Mayonnaise und Ketchup". Ruhrpott-Worte wie „Maloche", „Macker", „blau machen", sind Allgemeingut der deutschen Sprache geworden.

Religion

Mehrheitlich bekennen sich die Einwohner des Ruhrgebiets zu christlichen Religionen, wenn auch nicht selten nur als ‚Taufscheinchristen'. Katholiken (mehr im Norden, an der Grenze zum Sauerland und im rheinischen Teil) und Protestanten (mehr im Zentrum) sind in der statistischen Zahl etwa gleich stark. Daneben gibt es als Minderheiten andere christliche Religionsgemeinschaften, Juden (neue Synagoge in Dortmund) sowie (verstärkt) Moslems mit eigenen Kulträumen.

Verkehr

Allgemeines

Der Ballungsraum Ruhrgebiet hat eine hervorragende Verkehrslage: Hier schneiden sich die wichtigsten europäischen Verkehrsachsen. Es ist müßig, darüber zu streiten, was die Ur-

Autobahnkreuz Duisburg-Kaiserberg

Verkehr

Allgemeines (Fortsetzung)

sache und was die Wirkung war: Industrie und Verkehr sind in ihrer Entwicklungsgeschichte und in ihrer Leistungsfähigkeit voneinander abhängig – gleichzeitig Auslöser füreinander und Nutznießer voneinander.

Flughafen

Das einzige, was das Verkehrswesen im Revier nicht hat, ist ein internationaler Flughafen. Ein solcher liegt aber mit Düsseldorf-Lohausen direkt vor der Haustüre. Von manchen Orten im (rheinischen) Ruhrgebiet aus ist der Verkehrsflughafen Düsseldorf sogar schneller zu erreichen als von Düsseldorf selbst. Die wenigen Regionalflugplätze dienen vorwiegend dem Geschäfts- und Privatverkehr.

Wasserstraßen und Häfen

Das Ruhrgebiet verfügt über das dichteste Kanal- und Hafensystem der Bundesrepublik. Auf dem 272 km langen Wasserstraßennetz werden vorwiegend Erze, Mineralöle und Baustoffe ins Ruhrgebiet, sowie Kohle, Koks und Fertigprodukte der Eisen- und Stahlindustrie aus dem Ruhrgebiet transportiert. Die 31 öffentlichen Häfen, in denen jährlich 90000 Schiffe be- und entladen werden, schlagen im Schnitt 90 Mio. t pro Jahr um (= 70% des Gesamtumschlags der nordrhein-westfälischen Häfen). Dabei hat Duisburg den größten Binnenhafen der Erde.

Eisenbahn

Gemäß seiner wirtschaftlichen Bedeutung ist das Ruhrgebiet Schnittpunkt des schienengebundenen Personen- und Güterverkehrs. In neun großen Verschiebebahnhöfen wird der Gütertransport gebündelt. Mit rund 70 Bahnhöfen, 6 Intercity-Haltepunkten und 19 D-Zug-Stationen bewältigt die Bundesbahn mit ihrem Schienennetz von insgesamt 1470 km einen großen Teil des Fernverkehrs und öffentlichen Personennahverkehrs sowie die gewaltigen Pendlerströme zwischen den Revierstädten.

Nahverkehr (Verkehrsverbund Rhein-Ruhr)

Das ständig erweiterte S-Bahn-Netz (seit 1983 durchgehend von Dortmund über Bochum–Essen–Duisburg bis Düsseldorf) der Bundesbahn und ihre Nahverkehrsverbindungen sind integrierter Bestandteil des Verkehrsverbundes Rhein-Ruhr, dem nahezu alle öffentlichen Personennahverkehrsbetriebe (z.T. U-Bahnen) angeschlossen sind. Mit einem Streckennetz von 12000 km und einer jährlichen Beförderungsleistung von rund 900 Millionen Personen ist daher der Verkehrsverbund Rhein-Ruhr der größte seiner Art in Europa.

Straßenverkehr

Das Ruhrgebiet war schon immer angewiesen auf eine enge Verflechtung örtlicher, regionaler und überregionaler Straßennetze. Zusammenhängende Trassenführungen und engmaschige Verknüpfungen von Verkehrswegen wurden aber erst nach 1920 planerisch verwirklicht. Heute hat das Ruhrgebiet 499 km Bundesautobahn, 836 km Bundesstraßen sowie ein Netz von 15200 km Land-, Kreis- und Gemeindestraßen. Kfz-Bestand: 2,24 Millionen Einheiten.

Autobahnen

A 1 (Hansalinie): Ostsee–Hamburg–Münster–Kamen–Köln–Eifel
A 2 (Hollandlinie): Hannover–Kamen–Oberhausen–Niederlande
A 3: Niederlande–Oberhausen–Köln–Frankfurt am Main
A 31 (Emslandlinie, im Bau): Bottrop–Dorsten–Coesfeld
A 42 (Emscherschnellweg): Castrop-Rauxel–Oberhausen–Moers
A 43: Münster–Recklinghausen–Wuppertal
A 44: Kassel–Dortmund–Essen–Düsseldorf
A 45 (Sauerlandlinie): Castrop-Rauxel–Dortmund–Hagen–Hanau

A 46: Iserlohn–Hagen–Düsseldorf
A 52: Essen–Düsseldorf
A 57: Niederlande (im Bau)–Goch–Duisburg–Köln
A 59: Dinslaken–Duisburg
A 430 / B 1 (Ruhrschnellweg): Hameln–Unna–Bochum–Essen–Düsseldorf

Wichtige Bundesstraßen

B 1 (Ruhrschnellweg): siehe oben
B 7: Neheim-Hüsten–Hagen
B 51: Münster–Recklinghausen–Köln
B 54: Niederlande–Münster–Dortmund
B 61: Lünen–Hamm–Bielefeld–Bremen
B 63: Wickede–Hamm–Drensteinfurt
Durch das Ruhrgebiet führen außerdem die Bundesstraßen B 223 bis B 236.

Kultur

Allgemeines

Entgegen landläufiger Vorurteile ist das Ruhrgebiet ein traditionsreiches Kulturland: Königshöfe (z. B. Duisburg, Mülheim, Essen, Bochum, Hattingen, Dortmund, Recklinghausen) waren im 8./9. Jh. zusammen mit Klöstern und Abteien Ausgangspunkte für die soziokulturelle Urbarmachung des Landes. Zu den kulturgeschichtlich bedeutenden Baudenkmälern gehören romanische und gotische Kirchen, profane Renaissancebauten, historische industrietechnische Anlagen u. a.
Mit rund 130 (z.T. gut restaurierten) Burgen, Schlössern und Herrenhäusern kann das Ruhrgebiet denselben hohen Rang

Ruhrfestspielhaus in Recklinghausen

Allgemeines (Fortsetzung)

beanspruchen wie das als ‚Burgenland' gerühmte Münsterland. Theater und Konzertsäle locken jährlich mehr Besucher (ca. 2,4 Mio.) an als die zahlreichen Fußballarenen der großen hier heimischen Bundesligaklubs. Insgesamt gibt es jährlich rund 10000 Abendveranstaltungen aller Art.

Theater, Oper, Musik

Die Musentempel im Ruhrgebiet verdanken ihre Entstehung mehr als anderswo den Bürgerinitiativen, die häufig von Mäzenen aus der Industrie gestützt wurden. So entstand 1892 in Essen das erste Theater als Stiftung des Industriellen Grillo.
Heute zählt das Revier zwölf öffentlich getragene Theater und zehn Orchester. Überregionale Ausstrahlung haben z. B. die Ruhrfestspiele Recklinghausen, das Schauspielhaus Bochum, die vom Duisburger Theater gemeinsam mit der Düsseldorfer Oper gegründete ‚Deutsche Oper am Rhein', das Gelsenkirchener ‚Musiktheater im Revier' sowie die Städtischen Bühnen in Hagen (vor allem Opern und Ballett), Essen und Dortmund. Das Westfälische Landestheater in Castrop-Rauxel zählt zu den besten Wanderbühnen der Bundesrepublik. Die Revierstädte, die nicht über ein eigenes Theaterensemble oder Orchester verfügen, bieten ihren Bürgern ein reichhaltiges Angebot an Gastspielen auswärtiger Bühnen und Orchester.

Museen

Insgesamt 82 Museen sind im Ruhrgebiet beheimatet; sie zählen jährlich 2,8 Mio. Besucher. Die renommiertesten unter den 20 Kunstmuseen sind das Folkwang-Museum in Essen (repräsentative Sammlung der Kunst von 1800 bis heute), das Karl-Ernst-Osthaus-Museum in Hagen (Spezialsammlung deutscher Expressionisten), das Wilhelm-Lehmbruck-Museum in Duisburg (internationale Bildhauerkunst) und das Ikonenmuseum in Recklinghausen.
Die über 60 kulturgeschichtlichen und heimatkundlichen Museen bieten ein interessantes, facettenreiches Bild der Entwicklung des Reviers. Dabei erfreuen sich vor allem das Bergbau-Museum Bochum (450000 Besucher jährlich) und das Westfälische Freilichtmuseum Technischer Kulturdenkmale in Hagen (260000 Besucher) besonderer Publikumsgunst.

Hochschulen

Von 1650 bis 1818 bestand in Duisburg die Klevesche Landesuniversität. Danach war das Ruhrgebiet eine Diaspora für wissenschaftliche Hochschulen. Seit 1965, als die Ruhr-Universität Bochum gegründet wurde, ist das Defizit deutlich verringert worden. Die Universitäten Bochum, Dortmund, Duisburg, Essen, die erste deutsche Fernuniversität in Hagen und die erste deutsche Privatuniversität (Witten-Herdecke) haben insgesamt rund 95000 Studierende. Im Ruhrgebiet studieren vor allem Einheimische und unter diesen überdurchschnittlich viele Kinder aus Arbeiterfamilien.
Auch der Bildungsunterbau ist besser geworden: 968 Grundschulen, 440 Hauptschulen, 224 Sonderschulen, 143 Realschulen, 176 Gymnasien, 19 Gesamtschulen. Besonders gut ausgebaut ist das berufliche Bildungswesen mit 85 Berufsschulen, 83 Berufsfachschulen, 65 Fachoberschulen und 30 Fachschulen für insgesamt mehr als 190000 Schüler.
An speziellen Bildungseinrichtungen zu erwähnen sind die traditionsreiche Folkwang-Hochschule für Musik, Theater und Tanz sowie die Westfälische Schauspielschule in Bochum.

Wissenschaftliche Institute

Von den eher spärlich vertretenen wissenschaftlichen Forschungseinrichtungen (außerhalb der Universitäten) wird im

Theater in Dortmund

Revier dennoch eine breite Grundlagenforschung betrieben: Kohle- und Energieforschung, Umweltschutz, Kinderernährung, Arbeitsphysiologie und Unfallforschung sind die Hauptgebiete. Die Institute der Max-Planck-Gesellschaft in Dortmund und Mülheim haben internationalen Rang ebenso wie das Bochumer Institut für Umwelt- und Zukunftsforschung.

Handel und Industrie

Allgemeines

Zwar hat sich der allgemein zu beobachtende Trend zum Dienstleistungssektor, vornehmlich im staatlich-administrativen Bereich, auch im Ruhrgebiet durchgesetzt. Doch ist der Montanbereich (Kohle und Stahl) trotz der Krisen der jüngsten Zeit immer noch dominierend. 1981 waren 52% der insgesamt 2,05 Mio. Beschäftigten im Bergbau und im produzierenden Gewerbe tätig (1970: 58,4%, 1950: 63,4%, 1939: 61,2%). Im Dienstleistungssektor arbeiten inzwischen rund 48% (1970: 40,1%, 1950: 32,0%, 1939: 33,3%).
Diese wirtschaftliche Monostruktur hat durch die seit Jahren andauernde Krise die Arbeitsmarktlage drastisch verschlechtert. So ist etwa die Arbeitslosigkeit zwischen 1976 und 1981 im Ruhrgebiet um 50% angestiegen (im Bundesdurchschnitt nur um 38,5%). Die Arbeitslosenquote kletterte 1982 deutlich über die Zehn-Prozent-Marke. Und der Arbeitsplatzabbau im Bereich von Bergbau und Schwerindustrie hält an.
Aber obwohl das Bruttosozialprodukt seit einigen Jahren unterdurchschnittlich steigt, liegt das Pro-Kopf-Bruttosozialprodukt (19846 DM) immer noch über dem Bundesdurchschnitt. Mehr

Allgemeines (Fortsetzung)

als 2600 Industriebetriebe und 29000 Handwerksbetriebe erwirtschaften zusammen rund 60 Milliarden DM (= 55% der Bruttowertschöpfung des Ruhrgebiets). Jedes fünfte der umsatzstärksten bundesdeutschen Unternehmen hat seinen Sitz im Ruhrgebiet. Insgesamt beträgt die Lohn- und Gehaltssumme pro Jahr rund 65 Milliarden DM.

Industrie

Seit zwei Jahrzehnten ist unverkennbar ein allmählicher Strukturwandel eingetreten. Im traditionellen Montanbereich setzt die Region auf neue Technologien (z. B. Veredelung der Kohle zu Kohle-Öl und -Gas). Rationalisierung und Mechanisierung haben die Schichtleistung je Mann (unter Tage) seit 1957 fast verdoppelt. Der Ruhrkumpel zählt international zu den leistungsfähigsten Bergleuten. Zwar werden mehr als 80% der deutschen Steinkohle im Revier gefördert, aber insgesamt ist die Förderleistung auf 3% Weltanteil zurückgegangen (1960: 6%).
Auch das zweite Standbein der Ruhrwirtschaft, die Eisen- und Stahlindustrie, ist seit 1974 einem steigenden Wettbewerb, aber auch konjunkturellen Schwankungen und Anpassungsproblemen ausgesetzt. Von der damals höchsten Rohstahlerzeugung (32,3 Mio. t) ging die Produktion bis 1982 um 31% zurück. Gleichwohl werden an der Ruhr immer noch knapp 20% des Rohstahls der EG erzeugt. Die internationale Stahlkrise, d. h. vor allem weltweite Überkapazitäten, verschlechtert die allgemeine Arbeitsmarktlage im Ruhrgebiet noch mehr.
Nach wie vor ist das Revier das deutsche Energiezentrum: 30 Großkraftwerke erzeugen eine Gesamtleistung von 13572 Megawatt. Fast alle großen Energieversorgungsunternehmen haben ihren (Verwaltungs-)Sitz an Rhein und Ruhr. Weitere wich-

Kohleabbau mit Schrämmaschine

tige Industriebereiche sind: Maschinen- und Fahrzeugbau, Elektrotechnik, Feinmechanik und chemische Industrie.

Landwirtschaft

Die einstmals bäuerliche Region ist durch die Industrialisierung total verändert worden. Mit 1,3% der Beschäftigten (= 26000) erbringt die Landwirtschaft heute nur noch 0,5% des Bruttosozialprodukts des Ruhrgebietes. Der größte Teil der 9580 landwirtschaftlichen Betriebe im Ruhrgebiet sind Klein- und Kleinstbetriebe (bis 20 ha Nutzfläche). Wichtigste Erwerbszweige: Milchwirtschaft (275 Mio. Liter pro Jahr), Hühner- (2,1 Mio.) und Schweinezucht (549000 Stück).

Einkaufszentren

Als Wirtschaftszentrum ersten Ranges erfüllt das Ruhrgebiet zwangsläufig eine wichtige Handelsfunktion. Die meisten Großstädte sind nicht nur Einkaufszentren für die eigenen Bürger, sondern auch für das mittel- und kleinstädtische Umland und die landwirtschaftlichen Randzonen.
Das vielfältige Erscheinungsbild des Handels läßt sich in zwei große Strukturbereiche gliedern. Zum einen gibt es riesige Einkaufszentren, meist in Stadtrandlage, mit guter Verkehrsanbindung und großem Parkplatzangebot. Zum anderen sind durch großzügige und gezielte Einrichtung von Fußgängerzonen citynahe Einkaufsgebiete entstanden: Kaufhäuser, Spezialgeschäfte und exklusive Boutiquen auf engem Raum. Eine besondere Einkaufsatmosphäre strahlen die Wochenmärkte aus, die in allen Orten und Stadtteilen regelmäßig abgehalten werden.

Freizeit und Sport

Allgemeines

Zwar bot das Ruhrgebiet schon immer mit seinem vielgestaltigen Landschaftsbild Freizeit- und Erholungsmöglichkeiten in Stadtnähe, und die Städte selbst hatten durch kommunale Parkanlagen wohnungsnahe Freiflächen für die Erholung geschaffen. Doch erst in den letzten Jahren verbesserte die Region mit gewaltigen Anstrengungen das frühere Mißverhältnis zwischen Arbeitsraum und Freizeitwelt. Heute gibt es im Ruhrgebiet 2907 öffentliche Parks und Grünanlagen mit 4450 ha Fläche sowie 12036 ha Wasserflächen, 3065 öffentliche Spielplätze und 75016 ha Wald.

Revierparks

Bei der Umstrukturierung wurde Wert darauf gelegt, daß die Freizeiteinrichtungen selbst für größere Einzugsbereiche leicht erreichbar und familiengerecht gestaltet sind. Musterbeispiele einer sinnvollen Kombination für stille und aktive Erholung sind die fünf Revierparks Gysenberg (Herne), Wischlingen (Dortmund), Nienhausen (Gelsenkirchen/Essen), Vonderort (Oberhausen/Bottrop) und Mattlerbusch (Duisburg) mit Sport- und Spielflächen, Wellenbädern und Freizeithäusern.

Städtische Freizeitparks

Zweiter Schwerpunkt war die Schaffung von Freizeitangeboten in den Stadtvierteln (Spielstraßen, Bürgerhäuser) und von Parkanlagen inmitten des dichten Siedlungsgebietes. Zur grünen Industrielandschaft Ruhrgebiet gehören auch: 2100 Schrebergartenkolonien, 13 Tierparks (u. a. der berühmte Duisburger Zoo), 17 Wildgehege, 4 Vogelparks, 94 Trimmanlagen in den Stadtwäldern. Die Essener Gruga, Schloß Berge in Gelsenkirchen und der Dortmunder Westfalenpark zählen zu den schönsten deutschen Garten- und Parklandschaften.

Freizeit und Sport

Naherholungsgebiete

Die wichtigsten Naherholungsgebiete innerhalb des Reviers sind der Kemnader Stausee (im Städtedreieck Bochum–Witten–Hattingen), die Lippe-Aue in Hamm, das malerische Ruhrtal (mit Hengsteysee, Harkortsee, Baldeneysee, Kettwiger Stausee), der Halterner Stausee, das Waldgebiet Haard, die Kirchheller Heide und die Sechs-Seen-Platte in Duisburg.

Sport und Freizeit

Sport im Ruhrgebiet – das heißt traditionell: Fußball. Sport im Ruhrgebiet ist aber auch und vor allem das Neben- und Miteinander von Leistungs- und Freizeitsport jeder Art. Insgesamt 3600 Vereine sowie zahlreiche Gruppen bieten einen vielfältigen Rahmen für alle möglichen Volkssport- und Spieltreffs.
Neben WM-würdigen Arenen – z. B. Parkstadion Gelsenkirchen, Westfalenstadion Dortmund, Ruhr-Stadion Bochum, Wedau-Stadion Duisburg, Westfalenhalle Dortmund, Gruga-Halle Essen, Ischelandhalle Hagen, Rhein-Ruhr-Halle Duisburg, Ruhrlandhalle Bochum – gibt es 4189 Sportplätze und 1824 Sporthallen. Neben den drei großen Regattastrecken – Wedau (Duisburg), Baldeneysee (Essen), Kemnader Stausee (Bochum) – bieten sich stadtnahe Seen, Flüsse und Kanäle als ideale Freizeitreviere für Wassersport und Angeln an. Rund 30 Mio. Badegäste besuchen jährlich die 271 Hallen- und 121 Freibäder.
Einstmals exklusive Sportarten wie Tennis und Reiten haben sich auch und gerade im Ruhrgebiet zum Volkssport entwikkelt. Einige Zahlen dazu: 1951 Tennisfelder (davon 444 in Hallen), 159 Reitsportanlagen, 122 Reithallen – auch Galopprennbahnen in Dortmund-Wambel, Mülheim-Raffelberg, Gelsenkirchen-Horst und Trabrennzentren in Dinslaken, Recklinghausen und Gelsenkirchen-Nienhausen –, 13 Eissporthallen, etliche Golfbahnen, Segelflugplätze, Segelreviere u. v. a.

Gelsenkirchener Galopprennbahn

Brieftauben

Und schließlich gehören Brieftauben zum Bild des sportlichen Ruhrgebiets, auch wenn die Möglichkeiten für dieses ,Kumpelhobby' durch Neubauwohnungen, in denen sich kein Taubenschlag einrichten läßt, stark eingeschränkt worden sind. Von den 95000 in aller Welt organisierten Taubenzüchtern sind allein 40000 im Revier beheimatet. In Essen gibt es die einzige Taubenklinik der Welt.

Volksfeste

Bleibt noch der Hinweis auf das ,feiernde' Ruhrgebiet: Bürgerparty und Altstadtfest, Gänseköppen und Schützenfest, Maiabend und Kirmes (darunter das älteste deutsche Volksfest, die Cranger Kirmes), Sparklub-Stammtisch und Sängerfest – es gibt keinen Mangel an Volksfesten. Irgendein Verein, der etwas veranlaßt und organisiert, ist immer in der Nähe.

Berühmte Persönlichkeiten

Luise Albertz
(22. 6. 1901 – 1. 2. 1979)

Luise Albertz verstand ihre politische Aufgabe als Arbeit für die Bürger, und sie wurde verstanden als politische Anwältin der Interessen, die Menschen im Ruhrgebiet hatten und haben. 1967 konnte sie als einzige aus der SPD-Spitze den ,Hexenkessel von Huckarde' entschärfen. Damals hatten rund 15000 Bergarbeiter in Dortmund gegen die ersten Zechenstillegungen protestiert. 1970/1971 stellte Frau Albertz aber auch ihre Parteiämter im Unterbezirk Oberhausen zur Verfügung, um gegen den Linkstrend und interne Machtkämpfe zu protestieren. Ihre staatsbürgerliche Zivilcourage, die sie als erste Frau zu einer wichtigen politischen Persönlichkeit im Nachkriegsdeutschland machte, lernte sie im Elternhaus. Ihr Vater, preußischer Landtagsabgeordneter, kam 1945 als KZ-Häftling ums Leben. Sie selbst war seit 1915 Mitglied der SPD, wurde 1946–1948 erstmals und nochmals 1956–1979 Oberbürgermeisterin von Oberhausen. Als Mitglied des Bundestages kümmerte sie sich vornehmlich um den Petitionsausschuß (,Mutter Courage von der Ruhr').

Friedrich Wilhelm Justus Baedeker
(5. 2. 1788 – 21. 4. 1865)

Der Wittener Apotheker Friedrich Wilhelm Justus Baedeker erlangte internationalen Ruf als Vogelkundler. 1855 erschien sein Buch „Die Eier der europäischen Vögel", das bis heute als wichtiges Spezialwerk gilt. Die vielen Bilder dazu malte er mit ungeheuerer Akribie selbst. Wegen der hohen Druckkosten betrug der damalige Verkaufspreis stolze 132 Mark. Der Ornithologe war verwandt mit der Buchhändlerfamilie Baedeker (→ Gottschalk Diederich Baedeker).

Gottschalk Diederich Baedeker
(13. 7. 1778 – 23. 3. 1841)

Mit der Gründung der Essener Firma „G. D. Baedeker", die aus Verlag, Sortimentsbuchhandlung und Buchdruckerei bestand, setzte Gottschalk Baedeker die Tradition seiner Familie fort. Sein Vater Zacharias Gerhard Diedrich Baedeker (1750–1800) hatte bereits eine Buchdruckerei in Essen. Sein Urgroßvater Dietrich Baedeker (1680—1716), Buchdrucker in Bremen und Bielefeld, hatte das Familienunternehmen gegründet. Gott-

G. D. Baedeker
(Fortsetzung)

schalks ältester Sohn Karl Baedeker (1801–1859) gründete in Koblenz 1827 einen Verlag, in dem dann die weltberühmten Baedeker-Reisehandbücher erschienen (ab 1872 in Leipzig).

Friedrich Arnold Brockhaus
(4. 5. 1772 – 20. 8. 1823)

Der gebürtige Dortmunder Friedrich Arnold Brockhaus gründete 1805 in Amsterdam einen Verlag, der später nach Altenburg und Leipzig umsiedelte. 1808 vollendete er die Brockhaus-Enzyklopädie, ein Konversationslexikon, das er in wesentlichen Teilen angekauft hatte.

Henriette Davidis
(1. 3. 1800 – 3. 4. 1876)

An einem Rosenmontag als Tochter des evangelischen Pfarrers von Wengern geboren, wurde Henriette Davidis als Schriftstellerin und Erzieherin wegweisend für die spätere Frauenrechtsbewegung. Sie gab 1844 ihr „Praktisches Kochbuch" heraus, das – mit 60 Auflagen – ein Bestseller wurde. Ihr Herd ist in die Eisenbahnunterführung ihres Heimatortes eingemauert. Die letzten zwanzig Jahre ihres Lebens verbrachte sie in Dortmund.

Emil Fischer
(9. 10. 1852 – 15. 7. 1919)

Emil Fischer gründete 1912 das Kaiser-Wilhelm-Institut in Mülheim (heute Max-Planck-Institut für Kohlenforschung). 1902 erhielt er den Chemie-Nobelpreis. Neben Forschungen über Kohleverflüssigung beschäftigte er sich vor allem mit der Synthese von Traubenzucker und Aminosäuren und entwickelte u. a. das Schlafmittel Veronal.

Franz Haniel
(20. 11. 1779 – 24. 4. 1868)

Bei der Weiterführung und Ausweitung des väterlichen Handels- und Speditionsgeschäftes gab Franz Haniel der Rheinschiffahrt entscheidende Impulse. Er war Mitbegründer der Werft in Ruhrort, wo 1830 das erste eiserne Dampfschiff auf dem Rhein („Stadt Mainz") vom Stapel lief. Im Bergbau führte er den Tiefschacht ein, mit dem zum erstenmal die die Kohle deckende Mergelschicht durchstoßen wurde.

Friedrich Harkort
(22. 2. 1793 – 6. 3. 1880)

Nach den Freiheitskriegen (1815) propagierte Friedrich Harkort während der Frühindustrialisierung mit Kupfer-, Walz- und Eisenwerken die Modernisierung des Maschinenparks nach britischem Vorbild. 1818 gründete er auf dem Plateau der Burgruine Wetter die ‚Mechanische Werkstätte', die vor allem Dampfmaschinen für den aufblühenden Ruhrbergbau herstellte. Das Unternehmen galt als mustergültig – technisch und sozial. Denn Harkort verstand sich immer als ‚industrieller Anreger', nie als ‚Ausbeuter'. Er war einer der ersten, die sich ab 1825 für den verstärkten Eisenbahnbau aussprachen. In seinen politischen Schriften („Bürger- und Bauernbrief") stellte er um 1850 ein Modell vor, das die soziale Integration der Arbeiter in die bürgerlich-industrielle Gesellschaft ermöglichen sollte. Praktische Sozialpolitik betrieb Harkort in den verschiedenen preußischen Abgeordnetenversammlungen. Er zählte zum linksliberalen Flügel der antirevolutionären bürgerlichen Rechten (später Deutsche Fortschrittspartei).

Gustav Heinemann
(23. 7. 1899 – 7. 7. 1976)

Der promovierte Rechts- und Wirtschaftswissenschaftler Heinemann war zunächst als Anwalt und Justitiar im Ruhrgebiet tätig. Während der NS-Herrschaft bereits einer der Köpfe der Bekennenden Kirche und später Führungspersönlichkeit im Laienrat der Evangelischen Kirche, blieb er auch in seiner politischen Karriere humanitären Prinzipien stets verbunden. 1946 wurde er Oberbürgermeister von Essen, 1947/1948 war er Justizminister von Nordrhein-Westfalen, 1949/1950 Innenminister der Bundesrepublik Deutschland; 1951 Austritt aus der CDU

Friedrich Harkort

Alfred Krupp

Freiherr vom Stein

(als Gegner der Aufrüstungspläne), 1952 Gründung der Gesamtdeutschen Volkspartei (GVP), 1957 SPD-Beitritt und erneute Wahl in den Bundestag, 1966–1969 Bundesjustizminister, 1969–1974 Bundespräsident. Die Wahl Heinemanns zum Staatsoberhaupt war praktisch der Beginn der bis Herbst 1982 dauernden politischen Zusammenarbeit zwischen SPD und FDP. In seinen Taten und Reden erwies sich Heinemann immer als ein friedliebender, mutiger, toleranter, integrer Mann mit einem ausgeprägten Gerechtigkeitsgefühl und mit der Fähigkeit zur sozialen Integration.

Carl Arnold Kortum
(5. 7. 1745 – 15. 8. 1824)

Carl Arnold Kortum selbst hätte sich am liebsten als wissenschaftlicher Mediziner gesehen, doch berühmt wurde er als Verfasser der „Jobsiade", eines den Zeitgeschmack parodierenden Epos in Knittelversen. Der gebürtige Mülheimer wurde als Stadtmedicus und nebenamtlicher Arzt beim Königlichen Bergamt dagegen häufig als Quacksalber abqualifiziert, weil er zu viel mit der Alchemie experimentierte und zu sehr die Naturheilkräfte propagierte. Arg verbittert über die Ignoranz seiner Umwelt – er bestritt zeitweise sogar, der Autor der „Jobsiade" zu sein – starb Kortum im ‚Exil' in Bochum.

Alfred Krupp
(26. 4. 1812 – 14. 7. 1887)

Unter der Führung Alfred Krupps expandierte die von seinem Großvater Friedrich Krupp (17. 7. 1787 – 8. 10. 1826) im Jahre 1811 gegründete Essener ‚Fabrik zur Verfertigung des englischen Gußstahls und aller daraus resultierenden Fabrikate' zu einem der größten Konzerne der Montanindustrie. Wichtigste Erzeugnisse waren zunächst Münzwalzen und Gußstahl. Ab 1860 profitierte das Unternehmen in raschem Aufschwung von der stürmischen Industrialisierung und gliederte sich Zechen, Erzgruben und Hüttenwerke an. Alfred Krupp erfand zahlreiche technische Neuerungen, u. a. 1854 den nahtlosen Eisenbahnradreifen und führte frühzeitig Sozialschutzmaßnahmen für die Arbeiter ein: z. B. 1836 Gründung einer der ersten Betriebskrankenkassen, 1855 Gründung einer Pensionskasse, seit 1861 Bau von Wohnsiedlungen, 1872 Krupp-Krankenhaus.

Wilhelm Lehmbruck
(4. 1. 1881 – 25. 3. 1919)

Bereits mit 14 Jahren begann Wilhelm Lehmbruck seine Bildhauerlehre an der Kunstgewerbeschule Düsseldorf. Internationale Beachtung verdiente sich sein künstlerisches Schaffen nach 1910, als er während eines mehrjährigen Paris-Aufent-

W. Lehmbruck
(Fortsetzung)

halts durch Begegnungen mit Matisse, Archipenko, Modigliani und Maillol beeinflußt wurde. Der gebürtige Duisburger (Stadtteil Meiderich) schuf sich mit seinen überlängten, feingliedrigen Figuren weltweite Anerkennung als einer der bedeutendsten Vertreter deutscher expressiver Plastik. Seine Bronze „Emporsteigender Jüngling" (1913) steht heute im New Yorker Museum of Modern Art. Die meisten seiner wichtigen Plastiken, darunter der bedeutsame Steinguß „Der Gestürzte" (1916), sind im Duisburger Wilhelm-Lehmbruck-Museum zu sehen. Der Künstler beging 1919 in Berlin Selbstmord.

Mercator
(eigentlich Gerhard Cremer;
5. 3. 1512 – 2. 12. 1594)

Mit vierzig Jahren, als er schon der bedeutendste Geograph und Kosmograph der damaligen Zeit war, zog Mercator aus politischen Gründen von Flandern nach Duisburg. Dort entwikkelte er das nach ihm benannte Verfahren – winkelgetreue Projektion der gekrümmten Erdoberfläche auf das ebene Kartenblatt –, das die Herstellung der ersten brauchbaren Navigationskarten für die Seeleute ermöglichte und heute noch für See- und Luftfahrtkarten (in modifizierter Form) angewendet wird. Er entwickelte Erd- und Himmelsgloben, die heute im Niederrheinischen Museum in Duisburg zu sehen sind. Doch erst kurz nach seinem Tod erschien 1595 der erste Atlas, das von ihm zusammengestellte Kartenwerk der ganzen Erde.

Heinz Rühmann
(geb. 7. 2. 1902)

Heinz Rühmann, Hotelierssohn aus Essen, brach gegen den Willen der Eltern die Schulausbildung ab und wurde mit 17 Jahren Schauspieler. Mit seinem verschmitzt-schüchternen Charme wurde er ab 1926 einer der beliebtesten deutschen Filmkomiker, wuchs aber nach dem Zweiten Weltkrieg ins Charakterfach hinein. Daneben führte er auch Regie. Seine bekanntesten Filme sind: „Die Drei von der Tankstelle" (1930), „Die Feuerzangenbowle" (1944), „Der Hauptmann von Köpenick" (1956), „Der eiserne Gustav" (1958), „Der brave Soldat Schwejk" (1960).

Friedrich Otto Schott
(17. 12. 1851 – 27. 8. 1935)

Friedrich Otto Schott, Kind eines Wittener Walzenmachers, begann bereits als 17jähriger Student im Keller seines Elternhauses mit physikalischen Experimenten und chemischen Versuchen, die später zur Entwicklung des optischen Glases führten. In Verbindung mit Ernst Abbe in Jena, der ebenfalls auf diesem Gebiet arbeitete, gründete Schott 1884 das ‚Jenaer Glaswerk Schott & Gen.'. Die Tiegel, mit denen er seine Forschungen begonnen hatte, stehen heute im Wittener Heimatmuseum an der Ruhrstraße. – Die heute in Mainz ansässigen Glaswerke Schott & Gen. stellen vor allem hochwertige Sondergläser her.

Heinrich Friedrich Karl
Reichsfreiherr
vom und zum Stein
(25. 10. 1757 – 29. 6. 1831)

Erzogen im protestantischen Pietismus, baute der Freiherr vom Stein frühzeitig und zielstrebig seine politische Karriere auf. Er studierte zunächst Rechtswissenschaften und absolvierte dann Fachstudien an den Bergakademien in Freiberg und Clausthal. Als Referendar im Bergwerks- und Hüttendepartement trat er 1780 in den preußischen Staatsdienst; weitere Stationen: 1782 Oberbergrat, 1784 Direktor der westfälischen Bergämter, 1787 zweiter Direktor der cleveschen und märkischen Kriegs- und Domänekammern, 1788 Direktor der cleveschen Kammer, 1793 Präsident der märkischen und der cleveschen Kammer, 1796 Oberpräsident der westfälischen Kammern, 1803 Oberkammerpräsident von Münster und Hamm, 1804 preußischer Finanz- und Wirtschaftsminister (bis 1807). In seiner „Nassauer Denkschrift" (1807) legte Stein sein politisches Ziel dar: Erneuerung des preußischen Staates durch Beteiligung der Bürger an den öffentlichen Aufgaben. 1807/1808 wieder leitender Minister in der preußischen Regierung, setzte Stein entschlossen und tatkräftig das Oktoberedikt (Beginn der Landreform und Bauernbefreiung) und die Städteordnung (Beginn der städtischen Selbstverwaltung) durch. Unter dem Druck der Franzosen mußte er nach Österreich emigrieren und wurde 1812 Berater des russischen Zaren, für den er auch 1815 am Wiener Kongreß teilnahm. In Preußen war er weiterhin politisch kaltgestellt und zog sich als Privatier auf sein Gut in Cappenberg zurück, kehrte aber auf seine alten Tage nochmals in die Politik zurück: 1826–1831 Präsident der drei ersten westfälischen Provinziallandtage, 1827 Mitglied des preußischen Staatsrates.

Mathias Stinnes
(4. 3. 1790 – 16. 4. 1845)

Bereits mit 18 Jahren – von der eher mittellosen Familie moralisch tatkräftig unterstützt – machte sich Mathias Stinnes selbständig. Seine Geschäftsbereiche waren Kohlenhandel und Schiffahrt. Er baute die erste Kohleschiffahrtsflotte auf Ruhr und Rhein auf. Stinnes' Kohlefrachter bildeten 1813/1814 einen Übergang über den Rhein bei Kaub, den Blüchers Truppen benutzen konnten. 1843 stellte er den ersten Schleppdampfer auf dem Rhein in Dienst. Stinnes dehnte seine Handelsgeschäfte auch auf Baustoffe aus, beteiligte sich an Zechen und legte den Grundstein für die industrielle Familiendynastie, die vor allem von seinem Enkel Hugo Stinnes (12. 2. 1870 – 10. 4. 1924) noch ausgebaut wurde.

August Thyssen
(17. 5. 1842 – 4. 4. 1926)

Der in Eschweiler geborene Ernst August Thyssen gründete im Jahre 1871 die Thyssen & Co KG. Er verstand es, in den späteren Jahren durch Neugründungen wie durch Zukäufe (u. a. des Hamborner Bergbauunternehmens ‚Gewerkschaft Deutscher Kaiser', um 1880), aus dem ursprünglichen Walzwerk einen Montankonzern aufzubauen, der auch die vor- und nachgeordneten Produktionsbereiche umfaßte und zeitweise zu den größten Unternehmensgruppen in diesem Industriezweig zählte. Thyssen baute Schächte, Hüttenwerke, Hochofenanlagen, Kokereien, Wasserwerke und Arbeitersiedlungen.

Wittekind (Widukind; 8. Jh.)

Der Herzog Wittekind aus dem vormittelalterlichen Westfalen einigte die Stämme der Sachsen, die damals im heutigen Ruhrgebiet lebten, und führte sie in den siebenjährigen Kampf gegen die Franken unter Karl dem Großen Erst im Jahre 785, nachdem Karl d. Gr. in Sachsen überwintert und das Land verwüstet hatte, ergab sich Wittekind und ließ sich in der Pfalz Attigny (bei Reims) taufen.

Karl Ziegler
(26. 11. 1898 – 11. 8. 1973)

Der aus Kassel gebürtige und u. a. in Heidelberg, Chicago und Aachen lehrende Chemieprofessor Karl Ziegler kam während des Zweiten Weltkriegs ins Ruhrgebiet. In Mülheim leitete er von 1943 bis 1969 das Max-Planck-Institut für Kohlenforschung (gegr. 1912 als ‚Kaiser-Wilhelm-Institut'). Seine wichtigsten Arbeiten revolutionierten die technische Produktion von Kunststoffen, vor allem auch auf dem Gebiet des synthetischen Kautschuks. Er entwickelte mehr als 200 Patente, die dem Institut rund 40 Mio. DM Lizenzeinnahmen erbrachten. 1963 erhielt Ziegler den Chemie-Nobelpreis für seine Arbeiten zur Olefinpolymerisation.

Geschichte

100 v. Chr.	Die Kelten werden durch die germanischen Stämme der Brukterer von der Lippe und der Sugambrer von der Ruhr vertrieben.
12 v. Chr.	Von Castra Vetera (Xanten) und Haltern aus beginnen römische Legionen ihren Vormarsch an der Lippe entlang zur Eroberung des nordwestlichen Germanien. Durch die Niederlage im Teutoburger Wald (9 n. Chr.) werden sie wieder bis an die Rheinlinie zurückgedrängt.
775	Karl d. Gr. erobert die sächsische Feste Hohensyburg.
805	Die Sachsen und ihr Anführer Wittekind unterwerfen sich den Franken. Das Ruhrgebiet wird zum Durchgangsland für fränkische Heere und Kaufleute.
1000	Das christianisierte Herzogtum Sachsen wird zum wichtigsten Stützpunkt des ottonischen Kaiserreiches. Zahlreiche Klöster und Stifte entstehen, die hohe Geistlichkeit gewinnt an Macht und Einfluß.
12./13. Jh.	Mit der Ächtung Heinrichs des Löwen (1180) wird das Stammesherzogtum Sachsen aufgelöst: Der Kurbischof von Köln wird Herzog von Westfalen, der Bischof von Münster erhält den Rang des Reichsfürsten. Im Ruhrgebiet entwickelt sich ein erfolgreiches Schmiedehandwerk.
14. Jh.	Bei der territorialen Aufgliederung, die im wesentlichen bis 1803 Bestand hat, bilden sich: Grafschaft Mark (oberhalb Bochum zu beiden Seiten der Ruhr, im Norden bis zur Emscherlinie, Residenzstadt Hamm); kurkölnisches Vest Recklinghausen; Abteien Essen und Werden; freie Reichsstadt Dortmund.
1302	In einer Dortmunder Urkunde wird erstmals der Steinkohlenbergbau erwähnt. Es ist ein kleiner Tagebau im Ruhrtal, wo die Kohleflöze bis an die Erdoberfläche stoßen.
15. Jh.	Die Hellwegstädte Dortmund, Essen, Duisburg und Mülheim sowie die Hansestädte Hamm, Recklinghausen, Dorsten und Wesel erleben einen wirtschaftlichen Aufschwung.
1614	Nach dem jülich-kleveschen Erbfolgestreit kommt die Grafschaft Mark in den Machtbereich der reformierten Kurfürsten von Brandenburg-Preußen.
1738	Mit der Eröffnung des Bergamtes in Bochum kommt der Kohlenabbau unter staatliche Aufsicht.
1758	Bei Oberhausen wird die Antony-Hütte gegründet. Die damalige Eisenverarbeitung besorgen aber immer noch kleinere Handwerksbetriebe.
1780	Auf Veranlassung Friedrichs d. Gr. wird die Ruhr durch Schleusen schiffbar gemacht.

Historische Schachtanlage in Duisburg

Frankreich besetzt (bis 1813) weite Teile des Ruhrgebiets und Westfalens. Die kirchlichen Besitztümer werden säkularisiert (1803) und kommen teilweise zu Preußen. 1789

Auf der Zeche ‚Vollmond' in Langendreer wird die erste Dampfmaschine in Betrieb genommen. 1799

Friedrich Krupp gründet in Essen eine Gußstahlfabrik. 1811

Der Wiener Kongreß beschließt eine straffe Verwaltungsreform für das Ruhrgebiet. Zur (preußischen) Provinz Westfalen gehören jetzt die Regierungsbezirke Arnsberg und Münster. Der rheinische Teil des Ruhrgebiets kommt zur Rheinprovinz (Regierungsbezirk Düsseldorf). 1815

Auf dem Rhein zwischen Rotterdam und Köln fährt das erste Dampfschiff. 1816

Die ‚Mechanische Werkstätte' in Wetter ist die erste industrielle Eisenhütte im Ruhrgebiet. 1818

Auf der Borbecker Haniel-Zeche ‚Kronprinz' wird zum erstenmal die Mergelschicht durchstoßen und damit das 100 m tief gelegene Kohlenflöz erreicht. Damit beginnt der eigentliche Kohlenbergbau (als Tiefbau, Massenabbau unter Tage), und die Fettkohle kann gefördert werden (wichtig für die Eisen- und Chemie-Industrie). 1838

Jacob Mayer gründet den ‚Bochumer Verein' und erfindet den Stahlformguß. 1842

Geschichte

1847	Mit dem Bau der Köln-Mindener Eisenbahn beginnt die verkehrsmäßige Erschließung des Ruhrgebiets.
1850	Die Eisenindustrie erlebt durch die Gründung zahlreicher Hüttenwerke zwischen Dortmund und Steele ihren ersten Aufschwung. Mit ausschlaggebend dafür ist, daß die Ruhrkohle erstmals verkokt wird (1849 erster Kokshochofen an der Ruhr in der Mülheimer Friedrich-Wilhelms-Hütte).
1851	Mit zahlreichen technischen Leistungen der verschiedenen Industriepioniere wird das Revier auf der Londoner Weltausstellung erstmals international bekannt.
1854	Alfred Krupp stellt den ersten nahtlosen Eisenbahnradreifen her.
1860	Die Verkehrswegekonkurrenz zwischen Ruhrschiffahrt und Eisenbahn schlägt zugunsten der Schiene um.
1861	Das in England (1856) erfundene Bessemerverfahren zur Leistungssteigerung bei der Stahlgewinnung wird an der Ruhr erstmals bei Krupp angewendet.
1870	Durch Rückschläge wegen zu schneller Ausweitung und zahlreicher Zechenneugründungen kommt es im Kohlenbergbau zu ersten Rationalisierungen und Fusionen. In Dortmund wird Hoesch, in Mülheim Thyssen gegründet.
1879	Das Thomasverfahren, das phosphorhaltige Erze aus Lothringen und Luxemburg verwerten kann, wird erstmals von Eisenwerken in Hoerde und Ruhrort angewendet.
1880	Die aufkommende Kohlechemie ermöglicht die Verarbeitung von Kokereinebenprodukten.
1886	Mit dem Bau des Dortmund-Ems-Kanals (bis 1899) beginnt die Errichtung des Wasserstraßensystems im Ruhrgebiet.
1890	Der Kohlenbergbau weitet sich nach Osten und Westen und bis zur Lippe aus. Zugleich schnellen die Einwohnerzahlen der Städte und Orte in bisher ungekannter Weise nach oben.
1898	Für Elektrizitäts- und Wasserversorgung entstehen große Verbünde: Rheinisch-Westfälisches Elektrizitätswerk (RWE), Emschergenossenschaft, Ruhrverband, Ruhrtalsperrenverein, Lippeverband (bis 1925).
1913	In der Weltproduktion übertrifft die deutsche Eisenerzeugung erstmals Großbritannien und steht hinter den USA an zweiter Stelle. Der Steinkohlenbergbau fördert in diesem Jahr 115 Mio. t (1860: 4,5 Mio. t).
1914	In Mülheim wird das ‚Institut für Kohleforschung' gegründet.
1920	Als erste deutsche Organisation für Raumplanung und regionale Erschließung wird der ‚Siedlungsverband Ruhrkohlenbezirk' gegründet.
1923	Französische und belgische Truppen besetzen (bis 1925) das Ruhrgebiet zur Durchsetzung der im Versailler Vertrag fest-

gelegten Reparationsforderungen, scheitern aber in diesem ‚Ruhrkampf' am passiven Widerstand von Wirtschaft und Bevölkerung.

Eine kommunale Neugliederung führt zur Bildung von größeren Stadtkreisen und (durch Eingemeindungen) noch größeren Großstädten. 1926

Die neugegründete ‚Deutsche Kohlenbergbau-Leitung' übernimmt übergeordnete Koordinierungsaufgaben. 1947

Bergbau und Stahlindustrie erleben nach der Währungsreform einen neuen Aufschwung – trotz der im ‚Ruhrstatut' festgelegten alliierten Entflechtungspolitik. 1948

Die erste große Bergbaukrise führt zum ‚Zechensterben' und zum Verlust zahlreicher Arbeitsplätze. Dies wiederum löst eine starke Abwanderungswelle aus; die Bevölkerungszahl im Ruhrgebiet schrumpft erstmals. 1965

Zur Verbesserung der Lebens- und Freizeitqualität wird (als erster von fünf) der Revierpark Gysenberg in Herne gegründet. Vor allem in der südlichen Revierzone, wo der Bergbau durch die vollendete Ausbeutung der Kohlefelder seine dominierende Stellung verloren hat, beginnt durch verschiedene Baumaßnahmen (Innenstadtsanierung, Fußgängerzonen, Freizeit- und Kulturzentren) die bürgerfreundliche Reaktivierung der Umwelt. 1967

Mit der neugegründeten Ruhrkohle AG, in die mit wenigen Ausnahmen alle Zechen eingebracht werden, sollen neue Konzepte zur Überwindung der Bergbaukrise zentral gesteuert und durchgesetzt werden. 1968

Das Bundesland Nordrhein-Westfalen setzt eine kommunale Neugliederung durch: Die Eingemeindungen werden von den betroffenen Bürgern vielfach heftigst kritisiert und bekämpft. 1976

Die zweite große Bergbaukrise führt zu erneuten Massenentlassungen. 1978

Die allgemeine Wirtschaftskrise und die internationale Stahlkrise verschlechtern drastisch die Arbeitslage im Ruhrgebiet. 1980

Durch weitere Zechenstillegungen und Hüttenschließungen klettert die Arbeitslosenquote auf über 10%. Der Verlust von Arbeitsplätzen in der Montanindustrie wird nach Firmen- und Expertenaussagen auch 1983/84 anhalten. 1981/1982

Der Verein ‚Pro Ruhrgebiet e. V.', ein eigenständiger Ableger des Kommunalverbands Ruhrgebiet, veranstaltet mit großem Erfolg in der Dortmunder Westfalenhalle einen Kultur-Jahrmarkt, bei dem Laien und Halbprofis ihre vielfältige und bodenständige künstlerische Aktivität öffentlich präsentieren. 1982

Das Ruhrgebiet in Romanen und Zitaten

Ernst Adam
„Die Geburt des Eisens“

„Die Pumplöcher bringen den roten Widerschein aus den Hohlräumen, beginnen zu leuchten und lassen plötzlich helle, lodernde Flammen aufschießen. Schnell mit den glühenden Krammen über die Form gefahren, daß die Gase, die dem heiß werdenden Sande durch kleine gestochene Kanälchen entweichen, sich entzünden. Alles muß brennen, Flammengarben, hellrote, bläulich schillernde mit tausend Sternchen, schießen auf, färben die Decke und den Nebel der Halle rot. Vom fernsten Winkel der Gießerei sieht man den feurigen Akt. Die Gestalten der Gießer, die Form wie ein Kranz umgebend, erscheinen wie dunkle Schatten vor dem roten Brande.“

Aufruf zur Anwerbung
von Bergarbeitern
(1887)

„Masuren! In rheinländischer Gegend, umgeben von Feldern, Wiesen und Wäldern, den Vorbedingungen guter Luft, liegt, ganz wie ein masurisches Dorf, abseits vom großen Getriebe des westfälischen Industriegebietes, eine reizende, ganz neu erbaute Kolonie der Zeche Viktoria bei Rauxel. Diese Kolonie besteht vorläufig aus über 40 Häusern und wird später auf über 65 Häuser erweitert werden. In jedem Haus sind nur vier Wohnungen, zwei oben, zwei unten. Zu jeder Wohnung gehören etwa 3–4 Zimmer. Die Decken sind 3 m hoch, die Länge bzw. die Breite des Fußbodens beträgt 3 m. Zu jeder Wohnung gehört ein sehr guter und trockener Keller, so daß sich die eingelagerten Früchte, Kartoffeln usw. dort sehr gut halten werden. Ferner gehört dazu ein geräumiger Stall, wo jeder sich sein Schwein, seine Ziege oder seine Hühner halten kann.“

Frank Baier
„Rabotti im Ruhrgebiet“
(1975)

„Malocht er schon wie'n Stier im Ruhrpott,
Braucht der Mensch wat, dat er lacht.
Dat muß doch auch wat Späßken bringen!
Willze dich nur grämen,
Datte aus dem Ruhrpott biss?
Brauchse dich nicht für schämen.
Nimm die Knaller, wie se kommen,
Doch nimmt man dich auf den Arm:
Zeig auch mal, wat Sache iss,
Bisse alle wat von ham!
Uns stört der Krach, der Smog nich.
Deshalb bleim wa im Revier.
En Schlach Leute, mit denen de reden kanns,
Hasse Fußball, Freunde, hasse Bier.
Bei Hennes inne Kneipe,
Bei Kudi aufen Hof,
Bei Wuttkes inne Gartenlaube
Is immer schwer wat los!“

Hans Dieter Baroth
„Aber es waren schöne
Zeiten“ (1978)

„Wir waren alle sehr arm, doch das wußten wir nicht, weil alle fast gleich arm waren und weil wir nichts anderes kannten. Der Weg zur Lohnarbeit war vorgeschrieben, die Häuser waren fast alle gleich klein, die Einkommen auch. Deshalb spürten wir die Armut nicht so sehr. Es gab keine Anreize für ein besseres Leben, denn das kannte niemand. Weil wir arm waren, hat sich die Sinnlichkeit unseres Lebens stärker eingeprägt. ... Die Sinnlichkeit unseres Lebens war verbunden mit der geographischen Lage von O., denn es lag nicht im Zentrum des Reviers. Bei uns ging das Revier ins Münsterland über, da stimmten sogar noch die Postkartenklischees: Ein pflügender Bauer im Schatten des Förderturms, Landwirtschaft gab es noch an der Zechenmauer. O. war durchsetzt von Bergmannssiedlungen und Bauernhöfen."

„Der immer Durstige bevorzugte Feuerwasser, Marke Wacholder, aus der Brennerei Körner, zubenannt Boke, aus Kirchhellen. Dieses Getränk wurde damals, als höchste Inkarnation beseligenden Wohlgeschmackes, in allen Wirtschaften zwischen Emscher und Lippe ausgeschenkt."

Bernd Beckstrat
„Szenen und Bilder aus der guten alten Zeit"

„Kein Wunder, daß zwischen Dortmund und Duisburg, wo Weiß nur ein Traum ist, die Brieftaube ihre besten Freunde hat: Dieser hübsche zarte Vogel, der Kreise ziehen, in Fernen entfliegen, wieder zurückkehren kann; kein Wunder, daß jedes winzige Gärtchen mit Liebe gepflegt und mit Sorgfalt geschützt wird: daß der Fußball hier seine echtesten Freunde hat und daß das Motorfahrzeug ein begehrtes Vehikel ist: Wenn Zeit Geld ist, ist sie es auch, wenn sie Feierabend ist. Die hübschesten Nester im Ruhrtal von Werden bis Wetter, die Seen: sie mit den üblichen Verkehrsmitteln zu erreichen, ist qualvoll und nimmt den halben Sonntag in Anspruch; das Motorrad, das Auto erst, sie machen die Flucht aus der Enge, aus der Dunstglocke möglich. Ein Wunder ist, daß in diesem riesigen Dorf mit seinen sechs Millionen Einwohnern auch nach Jahren Industrie der Mensch noch nicht verkümmert ist. Nirgendwo sonst in Deutschland sind die Menschen so nüchtern, herzlich, einfach und schlagfertig. Es scheint so, als ob die Touristenindustrie die Menschen eher verdürbe als Hütte und Grube."

Heinrich Böll
„Im Ruhrgebiet"
(1958)

„Haben wir die paderbornsche Grenze überschritten, so beginnt der hochromantische Teil Westfalens, links das geistliche Fürstentum Corvey, rechts die Grafschaft Mark; ersteres die mit Recht berühmten Weserlandschaften, das andere die gleichschönen Ruhr- und Lenne-Ufer umschließend. Diese beiden Provinzen zeigen, obwohl der Lage nach getrennt, eine große Verwandtschaft der Natur, nur daß die eine durch segelnde Fahrzeuge, die andere durch das Pochen der Hämmer und Gewerke belebt wird; beide sind gleich fruchtbar, mit gleich wellenförmigen, üppig belaubten Bergrücken geschmückt, in die sich nach und nach kühnere Formen und Klippenwände drängen."

Annette von Droste-Hülshoff
„Bilder aus Westfalen"
(1820)

„Der Todesschrei verschmolz mit dem des Erwachten, der nun klar erkannt hatte, daß der Berg über ihnen zu fließen begann. Stacho riß Johannes mit sich in die Strecke hinein, und der Junge raste blindlings mit. Er war nur überrascht, daß Stacho nicht über den Steinberg zum Schacht, sondern zurück zum Ort hastete. Sie liefen vorbei an den sich drehenden Stempeln, die aufzuächzen begannen wie Bäume im strengen Frost, und manchmal hörten sie Laute wie von im Schlaf aufweinenden Kindern. Sie hatten kaum den höheren Streckenabschnitt erreicht, da brach es los mit allen Gewalten: Es splitterte und krachte, dröhnte und knallte. Ihre Welt barst entzwei."

Max von der Grün
„Männer in zweifacher Nacht" (1962)

„Unsere Eisenhütten werden im Durchschnitt jämmerlich betrieben, kleine Öfen, schlechtes Gebläse, verschiedenes Material und geringe Erzeugung sind Folgen eines geteilten Be-

Friedrich Harkort
(1824)

Das Ruhrgebiet in Romanen und Zitaten

F. Harkort
(Fortsetzung)

sitzes. Die Selbstkosten kommen 30 Prozent höher als in England. Die Band- und Reckhammer sind nicht imstande, in einer Woche so viel Schmiedeeisen zu liefern, wie ein Walzwerk mit gleicher Anzahl Arbeiter an einem Tage. Fügen wir nun die vergeblichen Frachten von einem Werk zum anderen hinzu, dann ist es erklärlich, daß der Ausländer das Eisen 40 bis 60 Prozent billiger erzeugt und wir von den auswärtigen Märkten verdrängt werden mußten, wie nicht minder, warum Schweden und England ihr Eisen bis nach dem Oberrhein versenden."

Elke Heidenreich
alias ‚Metzgersgattin
Else Stratmann'
über den Kohlenpott
(1983)

„Gott, ja, der Kohlenpott, nä. Watt soll ich da gezz zu sagen. Früher konnze kein weiß Blüsken anziehen, hattesset an, wa et auch schon schwaaz, nä, aber heute gibt datt ja soviel Kohlen hier ga nich mehr. Aber wennse ahms anne Theke stehn, de Männer, dann tunse immer noch so, als müßtense den Kohlenstaub runterspülen. Un anne Theke stehnse ja nu ma zu gerne, nä. ... Von Schalke sarich lieber nix, sonz fang ich gleich am weinen, aber de Gruga is schön un Krupp sein Konsum auch. Un nirgends sinte Mettwürstkes so lecker wie bei uns, kommse domma kucken ..."

Horst Krüger
(1965)

„Überaltert, erzkonservativ und sehr provinziell liegt das Ruhrgebiet mitten in unserer Republik so, als gehöre es nicht dazu. ... Wieso eigentlich dieser lokale Eigensinn und kommunale Stolz der vielen Städte? Worauf sind sie stolz? Für den Fremden ist alles austauschbar, denn alles geht ineinander über."

Jürgen von Manger
alias ‚Adolf Tegtmeier'
über die Entstehung
des Ruhrgebiets

„Na ja, weil wir aber doch grade vom Ruhrgebiet erzählen, da sagt der Sülzkötter, in diese ganze Zeiten wär dat in unsern Vaterlande alles nur Wälder gewesen ... äh ... schon mal paar alte Germanen dazwischen, dat is klar ... aber sonst nix, nur das grüne Laubdach der Wälder. Und diese Wälder wären dann eines Tages alle aus Kohle gewesen – Augenblick, daß ich jetzt nix verkehrt mache! – ja – nä, stimmt aber, nicht wahr, de Wälder wurden alle aus Kohle, bis auf de siebte Sohle – und dadurch war das dann auf einmal unser Ruhrgebiet!"

Ferdinand Pawlek, Hauer,
in einem Leserbrief an die
„Gelsenkirchener Volkszeitung" (1899)

„Bergmann an der Ruhr zu sein, ist doppelt gefährlich. Im Streb droht jeden Moment einem das Hängende auf den Kopf zu fallen, und über Tage kriegt man die Plempe eines Gendarmen zu spüren oder den Gewehrkolben eines Militärs, wenn man nur den Mund aufmacht und satt zu essen und menschenwürdig zu wohnen für sich und die Familie fordert. Wer heute Bergmann ist, der rangiert für die Obrigkeit gleich neben dem Haustier ..."

Thomas Rother
„Braut von zwei Brüdern
oder: Angst vorm
Teufel an der Emscher"

„Mich erinnert sie an das Holstentor in Lübeck, die Burg Vondern in Oberhausen-Osterfeld. Einige hundert Meter entfernt die Grenzen von Bottrop und Essen. Etwa 80 Meter südlich schwappt träge der ‚Rio Tinto', wie respektloses Revierdeutsch die abwassergeschwängerte Emscher nennt."

Erich Schulz
„Ruhrkohlengebiet"
(1912)

„Die Sonne mit ihrer Gnade vergoldet auch bei uns die Stätten rußiger Arbeit, und die Gegensätze zwischen Kohlenbergwerk oder Eisenhütte und Wald und Ährenfeld gleicht sie aus. Wald, ja Wald! Auch unser Boden war einst von ihm bedeckt, ganz und gar, und vielleicht hat die gewaltige Industrialisierung hier mehr beseitigt, als unbedingt nötig war. Um so mehr werden wir besorgt sein, die Wälder, die wir noch haben, uns und unseren Nachfahren zu erhalten. ...

Im Norden die Lippe, im Süden die Ruhr, die gewaltige Wasserspenderin des Industriebezirks. Zwischen den beiden, nach Süden weniger, nach Norden mehr und mehr sich über diese Grenze vorstreckend, liegt das Land. Tausendfach durchschnitten von Schienenwegen in unentwirrbarem Netz. Und wenn du es durcheilst über Dämme und Brücken, mache Halt. Schaue tiefer in das Land, dessen Schönheit nicht gerade am Eisenbahndamm ausgebreitet liegt."

„In Essen-Steele, wo es früher eine westfälisch-rheinische Sprachgrenze gegeben haben soll, schläft Franz Brandebusemann zum Hinterhof. Fünf Meter von seinem Kopfkissen entfernt spricht man türkisch: auf einem alten Holzbalkon, über den die Muselmanen zur Toilette gehen. Unten zerschlägt der Hausbesitzer alle zwei Tage die Flaschen in den Mülleimern. Er ist sparsam, er muß sparsam sein. Eine dritte Mülltonne kann und will er sich nicht leisten. Gestern klingelte er, mittags, gerade als Franz überm Rauschen der Türkentoilette mit dem schönen Bild einer Suleika vor Augen eingeschlafen war.
‚Ich wollte Ihren Wasserkran reparieren', sagte der Hausbesitzer und lächelte dabei aus seinem faltigen Gesicht vielsagend. ... Und Franz wußte: Es wird ein Leben lang weitertropfen, nie wird ein Installateur kommen."

Hans Dieter Schwarze
„Die Brandebusemanns"

„Sehen Sie mal, hier hinter dem Garten haben wir gespielt. Damals war das natürlich noch nicht so vollgebaut wie heute, da hatte man noch viel Platz. Wie wir aus der Schule kamen, dann Schularbeiten gemacht oder auch nicht, und dann haben wir gleich gespielt. Aber nicht so wie heute, mit einem richtigen Ball; da wurden Bälle gemacht mit Heu und Lappen drin. Die Hauptsache war, daß wir was hatten, wo wir gegentreten konnten. Bis wir dann mal einen Bäcker, der hier Brot gebracht hat und so, den mal angehalten haben, ob der nicht mal einen Fußball spendiert. Hat er auch gemacht. Der Ball war dann für die Allgemeinheit. Ja, und wenn es dann so 3 oder 4 Uhr war, dann kamen die Großen, die von der Arbeit kamen, von der Zeche, und wenn sie gegessen hatten, dann haben sie gespielt, dann mußten wir weichen."

Vinzenz Tomicek,
Berginvalide
(zitiert nach: Lindner / Breuer
„Sind doch nicht alles
Beckenbauer")

„Auf einem Ardeyberge zwischen Ruhr und Emscher weidete an einem Herbsttag ein Hütejunge die Schafe. Weil es am frühen Morgen vor Sonnenaufgang noch kühl war, hatte er sich ein Holzfeuer angefacht. Inzwischen aber hatten sich seine Tiere in Wald und Heide so weit zerstreut, daß er nach ihnen sehen mußte. Vorher aber wollte er das Feuer löschen. Er warf deshalb, wie er es gewohnt war, einige umherliegende Steine in die Glut. Gegen die Mittagszeit kam er zurück und mußte sich wundern; denn das Feuer war nicht verlöscht, sondern strahlte eine so große Hitze aus, daß er sich der roten Glut kaum nähern konnte. Der Junge erschrak. ... Aber bald beruhigte er sich wieder, denn er sah, daß es die schwarzen Steine waren, die so glühten. Er kannte sie wohl, sie lagerten zwischen dem andern Gestein am Bergabhang und waren da oben in Gras und Heide keine Seltenheit. Weil es ihm Spaß machte, warf er immer mehr von ihnen auf die Glut, die dadurch bis zum Abend nicht verlöschte."

Sage
„Die ersten Steinkohlen"

„Lieber'n dicken Bauch vom Saufen,
als 'n krummen Buckel vom Malochen!"

Volksmund in Duisburg

Sehenswürdigkeiten von A bis Z

Bergisches Land

Praktische Informationen →S. 188/189

Lage

Das hügelige, stark bewaldete und knapp 500 m Höhe erreichende Bergische Land schließt sich im Süden an das Ruhrgebiet an. Es wird umgrenzt von Rhein, Sieg, Ruhr und (im Osten) von der Wasserscheide zwischen Ruhr und Ennepe. Geologisch ist das Bergische Land ein Teil des Rheinischen Schiefergebirges.

Geschichte

Seinen Namen verdankt das Gebiet den einstigen Landesherren, den Grafen (ab 1380 Herzögen) von Berg, deren Stammsitz im 12. und 13. Jh. das Schloß Burg an der Wupper war. Im Jahre 1385 verlegten die Herren von Berg ihre Residenz nach Düsseldorf. Hier entfaltete sich dann, namentlich im Barock, ein reiches, verschwenderisches Hofleben. 1815 wurde das Bergische Land der preußischen Rheinprovinz angegliedert; seit 1946 gehört es zum Bundesland Nordrhein-Westfalen.

Wirtschaft

Während in den Tälern schon relativ früh Siedlungen gegründet und wegen der hier zur Verfügung stehenden Wasserkraft Hammerwerke errichtet wurden, um die sich eine lebhafte Kleineisenindustrie entwickelte, herrscht auf den Höhen noch heute die Land- und Forstwirtschaft vor. Eine die Landschaft besonders stark prägende Errungenschaft der neueren Zeit sind die gewaltigen Stauseen, die der Energiewirtschaft und der Wasserversorgung dienen.

Verkehr

Am Nordwestrand des Bergischen Landes verläuft die Autobahn Köln–Bremen (A 1), im Süden die Autobahn Köln–Olpe (A 4).

Freizeit

Die Talsperren bilden größtenteils sehr geschätzte Wasser- und Bootssportreviere; die Wälder sind namentlich im Herbst ein Dorado für Wanderer.

*Düsseldorf (Praktische Informationen →S. 195–197)

Düsseldorf, die Landeshauptstadt von Nordrhein-Westfalen, liegt am Rande des Bergischen Landes und zu beiden Seiten des Niederrheins, der hier von der Theodor-Heuss-Brücke, der Oberkasseler Brücke und der Rheinkniebrücke überspannt wird. Obwohl strenggenommen nicht unmittelbar zu dem großen industriellen Ballungsraum gehörend, wird Düsseldorf häufig als ‚Schreibtisch des Ruhrgebietes' bezeichnet, da sich hier die Verwaltungen zahlreicher Großunternehmen niedergelassen haben. Zudem befindet sich hier die stärkste Konzentration japanischer Firmenvertretungen und die größte japanische Kolonie von ganz Europa. Etliche Staaten unterhalten Fremdenverkehrsvertretungen in der Rheinstadt, deren allgemeines Preisniveau zu den höchsten auf der Erde gehört. Aber auch als

◀ *Schloß Homburg bei Nümbrecht im Bergischen Land*

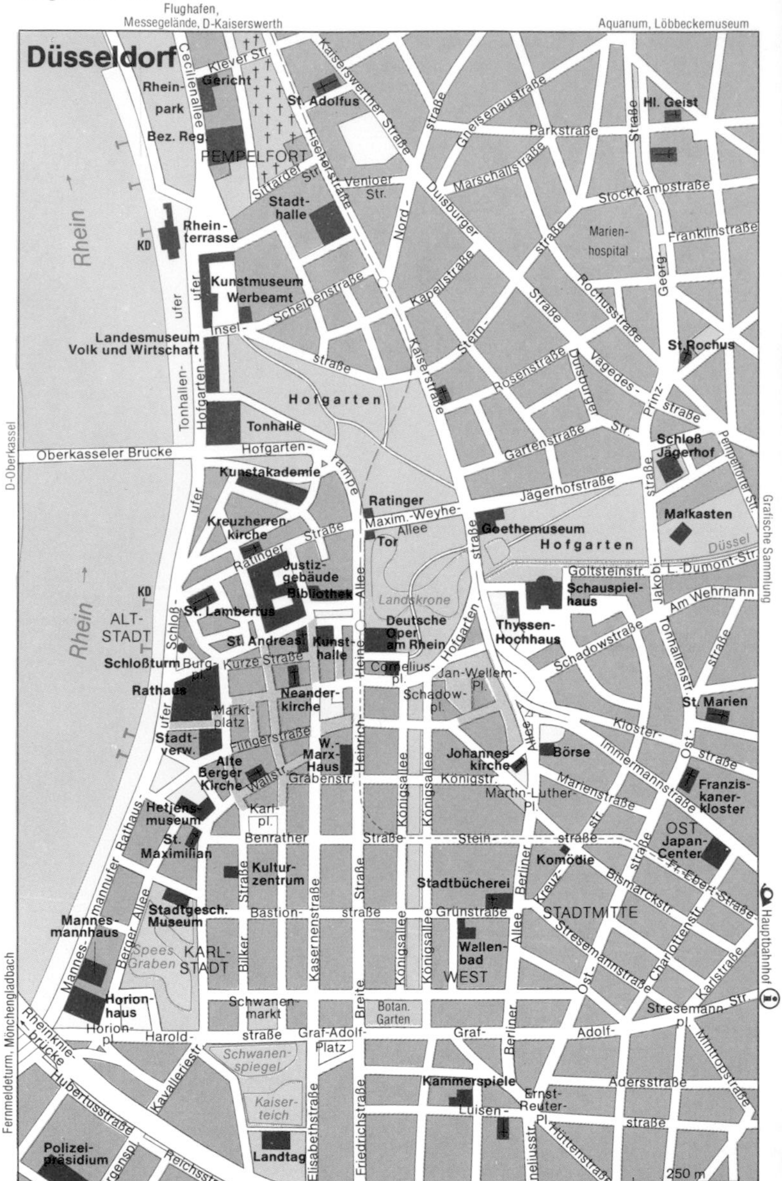
Flughafen,
Messegelände, D-Kaiserswerth
Aquarium, Löbbeckemuseum
Düsseldorf
Rheinpark
Gericht
Bez. Reg.
PEMPELFORT
St. Adolfus
Hl. Geist
Cecilienallee
Klever Str.
Kaiserswerther Straße
Fischerstraße
Sittarder Str.
Venloer Str.
Nordstraße
Gneisenaustraße
Parkstraße
Marschallstraße
Duisburger Straße
Stockkampstraße
Franklinstraße
Marienhospital
Georg-
Rochusstraße
Sternstraße
Kapellstraße
Stadthalle
Rheinterrasse
KD
Rhein
Kunstmuseum
Werbeamt
Scheibenstraße
Inselstraße
Kaiserstraße
Rosenstraße
Vagedesstraße
Prinz-Georg-Str.
St. Rochus
Landesmuseum
Volk und Wirtschaft
Tonhallenufer
Hofgartenufer
Hofgarten
Tonhalle
Gartenstraße
Schloß Jägerhof
Pempelforter Str.
Oberkasseler Brücke
D-Oberkassel
Hofgartenrampe
Kunstakademie
Ratinger Tor
Jägerhofstraße
Maxim.-Weyhe-Allee
Goethemuseum
Hofgarten
Malkasten
Düssel
Kreuzherrenkirche
Ratinger Straße
Justizgebäude
Bibliothek
Landskrone
Goltsteinstr.
L.-Dumont-Str.
Grafische Sammlung
Schauspielhaus
Am Wehrhahn
Jakobistraße
ALTSTADT
St. Lambertus
Schloßufer
Deutsche Oper am Rhein
Hofgarten
Thyssen-Hochhaus
Schadowstraße
Tonhallenstr.
Schloßturm
St. Andreas
Kunsthalle
Burgpl.
Kurze Straße
Corneliuspl.
Jan-Wellem-Pl.
Heinrich-Heine-Allee
Rathaus
Neanderkirche
Schadowpl.
Marktplatz
St. Marien
Rathausufer
Stadtverw.
Flingerstraße
W.-Marx-Haus
Alte Berger Kirche
Wallstr.
Grabenstr.
Johanneskirche
Königstr.
Börse
Klosterstraße
Immermannstraße
Oststraße
Martin-Luther-Pl.
Marienstraße
Franziskanerkloster
Hetjensmuseum
Karlpl.
St. Maximilian
Benrather Straße
Steinstraße
OST
Japan-Center
Königsallee
Komödie
Fr.-Ebert-Straße
Kulturzentrum
Stadtbücherei
Bismarckstr.
Mannesmannufer
Berger Allee
Stadtgesch. Museum
Bastionstraße
Grünstraße
STADTMITTE
Berliner Allee
Kreuzstr.
Hauptbahnhof
Mannesmannhaus
Spees Graben
KARLSTADT
Bilker Straße
Kasernenstraße
Wallenbad
WEST
Stresemannstraße
Charlottenstr.
Karlstraße
Horionhaus
Horionpl.
Schwanenmarkt
Breite Straße
Botan. Garten
Stresemann-Str.
Stresemannpl.
Rheinkniebrücke
Fernmeldeturm, Mönchengladbach
Haroldstraße
Graf-Adolf-Platz
Graf-Adolf-Straße
Mintropstraße
Schwanenspiegel
Kavalleriestr.
Hubertusstraße
Kammerspiele
Ernst-Reuter-Pl.
Adersstraße
Kaiserteich
Elisabethstraße
Friedrichstraße
Luisenstraße
Hüttenstraße
Polizeipräsidium
Jürgensplatz
Reichsstraße
Landtag
Corneliusstr.
250 m
Herzogstraße
Fußgängerzone
U-Bahn in Bau
Universität, Benrath

Düsseldorf (Fortsetzung)

Universitäts-, Messe-, Mode- und Kunststadt hat die von ausgedehnten Garten- und Parkanlagen durchzogene einstige Kurfürstenresidenz Bedeutung. – Bundesgartenschau 1987.

*Königsallee

Düsseldorfs elegante Einkaufs- und Flanierstraße ist die Königsallee (‚Kö') mit Geschäften, Boutiquen, Gaststätten und Straßencafés. Sie führt beiderseits des alten Stadtgrabens vom Graf-Adolf-Platz nordwärts zum Hofgarten.
Westlich parallel laufen die Breite Straße mit Banken und Verwaltungsgebäuden großer Industrieverbände und die Heinrich-Heine-Allee mit dem 1924–1926 von W. Kreis erbauten Wilhelm-Marx-Haus, dem ersten deutschen Hochhaus. Weiterhin rechts das Opernhaus (‚Deutsche Oper am Rhein'), links die Kunsthalle (Wechselausstellungen); dahinter die barocke Andreaskirche.
Östlich der Königsallee verläuft die breite Berliner Allee mit der Industrie- und Handelskammer und der Rheinisch-Westfälischen Börse. Am Jan-Wellem-Platz (Autohochstraße) das markante 26stöckige Thyssen-Hochhaus; daneben das Schauspielhaus (1970).

*Schloß Jägerhof

In dem 1767 angelegten Hofgarten steht das ehemalige Jagdschloß Jägerhof (1752–1763) mit der Kunstsammlung Nordrhein-Westfalen (u. a. Paul-Klee-Sammlung; frühes Meißner Porzellan). Nahebei der Malkasten (Haus des Künstlervereins). In der Jägerhofstraße (Nr. 1) ein Goethe-Museum (Kippenberg-Stiftung). Nördlich von Schloß Jägerhof die 1955 wiederaufgebaute Rochuskirche, ein 28 m hoher Kuppelbau.

Markt

Westlich in der Altstadt liegt der Markt, mit dem 1567–1573 von H. Tußmann erbauten Rathaus und einem 1711 von G. de Grupello gegossenen schönen Reiterstandbild des Kurfürsten Johann Wilhelm II. (‚Jan Wellem'). Südlich vom Markt im Palais Nesselrode das Hetjens-Museum (Deutsches Keramikmuseum: Keramiken aus acht Jahrtausenden) und im Spee'schen Palais das Stadtmuseum; östlich an der Bilker Straße das Kultur- und Bildungszentrum, u. a. mit dem Heine-Museum und dem Marionettentheater. Noch weiter südlich, am Rhein, das 24stöckige Mannesmann-Hochhaus.

Rheinturm

Südlich der Rheinkniebrücke steht der Rheinturm, ein 234 m hoher Fernmeldeturm; im Turmkorb neben technischen Einrichtungen der Bundespost ein Drehrestaurant und eine Aussichtskanzel. Zwischen Rheinturm und Rheinkniebrücke entsteht ein Neubau für den Landtag von Nordrhein-Westfalen.

Schloßufer

An der Westseite der Altstadt zieht das Schloßufer nördlich zur Oberkasseler Brücke. Unmittelbar nördlich vom Rathaus der Burgplatz mit dem Schloßturm (urspr. 13. Jh.) und dem Radschlägerbrunnen (die radschlagenden Jungen sind geradezu ein Markenzeichen der Stadt). Etwas weiter nördlich steht die wiederhergestellte Lambertuskirche (13.–14. Jh.).

Messegelände

Rund 2,5 km nordwestlich erstreckt sich am rechten Rheinufer das Messegelände mit Kongreßzentrum und Rheinstadion (68000 Plätze). Im Nordpark ein Japanischer Garten.

*Schloß Benrath

Das Schloß Benrath liegt etwa 10 km südöstlich außerhalb der Stadt. Es wurde 1755–1773 errichtet und ist im Inneren prächtig ausgestattet; in einem Seitenflügel das Naturkundliche Heimatmuseum. Ein schöner Park umgibt den Bau.

Haus Martfeld

Anschrift
Hauptstr. 150
D-5830 Schwelm
ca. 10 Minuten Fußweg vom Bahnhof Schwelm

Wasserumwehrtes Gemäuer, Türme, Schießscharten und Wappensteine des Hauses Martfeld zeugen von kriegerischen Auseinandersetzungen im Mittelalter und früher Neuzeit. Die dreiflügelige Anlage, umgeben von einem reizvoll gestalteten Freizeitpark, zeigt Ansätze barocker Baukultur.
Das Haus wird nach und nach völlig restauriert. Im schon fertigen Südflügel finden Ausstellungen und Konzerte statt. Zu einem großen erschlossenen Wandergebiet mit Trimmanlage und Waldlehrpfad sind es nur wenige hundert Meter.

*Minidomm

Anschrift
D-4030 Breitscheid
(6 km nördlich von Ratingen, an der A 52; nahe dem Autobahnkreuz Breitscheid der A 3 / A 52)

Öffnungszeiten
Ostern–1. 11. tgl. 9–18

Die Miniaturstadt ‚Minidomm' zeigt im Maßstab 1:25 annähernd hundert der berühmtesten Bauwerke aus aller Welt, wobei der Schwerpunkt auf dem deutschsprachigen Raum liegt.
Besonders beachtenswert sind die zahlreichen Nachbildungen von Bauernhöfen, deren Vorbilder immer mehr aus der Landschaft verschwinden.
Aber auch Großanlagen wie der Flughafen Köln-Bonn, der Hafen von Bremerhaven und eine Modelleisenbahn sind zu sehen. Rund um das ganze Gelände verläuft die Kleinbahn ‚Minidomm-Express' (Personenbeförderung). Außerhalb befinden sich Parkplätze, ein Hotel-Restaurant, ein Autokino und ein Kinderspielplatz.

*Naturpark Bergisches Land

Lage
östlich von Bergisch Gladbach

Das großflächige Naturparkgebiet (180000 ha, 290 Parkplätze) ist eine reizvoll-vielfältige Landschaft, die vom Rhein bis zum Sauerland von 50 auf 500 m Geländehöhe ansteigt.
Es gibt zahlreiche Wander-, Reit- und Radwege sowie teilweise sehr gute Wassersportmöglichkeiten (Aggertalsperre, Lingesetalsperre).

*Neandertal

Lage
zwischen Mettmann und Erkrath

Die wissenschaftliche Untersuchung von Menschenknochen, die 1856 bei Steinbrucharbeiten gefunden worden waren, erwies, daß hier bereits in Urzeiten (150000 bis 60000 Jahre v. Chr.) Vorläufer des heutigen Menschen gelebt haben.
Der Neandertaler – so haben es die Forscher rekonstruiert – war etwa 1,60 m groß, hatte extrem lange Arme, eine fliehende Flachstirne, starke Überaugenbögen und ein zurückweichendes Kinn.

Urgeschichtliches Museum

Die Funde sowie andere Dokumente und Nachbildungen sind in dem Urgeschichtlichen Museum (Di.–So. 10–18 bzw. 17) anschaulich dargestellt und erklärt.

Tiergehege

In der Nähe des Museums liegt ein Tiergehege, wo auf etwa 1000 ha Fläche Wisente und Wildpferde – also heutige Vertreter von Tierrassen, die es schon in der Eiszeit gegeben hatte – in freier Wildbahn leben.
Das ganze Neandertal ist ein einladendes und vielbesuchtes Naturschutzgebiet.

Remscheid

Bereits in der vorindustriellen Zeit gab es hier ein blühendes Gewerbe, das heimische Erze verarbeitete und eiserne Geräte und Waffen anfertigte. Heute ist Remscheid die bekannteste deutsche Werkzeugmacherstadt.

Werkzeugmuseum

Das Deutsche Werkzeugmuseum (Stadtteil Hasten, Cleffstr. 2–6) zeigt die Entwicklung verschiedener Werkzeuge von der Steinzeit bis in die Gegenwart, ferner alte Werkstätten und Einrichtung zur Eisenverhüttung. Das Museum (geöffnet Dienstag bis Samstag 9–13 und 14–17, Sonntag 10–13 Uhr) betreut auch historische Hammerwerke an dem im Gelpetal verlaufenden industriehistorischen Lehrpfad.

Röntgenmuseum

Zu Ehren von Wilhelm Conrad Röntgen, der 1845 in dem heute zu Remscheid gehörenden Lennep geboren wurde und im Jahre 1895 die nach ihm benannten Strahlen entdeckte, ist dieses Museum eingerichtet worden. Es umfaßt Gegenstände aus dem Nachlaß des Physikers sowie moderne Röntgengeräte und Anwendungsbeispiele. Öffnungszeiten: Montag bis Donnerstag 10–17, Freitag 10–14, Sonntag 14–17 Uhr.

Heimatmuseum

Das Städtische Heimatmuseum, untergebracht in einem schönen Patrizierhaus von 1779, besitzt eine umfangreiche Sammlung zur Wohnkultur insbesondere des Barock, Empire und Biedermeier sowie ein Zinnkabinett. Öffnungszeiten: Mittwoch bis Samstag 9–13 und 14–18, Sonntag 10–13 Uhr.

Solingen

Die im Nordwesten des Bergischen Landes gelegene lebhafte Industriestadt ist Hauptsitz der seit dem Mittelalter berühmten bergischen Kleineisenindustrie (vor allem Messer, Scheren u. a.) und Standort der Fachschule für die Stahlwarenindustrie.

Deutsches Klingenmuseum

Dieses Spezialmuseum (Wuppertaler Str. 160) zeigt vor allem Blankwaffen (Degen, Säbel; reichverzierte Jagdwaffen), aber auch Beispiele für die technische Entwicklung der Schneidewerkzeuge von der Steinzeit bis in die Gegenwart. Zum überwiegenden Teil stammen die Exponate aus Solinger Werkstätten.

Schloß Burg

Südöstlich jenseits der Wupper steht das wiederhergestellte Schloß Burg, einst Stammsitz der Landesherren. Ursprünglich wurde der Baukomplex wohl im 12. Jh. begonnen. Heute befindet sich im Inneren das Bergische Museum; es umfaßt Waffen, Tafelgerät, Möbel u. a. aus Mittelalter und Renaissance

Müngstener Brücke

Am Ostrand der Stadt überspannt die Müngstener Brücke, eine Stahlgitter-Bogenkonstruktion, das Tal der Wupper. Sie ist 506 m lang und mit 107 m die höchste deutsche Eisenbahnbrücke.

Velbert

Velbert liegt südlich vom Essener Baldeneysee, an der Kreuzung der Bundesstraßen B 224 (Essen–Wuppertal) und B 227 (Essen–Heiligenhaus). Von hier aus bieten sich reizvolle Fern-

Velbert (Fortsetzung)

blicke über das Ruhr- und das Rheintal sowie über das Niederbergische Land (z. B. vom Wasserturm Hochhaus).

Schloß- und Beschlägemuseum

Der Ort wurde 875 erstmals urkundlich erwähnt. Ebenfalls historisch belegt ist, daß das heimische Handwerk sich schon früh (Dokument aus dem Jahre 1547) auf die Herstellung von Beschlägen und Schlössern spezialisiert hat. Dies wird anschaulich dargestellt im Deutschen Schloß- und Beschlägemuseum (im Rathaus). Neben der Spezialsammlung, die von 500 v. Chr. bis in die Neuzeit reicht, ist u. a. eine alte Schloßschmiede zu sehen. Öffnungszeiten (feiertags geschlossen) sind: Dienstag bis Freitag 9–17, Samstag 9–12.30, Sonntag 11–12.30 Uhr.

Wallfahrtskirche Neviges

Der Ortsteil Neviges ist ein bekanntes Pilgerzentrum zwischen Ruhr und Wupper. Die Wallfahrtskirche aus massivem Stahlbeton, 1965–1968 von Gottfried Böhm entworfen, sieht von außen aus wie ein Bergkristall. Innen ist sie reich gegliedert, bietet aber insgesamt 7000 Gläubigen Platz. Das Gnadenbild der Unbefleckten Empfängnis stammt aus dem Jahre 1661.

Schloß Hardenberg

Das im 13. Jh. erbaute ehemalige Wasserschloß liegt idyllisch nahe beim Ortskern von Neviges. Es ist heute ein Ort vielfältiger kultureller Begegnung: Städtische Gemäldesammlung, Wechselausstellungen zeitgenössischer Kunst, stadtgeschichtliche Sammlung sowie kulturelle Veranstaltungen.

Wiehl

In dieser oberbergischen Kleinstadt kann man das Werksmuseum der Bergischen Achsenfabrik (nur Sa. nachm.) besichtigen. Unweit südlich außerhalb befinden sich in einem Waldgebiet die Wiehler Tropfsteinhöhle (mit Wasserfall, Kristallbildungen, ‚Teufelsschlucht') sowie ein Naturlehrpfad und ein Wildgehege.

Nümbrecht
Schloß Homburg

Dreimal wöchentlich (Di., Do., Sa.) werden Fahrten mit einer historischen Postkutsche zu dem Luftkurort Nümbrecht veranstaltet. 2 km nördlich von Nümbrecht liegt das Schloß Homburg (Abbildung →S. 32) mit dem Museum des Oberbergischen Landes (April–Oktober täglich 10–18 Uhr).

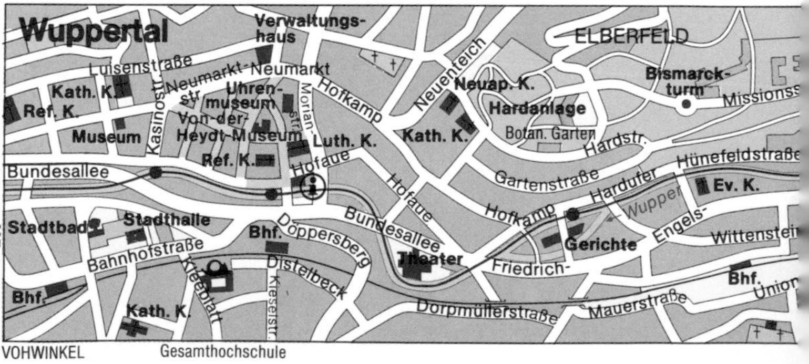

Wuppertal

Das Oberzentrum des Bergischen Landes (mit Schwerpunkt Textil- und eisenverarbeitende Industrie, seit 1972 Sitz der neuen Bergischen Universität) erstreckt sich über 20 Kilometer im 150 m engen Tal der Wupper. Die Großstadt entstand durch Zusammenlegung mehrerer Städte (u. a. Elberfeld und Barmen) und Gemeinden.

**Schwebebahn

Wahrzeichen der Stadt ist die um die Jahrhundertwende erbaute Schwebebahn, die für die 13,3 km lange Fahrt von Oberbarmen bis Vohwinkel 35 Minuten benötigt; die Züge fahren alle 4 bis 10 Minuten (18 Stationen, täglich fast 50000 Fahrgäste). Die Laufschiene, an der die Zugwagen hängen, ist 8 m (über Straßen) bis 12 m (über der Wupper) hoch und wird von brückenähnlichen Gerüsten (Abstand jeweils ca. 30 m) gestützt.

Laurentiuskirche

Die um 1830 erbaute klassizistische Laurentiuskirche (Friedrich-Ebert-Str. 22) ist eine dreischiffige Hallenkirche mit einem Kuppelgewölbe.

Kreuzbrüderkloster

Im Stadtteil Beyenburg liegt die ehemalige Kreuzbrüderklosterkirche (heute katholische Pfarrkirche), ein Ende des 15. Jh.s entstandener spätgotischer Bau mit einem prachtvollen Barockaltar.

Elberfelder Kirche

Die Elberfelder Kirche ist ein barocker Saalbau mit Westturm. Sie wurde Ende des 17. Jh.s anstelle mittelalterlicher Vorgängerbauten errichtet und bis 1956 vollständig restauriert.

Theater

Das 1963–1967 erbaute Schauspielhaus (Bundesallee) und das Opernhaus (Friedrich-Engels-Allee) sind ob ihrer künstlerischen Leistungen weit über die Grenzen Wuppertals hinaus bekannt geworden.

Uhrenmuseum

Historisches Uhrenmuseum (Poststraße) mit einem Bestand von mehr als 1500 Zeitmeßgeräten verschiedenster Art und aus diversen Epochen.

Kunstmuseum

Von-der-Heydt-Museum (Turmhof) mit Sammlungen deutscher und französischer Malerei des 19. und 20. Jh.s sowie Skulpturen und Graphiken.

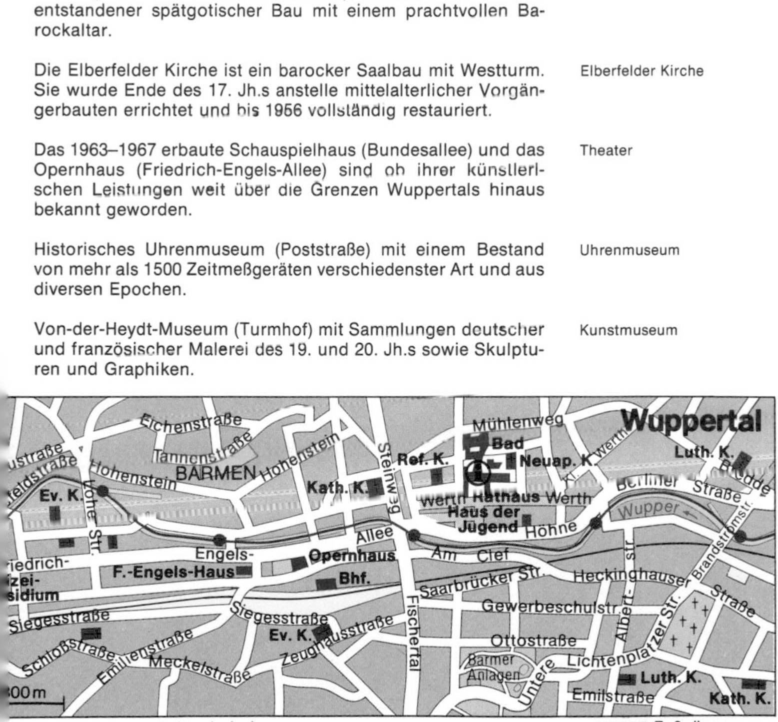

Schwebebahn   Fußgängerzone

Friedrich-Engels-Haus in Wuppertal

Friedrich-Engels-Haus (Friedrich-Engels-Allee) mit Dokumentensammlungen über den in Wuppertal geborenen Mitbegründer des wissenschaftlichen Sozialismus.

Freizeit

Von den zahlreichen Sport- und Freizeitanlagen, u. a. Beyenburger Stausee, Hallenbad (im Volksmund ‚Schwimmoper'), Botanischer Hardt-Park, Nordpark, ist an erster Stelle der landschaftlich reizvoll und großzügig angelegte Wuppertaler Zoo (Hubertusallee) mit rund 3500 Tieren (ca. 550 Arten) zu nennen.

Bochum

Praktische Informationen →S. 189/190

Einwohnerzahl: 420000
Fläche: 145,35 qkm
Höchster Geländepunkt: 196 m
Tiefster Geländepunkt: 43 m

Lage

Bochum (mit langem o gesprochen) liegt ziemlich genau im geographischen Mittelpunkt des Ruhrgebietes. Lange Zeit stand es im Schatten von Essen und Dortmund, aber heute ist es eine moderne Industriegroßstadt (ohne Kohlenbergbau) sowie regionales Oberzentrum. Durch die gelungene Sanierung der Innenstadt hat sich Bochum zum beliebten Einkaufszentrum für den rund eine Million Bewohner zählenden Großraum entwickelt.

Geschichte

Vorgeschichtliche Funde im heutigen Stadtgebiet belegen, daß es in diesem Raum schon in der Jungsteinzeit (4000–1800 v. Chr.) zahlreiche Siedlungsplätze gab. Karl d. Gr. ließ sich wegen der damals schon verkehrsgünstigen Lage hier einen Reichshof errichten, an den sich eine Siedlung anlehnte, die zum Mittelpunkt der umliegenden Bauernschaften wurde. Im Jahre 1041 erstmals in einem Dokument der Kölner Erzbischöfe urkundlich erwähnt, wurde Bochum 1321 zur Stadt erhoben. Und obwohl die Stadt zeitweilig Mitglied der Hanse war – genauso wie die Schwesterstadt Wattenscheid, die 1975 mit Bochum zusammengelegt wurde –, blieb es ein Ackerbürgerstädtchen mit bescheidenem Reichtum. Mit ein Grund dafür war, daß Bochum ein ständiger Zankapfel zwischen der Grafschaft Mark (d. h. auch der Stadt Dortmund) und dem Fürstbistum Köln blieb.

Industrialisierung

Der Aufschwung mit der Entdeckung und dem Abbau der Kohle setzte in Bochum schon früh ein: Bereits 1735 wurden hier 25 Zechen gezählt. Die erste Dampfmaschine in Deutschland arbeitete 1799 auf der Zeche ‚Vollmond', die ersten Koksöfen wurden 1837 in Betrieb genommen, der erste Tiefbauschacht im Ruhrgebiet wurde 1842 auf der Zeche ‚Präsident' abgeteuft, die erste Brikettfabrik entstand 1880 auf der Zeche ‚Dahlhauser Tiefbau'. Die Kohle hatte zwischenzeitlich auch schon die ersten Eisen- und Stahlfabriken angezogen. Jakob Mayer, der Begründer des ‚Bochumer Vereins', erfand 1851 den Stahlformguß; die in Bochum hergestellte erste Kirchenglocke aus Gußstahl war 1855 die Attraktion der Weltausstellung in Paris. Die Chemie entdeckte etwa um 1870 ebenfalls die Verwendungsmöglichkeiten der Kohle; Carlos Otto nutzte erstmals Abfallprodukte zur Weiterverwendung (Benzol, Teer).
1876 wurde Bochum kreisfreie Stadt; durch Eingemeindungen überschritt die Einwohnerzahl 1904 die Großstadtgrenze (100000), und 1929 hatte Bochum bereits 321836 Einwohner.

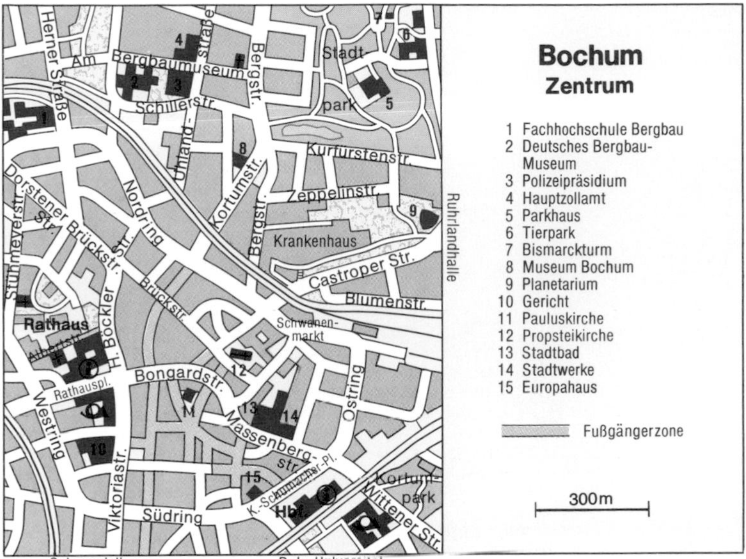

Nach dem Wiederaufschwung in der Nachkriegszeit kam 1959/1960 eine schwere wirtschaftliche Existenzkrise – das Zechensterben im Ruhrgebiet begann. Von 1960 bis 1973 wurden alle 17 Bochumer ‚Pütts' dichtgemacht. 45100 Arbeitsplätze gingen im Bergbau verloren; weitere 15000 folgten in der Eisen- und Stahlindustrie. Daß die Stadt die strukturelle Wirtschaftskrise relativ schnell und sicher überwinden konnte, lag vor allem daran, daß andere Zweige der Großindustrie durch großzügige Fördermaßnahmen und durch die hervorragende verkehrsmäßige Erschließung in Bochum neu angesiedelt werden konnten. So wurde 1963 das Opel-Werk Bochum errichtet, heute mit 20000 Beschäftigten größter Arbeitgeber im Stadtbereich. Einen nicht unwesentlichen Einfluß auf die positive Weiterentwicklung hatte auch die Mitte 1965 eröffnete Ruhr-Universität.

Wirtschaft

Die Autobahn A 43 (Recklinghausen–Wuppertal) läuft mitten durch das Stadtgebiet. Daran angebunden am Bochumer Kreuz sind die A 430 in Richtung Essen und die B 1 in Richtung Dortmund. Im südlichen Stadtbereich wird die A 43 durch die A 44 mit der A 45 (Sauerlandlinie) verbunden.

Verkehr

Heute zählt Bochum zu den kulturellen Zentren des Reviers. Weithin bekannt und geschätzt sind u. a. das Schauspielhaus (eine der bekanntesten Sprechbühnen der Bundesrepublik; Schwerpunkte: Klassiker in Neubearbeitung sowie Gegenwartsdramatik), die Symphoniker, die zahlreichen (auch technisch-historischen) Museen, das Planetarium. Das Deutsche Institut für Puppenspiel, das seinen Sitz in Bochum hat, veranstaltet regelmäßig die internationalen Festspielwochen „Figurentheater der Nationen".

Kultur

Freizeit

Mittelpunkt des ‚grünen Bochum' für Freizeit und Erholung ist am südlichen Stadtrand der Ruhrstausee Kemnade. Weitere Wassersportmöglichkeiten bieten der Gondelteich im Stadtpark, der Ümminger See und die Grummer Seenplatte. Ausgiebige Wanderwege für Naturfreunde bieten der Grüngürtel im Norden der Stadt, das reizvolle Ruhrtal und das Weitmarer Holz. Insgesamt hat die Stadt Bochum 41 Grünzonen.

Botanischer Garten der Ruhr-Universität

→Ruhr-Universität

Burgruine Blankenstein →Hattingen

**Deutsches Bergbau-Museum

Anschrift
Am Bergbaumusem 28
(nördl. B 51, Richtung Herne)

Das 1930 von der Westfälischen Berggewerkschaftskasse gegründete Deutsche Bergbau-Museum ist das größte seiner Art; es zählt jährlich etwa 400000 Besucher.

Der 68 m hohe Förderturm gehörte früher zur Dortmunder Zeche ‚Germania'. Er ist inzwischen zum weithin sichtbaren

Deutsches Bergbau-Museum Bochum

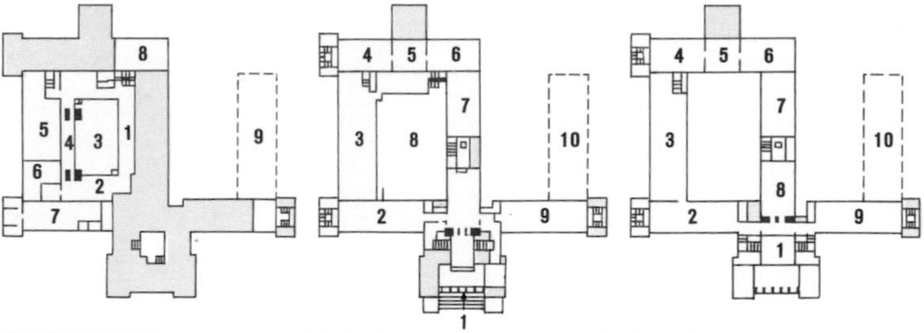

KELLERGESCHOSS
1 Gewinnungsmaschinen
2 Fördermaschinen
3 Großmaschinen
4 Streckenförderung
5 Rohstoffveredelung
6 Präsenzbibliothek des Museums (Benutzung nach Voranmeldung)
7 Bergbau-Archiv (Zugang auf Benutzerantrag)
8 Cafeteria
9 Erweiterungsbau

ERDGESCHOSS
1 Eingang
2 Schachtförderung
3 Gewinnung
4 Sprengtechnik
5 Gezähe (Bergmannswerkzeug)
6 Sprengbohren
7 Wasserhaltung, Bewetterung
8 Atrium (Förderturmstütze, Seilscheibe, Grubenlok)
9 Rohstoffe, Lagerstätten, Bergbau
10 Erweiterungsbau

OBERGESCHOSS
1 Edle Steine, versteinerter Baum
2 Lagerstätten, Rohstoffe
3 Grubenausbau, Fördermittel, Geleucht
4 Vorgeschichtliche Gewinnung
5 Mittelalterliche Gewinnung
6 Tiefbohren
7 Markscheidewesen
8 Vortragssaal (Filmvorführungen)
9 Bergbau in Kunst und Kultur (Führung per Kopfhörer)
10 Erweiterungsbau

Unter dem Museumskomplex befindet sich in einer Tiefe von 15–20 m ein **Anschauungsbergwerk** (ständig geführte 'Grubenfahrten'), das die Verhältnisse in einem Steinkohlenbergwerk und die modernen Verfahren zur Steinkohlengewinnung im Ruhrgebiet demonstriert (Erweiterung zur Darstellung des Eisenerzbergbaus).-Über dem Schacht des Anschauungsbergwerkes erhebt sich seit 1973 der zum Technischen Denkmal erklärte **Förderturm** der einstigen Dortmunder Zeche 'Germania', nun das weithin sichtbare Wahrzeichen des Bergbaumuseums. Von der in etwa 60 m Höhe befindlichen Aussichtsplattform bietet sich ein lohnender Rundblick über das vom Steinkohlenbergbau entscheidend geprägte Ruhrrevier, wenngleich heute in Bochum selbst keine Schachtanlage mehr Kohle fördert.

Im Deutschen Bergbau-Museum

Wahrzeichen des Bergbau-Museums und der Stadt Bochum geworden. Die Aussichtsplattform auf dem Fördergerüst kann man auch mit einer Seilfahrt erreichen.
Überhaupt wird im Bergbau-Museum großer Wert auf eine anschauliche Darstellung gelegt. Die Besucher können Originalmaschinen und Modelle selber in Betrieb setzen, um auf diese Weise einen genauen Einblick in die technischen Funktionen zu erhalten. Man erfährt ‚vor Ort', was ein ‚Hund' im Bergbau ist, ein ‚Pferdegöppel', oder wozu ein ‚Arschleder' gut ist.

Öffnungszeiten
Di.–Fr. 7.30–17.30;
Sa., So., Fei. 9–13

Abteilungen

In 20 Sammlungsabteilungen (ca. 5000 qm Ausstellungsfläche) wird die Geschichte des gesamten Bergbaus von den Anfängen in der Vorzeit bis zur Gegenwart gezeigt – vom Kohle-Abbau mit Schlägel und Eisen bis zur modernen Bohrinsel in der Nordsee.

„Bergbau in Kunst und Kultur"

In der Sammlung „Bergbau in Kunst und Kultur" wird die soziale Breiten- und Tiefenwirkung des Bergbaus demonstriert. Zahlreiche Ausstellungsstücke verdeutlichen hier, welche Ausstrahlungskraft der Bergbau auf Kunst und Kultur hat, welchen Einfluß auf Alltag und Umwelt, auf Gesellschaft und Wirtschaft.

Anschauungsbergwerk

Attraktiver Kernpunkt des Museums ist das Anschauungsbergwerk direkt unter dem mehrflügeligen Klinkerbau. In 15 bis 20 Meter Tiefe wird ein Überblick gegeben über den hochtechnisierten Betrieb eines heutigen Steinkohlenbergwerks und die Arbeitswelt der Bergleute. Viele, zum Teil gigantische Originalmaschinen werden von den Museumsführern in voller Funktion vorgeführt. Das unterirdische Streckennetz des speziell für das Museum eingerichteten Bergwerks ist insgesamt 2,5 km lang.

Deutsches Institut für Puppenspiel

Anschrift
Kohlenstr. 70

Öffnungszeiten
Mo.–Do. 9–16, Fr. 9–13

Ziel des Instituts ist die Förderung des Laienpuppenspiels. So wird alljährlich eine Festwoche „Figurentheater der Nationen" mit Wettbewerb ausgerichtet. Das Institut selbst verfügt über eine umfangreiche Fachbibliothek, eine Dia-Sammlung, ein Archiv, eine Plakatsammlung und eine Lehrschau mit der größten existierenden Papiertheater-Sammlung.

*Eisenbahnmuseum Rhein-Ruhr

Anschrift
Bochum-Dahlhausen
Dr.-C.-Otto-Str. 211

Öffnungszeiten
Mi. und Fr. 10–17, So. 10–12
Geschlossen: 23. Dez.–4. Jan.

Das technisch-historische Eisenbahnmuseum stellt die Entwicklung des Verkehrsmittels Eisenbahn dar, vom Dampfroß über die Diesellok bis zum Elektrozug. Zahlreiche alte Lokomotiven, Eisenbahnwaggons, Stellwerke und Signalanlagen geben einen interessanten Einblick in die deutsche Eisenbahntradition. Während der Sommermonate ist zwischen dem Museum und dem Bahnhof Dahlhausen ein Pendelverkehr eingerichtet; dabei werden die musealen Veteranen nochmals unter Dampf gesetzt (Museumszug im Ruhrtal →Praktische Informationen, Allgemeine Verkehrseinrichtungen).

Evangelische Kirche am Alten Markt

Lage
Bochum-Wattenscheid
Alter Markt

Öffnungszeiten
Besichtigung nur nach Vereinbarung

Weil die kleine protestantische Gemeinde in Wattenscheid seinerzeit weder Gönner noch Geld hatte, mußte im 17./18. Jh. rund 80 Jahre lang an diesem Gotteshaus gebaut werden, ehe es im Jahre 1763 fertiggestellt werden konnte. Bemerkenswert sind die kunstvollen Schnitzereien an dem spätbarocken Kanzelaltar.

Geologischer Garten

Lage
Querenburger Straße, in der Nähe des Schulzentrums Wiemelhausen

Der Geologische Garten befindet sich auf dem Gelände der alten Zeche ‚Friederica', die von 1750 bis 1907 Fettkohle und Eisenerz gefördert hat – zunächst aus oberflächennahen Stollen, später aus bis zu 300 m tiefen Schächten unter sehr wechselnden Verhältnissen. 1925 entstand auf dem Gelände dann eine Ziegelei mit eigener Tongrube, die aber 1959 stillgelegt und später abgerissen wurde. Die Stadt Bochum erwarb das Stück Land, das 1962 unter Naturschutz gestellt worden war, und baute es 1971/1972 zu einem Geologischen Garten aus.
Es ist das einzige geschützte geologische Naturdenkmal im rheinisch-westfälischen Industriegebiet. Der Garten gewährt einen guten Einblick in den geologischen Aufbau des engeren Ruhrgebiets mit seinem Kohlen- und Deckgebirge. Zu sehen sind u. a. die eiszeitlichen Lehmablagerungen und die Kreideschicht mit Fossilien.

Helfs Hof (Wattenscheider Heimatmuseum)

Anschrift
Bochum-Wattenscheid
In den Höfen 37

Das rund 200 qm große Bauernhaus Helfs Hof stammt aus der Zeit um 1560. Jetzt ist dort das Wattenscheider Heimatmuseum untergebracht. Zu sehen sind vor allem bäuerliche Möbel, historisches Handwerkszeug sowie alte Urkunden und Dokumente (Mi. 10–13 und 15–19 Uhr; Sa. und So. 11–19 Uhr).

*Institut für Umwelt- und Zukunftsforschung

Träger des international bekannten Instituts (früher: Institut für Weltraumforschung) ist seit 1982 ein gemeinnütziger Verein. Mit seinen riesigen technisch-wissenschaftlichen Einrichtungen (z. B. 20-m-Parabolantenne, TV-Teleskop, Kuppelhalle) ist das Gebäude weithin sichtbar. Hauptarbeitsgebiet ist die Fernerkundung der Erdoberfläche mit Hilfe der aus dem All aufgefangenen und interpretierten Satellitendaten. Ergebnisse aus dieser Arbeit werden in öffentlichen Weiterbildungsveranstaltungen dargestellt und an andere Bildungseinrichtungen weitergegeben.

Anschrift
Blankensteiner Str. 200a

Öffnungszeiten
nach Vereinbarung,
Di.–Fr. 8–19
(Tel. 0234/47711)

Sternwarten

Zudem sind in Bochum zwei astronomische Beobachtungsstationen eingerichtet worden, von wo aus der natürliche Sternenhimmel beobachtet werden kann. Öffnungszeit für Station I (Schiller-Schule, Waldring 71, Tel. 6213691) ist montags 20.30 Uhr, für Station II (Gesamtschule, Marktstr. 189, Tel. 6213691) nach Vereinbarung.

Kemnade →Wasserburg Haus Kemnade

Kortumpark (Alter Friedhof)

Der Kortumpark ist eine zur Besinnung mahnende Grünanlage, die aus dem alten Friedhof geschaffen worden ist. Die Grabmäler der alten Bochumer Familien stammen aus dem 17.–20. Jh. und sind z.T. in ihrer ursprünglichen Gestaltung noch gut erhalten.
Besonders imposant ist das im gotischen Stil gehaltene Grabdenkmal des 1875 verstorbenen Jacob Mayer, des Gründers des ‚Bochumer Vereins' und Erfinders der Gußstahlform. Das Grabmal enthält eine Totenbüste sowie einen Marmorstein aus der Calixtus-Katakombe, ein Geschenk von Papst Pius IX. an Jacob Mayer, der übrigens sein gesamtes Vermögen der katholischen Kirche vermachte.
Ihren Namen erhielt die Anlage von Hofrat C. A. Kortum, einem 1824 verstorbenen Arzt, Schriftsteller und Heimatforscher; sein Grab befindet sich in unmittelbarer Nähe des Eingangs.

Lage
Wittener Straße
(an der B 226,
gegenüber der Post)

Friedhof Ümmingen

Ein weiterer sehenswerter alter Friedhof liegt im Stadtteil Ümmingen. An Stelle der alten Friedhofskapelle, deren Grundmauern noch erkennbar sind, wurde eine moderne Betonkirche errichtet, die in einem reizvollen Kontrast zu den alten Grabsteinen (ab ca. 1625) steht.

Museum Bochum

In regelmäßigen Wechselausstellungen zeigt das Museum Bochum Werke moderner Kunst. Die Sammlung verfügt inzwischen über einen beachtlichen Fundus an Kunstwerken der westlichen Moderne seit 1945; sie wird ständig erweitert. Einen weiteren Schwerpunkt bildet die osteuropäische Kunst.
Domizil der Kunstsammlung ist die ehemalige Villa Markhoff, ein Bau aus der zweiten Hälfte des 19. Jahrhunderts.
In unmittelbarer Nähe wurde 1982 ein neues Museumsgebäude fertiggestellt.

Anschrift
Kortumstr. 147

Öffnungszeiten
Di.–Sa. 10–20, So. 10–18

Ölbachtal

Lage
nördlich vom Zentrum

Der regionale Grünzug Ölbachtal beginnt im Norden Bochums mit den Freiflächen zwischen Herne und Castrop-Rauxel und mündet im Süden in das Ruhrtal ein. Den Hauptteil des Grünzuges bilden der Ölbach mit seinen Nebenbächen und die angrenzenden Höhen des Ruhrhügellandes.
Im gesamten Bereich werden öffentliche Erholungseinrichtungen angelegt und durch Wanderwege (insgesamt 37 km) miteinander verbunden. Einbezogen in die Erholungseinrichtungen (z.T. noch in der Planung) sind die ehemaligen Klärteiche der Zechen ‚Mansfeld' und ‚Robert Müser' sowie die Holter Teiche.

Ümminger Teich

Als erster Erholungsschwerpunkt ist der 15 ha große Ümminger See (nach Entschlackung eines ehemaligen Kohleabsatzbekkens) ausgebaut und mit Sonnenterrassen und Bootsanlegestegen versehen worden. Während dieser Arbeiten wurden ca. 30000 qm Rasenflächen angelegt und etwa 32000 qm Fläche mit Gehölzen bepflanzt. Zu der Anlage gehören Sport- und Spielplätze für jedermann, eine Seifenkistenbahn sowie ein Freilichttheater.

Pauluskirche

Lage
Grabenstr. 6

Öffnungszeiten
So. 9–10, 11–11.15, 11.45–12.15

Der Grundstein für die Pauluskirche, das älteste protestantische Gotteshaus der Stadt Bochum, wurde im Jahre 1655 gelegt. 1943 brannte der schlichte Renaissancebau bis auf die Umfassungsmauern nieder.
Beim Wiederaufbau ab 1950 ist das historische Aussehen der Kirche mit ihren Bruchsteinmauern wiederhergestellt worden.

Pilgerkapelle St. Bartholomäus

Lage
Bochum-Wattenscheid
Hellweg

Öffnungszeiten
tgl. 9–18

Die kleine Kapelle am Hellweg bei Stalleicken nahe der Stadtgrenze zu Essen ist 1395 erstmals urkundlich erwähnt. Dazu gehörten noch eine Herberge und ein Hospital; denn hier führte eine alte Pilgerstraße vorbei.
Heute dient St. Bartholomäus als Autofahrerkirche.
Sehenswert sind die Renaissancetür und die nordspanische Barockmadonna.

*Planetarium

Anschrift
Castroper Str. 67
(Nähe Stadtpark; von der City Richtung Castrop)

Öffnungszeiten
Mi., Fr. 19.30,
Sa., So. 14 u. 16; für Gruppen nur nach Vereinbarung
(Tel. 0234/6213691)

Das breit ausladende Kuppeldach des Planetariums ist zu einem Symbol und Kennzeichen für das Bochum von heute geworden. Auf die Innenseite der Kunststoffkuppel von mehr als 20 m Durchmesser werden die astronomischen Vorgänge am Himmel naturgetreu projiziert.
Auf diese Weise lassen sich die Bewegungen von Sonne, Mond, Sternen sowie Satelliten verfolgen, vom Stern von Bethlehem bis zum Sputnik.
Das Bochumer Planetarium gehört zu den technisch modernsten in der Bundesrepublik Deutschland.
Sämtliche Vorführungen werden durch Fachleute ausführlich erläutert.

Reise durch das Sonnensystem …

… im Bochumer Planetarium

Propsteikirche

Lage
Alter Markt / Bleichstr. 12

Öffnungszeiten
Mo.–Sa. 9.45–18,
So. 12.30–18

Der älteste Sakralbau Bochums, die Propsteikirche, hat seinen Ursprung in einer kleinen Missionskapelle aus der Karolingerzeit, die im 11. Jh. erweitert und bis 1517 noch mehrmals umgebaut wurde. Nach dem großen Stadtbrand jenes Jahres, der die Kirche weitgehend zerstörte, ist sie als dreischiffige, auf Rundsäulen ruhende, mit Netz- und Sterngewölben überdeckte Hallenkirche wiederaufgebaut worden.
Vor allem sehenswert sind der romanische Taufstein (um 1175) mit Szenen aus dem Leben Christi, der Reliquienschrein (Kernstück etwa um 1100), ein steinernes Sakramentshäuschen (um 1460), das gotische Hochaltar-Kruzifix aus dem Jahre 1352 und die Holzplastik „Beweinung Christi" (um 1520).

Propsteikirche St. Gertrud von Brabant

Lage
Bochum-Wattenscheid
(im Zentrum)
An der Papenburg 4

Öffnungszeiten
Besichtigung nur nach Voranmeldung

Der jetzige neugotische Bau (1868–1872) wurde auf älteren Fundamenten des 10., 12. und 15. Jh.s auf der Anhöhe der ‚Wattenscheider Kirchenburg' errichtet. Im unteren Teil des 65 m hohen Turms sind noch deutlich die Reste eines alten Wehrturms zu erkennen.
1968–1979 wurde die Kirche innen und außen umfassend restauriert. Der frühromanische Taufstein (um 1000) gilt als einer der ältesten Figurentaufsteine Deutschlands.

Rathaus

Anschrift
Rathausplatz

Das Bochumer Rathaus, 1927–1931 nach Entwürfen von Karl Roth erbaut, hat einen sehenswerten Innenhof mit dem ‚Brunnen des Glücks' und dem ‚Brunnen der Schönheit' aus Travertin und Bronze mit vergoldeten Figuren. Aufmerksamkeit verdienen auch die Bronzetüren mit filigranen Ornamenten und kleinen Plastiken nach Art der Florentiner Türen.

Glockenspiel

Das Glockenspiel, das erste der Welt aus Gußstahl, besteht aus 28 Einzelglocken. Die größte wiegt 375 kg, die kleinste nur 4 kg (Gesamtgewicht 2300 kg). Hergestellt wurde das Glockenspiel vom ‚Bochumer Verein' – für Bochum das, was Krupp für Essen ist. Als einzige Fabrik der Welt stellt der ‚Bochumer Verein' Gußstahlglocken her: z. B. die Olympiaglocke 1936, die Jahrhundertglocke in der Frankfurter Paulskirche (1948), die Weltfriedensglocke in Hiroshima (1952) und eben das Glockenspiel im Bochumer Rathaus. Zu hören ist das Geläut jeweils um 7, 8, 12, 16, 18, 19, 20, 21 und 22 Uhr.

Bildungs- und Verwaltungszentrum

1980 wurde das Bochumer Rathaus durch ein angebautes Bildungs- und Verwaltungszentrum (u. a. mit Stadtbücherei und Volkshochschule) wesentlich erweitert.

Ruhr-Universität

Lage
Bochum-Querenburg
Universitätsstraße

Auf den Ruhrhöhen im südlichen Stadtteil Querenburg entstanden auf 5,2 qkm Fläche die Gebäude und Anlagen der Ruhr-Universität (1961 gegründet, am 30. 6. 1965 eröffnet). Der Lehrbetrieb im Wintersemester 1965/66 wurde mit 1200 Studenten aufgenommen, heute sind mehr als 23000 Studierende einge-

Moderne Alma mater: Ruhr-Universität

schrieben. Drei Viertel der Studenten kommen aus dem Ruhrgebiet, beinahe jeder fünfte stammt aus einer Arbeiterfamilie. Damit hat die Universität Bochum ihren bildungspolitischen Auftrag für die Menschen im Revier erfüllt.
Ein anderer struktureller Leitgedanke war die allseitige Verflechtung der wissenschaftlichen Disziplinen. Eine Kontaktstelle für den Informationsaustausch zwischen Universität und Industrie sowie ein Kooperationsvertrag mit der Industriegewerkschaft Metall unterstreichen das Bemühen der Ruhr-Universität, wissenschaftliche Forschung und Lehre stärker an die Probleme der beruflichen Alltagswelt anzubinden.
Einmalig in der Bundesrepublik ist das ‚Bochumer Modell' in der Ärzteausbildung, d. h. die praxisnahe klinische Schulung von Studenten in Zusammenarbeit mit den Krankenhäusern der Region.

*Kunstsammlungen der Ruhr-Universität

Die Kunstsammlungen der Universität, eine in der Bundesrepublik einmalige Kombination antiker und zeitgenössischer Werke, die in direkter Gegenüberstellung dargeboten werden, dienen der akademischen Lehre, stehen aber auch dem Publikum offen. Schwerpunkte der antiken Bestände sind die ehemalige Sammlung Funcke (griechische Vasenmalerei) und Teile der Stiftung Dierichs (Porträtplastiken). Dieser Bereich wird ergänzt durch römische Kopien hellenistischer Werke (Fundort Sperlonga) sowie durch eine Kollektion griechischer und römischer Münzen. Hier ist außerdem der um 1450 vergrabene Querenburger Münzschatz zu sehen, der bei Bauarbeiten auf dem Universitätsgelände entdeckt wurde.
Unter den Werken moderner Kunst (Stiftungen Schulze-Vellinghausen und Dierichs) befinden sich u. a. Bilder und Skulp-

turen von Albers, Caro, Fruhtrunk, Giacometti, Morelet, Poliakoff, Sera, Stella und Vasarely.

Botanischer Garten
der Ruhr-Universität

Südlich vom Universitätsgelände erstreckt sich der Botanische Garten, der in erster Linie als ‚Freiluftlaboratorium' für Forschung und Lehre dient. Überdies ist er ein beliebtes Ausflugsziel, nicht zuletzt wegen des nahtlosen Überganges in das Erholungsgebiet Lottental.
Die Freilandanlagen bieten einen Einblick in die Flora der gemäßigten Zonen; in den Gewächshäusern werden subtropische und tropische Pflanzen kultiviert. Neben Schautafeln und wechselnden Ausstellungen informiert eine Bild- und Tonschau in der Eingangshalle des Tropenhauses über das Pflanzenleben in verschiedenen Biotopen.
Öffentliche Führungen finden jeweils am ersten Sonntag im Monat um 11 Uhr statt (Vorankündigung in der lokalen Presse).

St. Bartholomäus
→Pilgerkapelle St. Bartholomäus

Stadtgarten Wattenscheid

Lage
Bochum-Wattenscheid

Gegründet im Jahre 1899, wurde der Wattenscheider Stadtgarten nach den Zerstörungen des Zweiten Weltkriegs neu gestaltet und stetig erweitert. Er bietet heute vielfältige Freizeitmöglichkeiten (Skat, Schach, Tischtennis), verfügt über eine große Teichanlage und einen attraktiven Vogelpark (6000 qm, ca. 6000 Vögel).
Nur etwa 200 m vom Stadtgarten entfernt liegt der ‚Monte Schlacke', das ist ein Freizeitpark, der um 1975 auf einer ehemaligen Kohlen- und Gesteinshalde entstand. Dort gibt es Spielregionen mit Rollerbahnen, Robinsonspielplatz, Schach-, Dame-, Skatecken, Rodelbahnen und einen Kletterhang. Dem Freizeitpark angegliedert ist ein Wellenfreibad.

Stadtpark

Lage
Bergstraße (Nähe City)

Der nördlich der City gelegene Stadtpark wurde bereits Ende des 19. Jh.s angelegt und nach Zerstörung und Zweckentfremdung im Zweiten Weltkrieg im Stil eines Englischen Gartens wiederhergestellt und modernisiert. Er ist 33 ha groß und bietet neben dem →Tierpark Gondelteich und Wasserspiele (von Mai bis Oktober beleuchtet), Naturlehrpfad und Rosen-/Dahliengarten, Minigolf und Bismarckturm; letztgenannter – 39 m hoch, 168 Stufen – bietet eine vorzügliche Rundsicht.

Sternwarte Bochum
→Institut für Umwelt- und Zukunftsforschung

Stiepeler Dorfkirche

Lage
Bochum-Stiepel
Gräfin-Imma-Straße /
Brockhauser Str. 74

Die kleine Stiepeler Dorfkirche liegt auf einem Hügelrücken, von dem aus man einen weiten Blick ins Ruhrtal hat. Der romanisch-gotische Bau wurde im Jahre 1008 von Gräfin Imma, der Herrin des Reichshofes Stiepel, gestiftet. Von der romanischen

Bau-Epoche zeugen heute noch die unteren Turmgeschosse und Mauerreste am Choransatz. Bis 1400 wurde die Kirche mehrmals um- und ausgebaut. Bei einer Renovierung 1952 sind gut erhaltene Wandmalereien aus der Zeit zwischen dem 12. und 16. Jh. freigelegt worden.
Als der alte Friedhof neben der Kirche neu angelegt wurde, entdeckte man Mitte des 19. Jh.s Grundmauern des alten Stiepeler Hofgutes, das um 1300 erstmals erbaut worden war.

Öffnungszeiten
Mai–Aug.: tgl. 9–19,
Sept.–April: tgl. 9–17

Tierpark

Der Bochumer Tierpark ist mit 2 ha Fläche nicht übermäßig groß, hat aber eine lange Tradition. Bereits um die Jahrhundertwende wurden im Stadtparkgelände Tiere gehalten. Die Idee von dem ‚naturkundlichen Heimattiergarten', der in bewußter Anlehnung an den →Stadtpark entstehen sollte, wurde allerdings nie konsequent durchgeführt; denn schon Ende 1937, als der Tierpark offiziell eröffnet wurde, sorgten exotische Tiere für eine besondere Publikumsattraktion. Nach der totalen Zerstörung im November 1944 wurde der Bochumer Tierpark von 1948 an stetig wiederaufgebaut. Heute leben hier rund 1000 verschiedene Tiere (235 Arten).
Besonders stark vertreten sind die europäischen Wasservögel, aber auch Fische, Reptilien, Braunbären und Tiger. Besonders stolz ist der Bochumer Tierpark auf seine guten Zuchterfolge (u. a. Indochina-Leopard, Baikal-Luchs, Seehund, Uhus).

Lage
Klinikstr. 51

Öffnungszeiten
Dez., Jan.: 9–16.30
Febr.: 9–17.30
März: 9–18.00
April–Sept.: 9–19.00
Okt.: 9–18.00
Nov.: 9–17.30

Ein besonderer Anziehungspunkt ist der 1978 eröffnete Kinderzoo: Eine Streichelwiese ermöglicht hautnahen Kontakt mit Zwergziegen, Schafen, kleinen Hausschweinen und Kälbchen. Ebenso möglich sind Ponyreiten, eine Kutschfahrt durch den Tierpark sowie ein Biologie-Unterricht ‚vor Ort' (auf Anfrage beim Schulverwaltungsamt, Tel. 0234/6213844).

Kinderzoo

Ümminger Teich →Ölbachtal

*Wasserburg Haus Kemnade

Die 1589 teilweise ausgebrannte Wasserburg entstand ursprünglich im Mittelalter (nach 1000 als Witwensitz der Gräfin von Stiepel erstmals erbaut). Die heutige Bausubstanz stammt aus den Jahren 1602 bis 1704. Sehenswert sind die gotische Kapelle im Erdgeschoß sowie der Rittersaal mit seiner kunstvollen Stuckdecke und dem großen Renaissance-Wappenkamin; die vier Gobelins aus Tournai stammen aus dem Jahre 1725 und zeigen Szenen aus Cervantes' „Don Quijote".
Unmittelbar neben der Wasserburg liegt ein Naturschutzgebiet, das von einem Altwasserarm der Ruhr umschlossen wird. Hier bietet sich Nist- und Lebensraum für zahlreiche Wasservögel.

Lage
im Ruhrtal, an der
Kemnader Brücke (Hattingen)
An der Kemnade 10

Buslinien
350 (ab Witten Hbf)
bis Steinenhaus,
352 (ab Bochum Hbf)
bis Kemnader Brücke,
591 (ab Bahnhof Hattingen
bzw. Witten Hbf)
bis Steinenhaus

Die ältesten Stücke der stadthistorischen Sammlung (Ansichten, Pläne, Baumodelle, Fotos u. a.) stammen aus dem 16. Jh. Das bedeutendste darunter ist die Handschrift der „Jobsiade" von C. A. Kortum aus dem Jahre 1783. Das Kortum-Archiv enthält ferner den Erstdruck von 1784 sowie praktisch alle nachfolgenden Ausgaben und die Übersetzungen in die polnische, tschechische und niederländische Sprache.

Stadthistorische Sammlung

Wasserburg Haus Kemnade

Wasserburg Haus Kemnade (Fortsetzung) Instrumentensammlung Grumbt

In den unteren Räumen des Hauses Kemnade sind die Musikinstrumente ausgestellt, die der Bochumer Kammermusiker Hans Grumbt in aller Welt gesammelt hat. Die rund 170 Instrumente (Geigen, Flöten, Oboen, Klarinetten, Blechblas- und Tasteninstrumente) sind alle noch intakt. Ergänzt wird die Sammlung durch Spieluhren sowie Notenhandschriften und Erstdrucke.

Fachwerkhaus

Das um 1800 entstandene Vierständer-Fachwerkhaus stand ursprünglich im heutigen Stadtteil Stiepel, wo es die Meierei beherbergte. Es wurde zerlegt und hinter der Wasserburg originalgetreu wiedererrichtet. Im Inneren bäuerliches Gerät und Möbel aus Westfalen und dem Bergischen Land.

*Ruhrstausee Kemnade

Das beliebteste Ausflugsgebiet von Bochum ist das Ruhrtal. Im Spätsommer 1979 wurde der Bau der Stauanlage vollendet, hinter der sich heute der 125 ha Wasserfläche umfassende Kemnader See ausdehnt.
Außerdem wurden ein 18 ha großer Bootshafen und eine 2 km lange Regattastrecke geschaffen.

Freizeitzentrum Kemnade

Das Freizeitzentrum Kemnade, das von der Hevener bis zur Kemnader Straße reicht, ist Kern des großen Naherholungsgebietes Bochumer Ruhraue, das nach Fertigstellung bis nach Essen-Altendorf reichen soll.

Wattenscheider Heimatmuseum

→Helfs Hof

Renaissancekamin im Haus Kemnade ▶

Bochum (Fortsetzung)

Weitmarer Forst (Weitmarer Holz)

Lage
Blankensteiner Straße

Im Schloßpark Weitmar, dessen Ursprünge in das 18. Jh. zurückreichen, stehen viele Bäume unter Naturschutz. Etliche der mächtigen Stämme und Kronen mußten vom Baumchirurgen vor dem Zerfall bewahrt werden. Die in den letzten Jahren freigelegten und restaurierten Baudenkmäler – z. B. Schloßruine und Silvesterkapelle – geben dem Park seinen besonderen Reiz.
Der Schloßpark Weitmar geht direkt über in das umfangreiche Grün- und Erholungsgelände Weitmarer Holz / Berger Feld / Henkenberg/Ruhraue in unmittelbarer Nähe des Dorfes Stiepel und des Ruhrstausees bei der →Wasserburg Haus Kemnade.

Bottrop

Praktische Informationen →S. 190/191

Einwohnerzahl: 115000
Fläche: 100,57 qkm
Höchster Geländepunkt: 80 m
Tiefster Geländepunkt: 36 m

Lage

Die Großstadt Bottrop, am Nordrand des Reviers zwischen Oberhausen und Gelsenkirchen, hat sich in der umfassenden kommunalen Neugliederung in den Jahren 1975–1977 ihre Selbständigkeit zu bewahren gewußt. Mit der Landgemeinde Kirchhellen, die schon in das Münsterland hineinreicht und ein attraktives Wohn- und Erholungsgebiet umfaßt, wurde eine neue Kommune gebildet.

Geschichte

Das Dorf Borgthorpe ist seit 1092 nachgewiesen. Doch obwohl der Ort Marktrecht besaß (Michelismarkt, seit 1432 bekannt) und sich in der Bauerschaft Welheim von 1252 bis 1809 eine Deutschordenskommende befand, blieb es bis in das 19. Jh. recht still um Bottrop. Erst mit der Industrialisierung und dem Beginn des Kohleabbaus (1863) setzte der Aufschwung ein. 1919 wurde Bottrop zur Stadt erhoben.

Wirtschaft

Auch nach dem Zweiten Weltkrieg spielte die Kohle die entscheidende Rolle in der Wirtschaftsentwicklung. Mit 360 Öfen besaß Bottrop zeitweise die größte Zentralkokerei Deutschlands. Zwar ist der Bergbau mit rund 6000 Arbeitsplätzen noch immer der stärkste Wirtschaftszweig – 1981 entstand im Ortsteil Welheim die größte Kohleverflüssigungsanlage Europas –, aber zur Entschärfung der Kohlekrise bemühte man sich bereits erfolgreich um die Ansiedlung von Klein- und Mittelbetrieben. Behörden und Institutionen von überörtlicher Bedeutung sind in Bottrop kaum zu finden, doch ist die Innenstadt ein beliebtes Geschäftszentrum auch für das Umland.

Verkehr

Die Stadt ist von wichtigen Verkehrswegen umzogen: Im Norden schneidet die A 2 (Oberhausen–Hannover) und im Süden der Emscherschnellweg (A 42 Duisburg–Dortmund) das Stadtgebiet. Die B 224 (Gladbeck–Essen) im Osten soll demnächst sechsspurig ausgebaut werden. In den nächsten Jahren wird auch die Emslandlinie (A 31) bis Bottrop ausgebaut und mit der A 2 verbunden. Am Rhein-Herne-Kanal hat Bottrop einen leistungsfähigen Stadthafen. Der Flugplatz Schwarze Heide dient vor allem der Sportfliegerei.

Kultur

Schwerpunkt des kulturellen Geschehens in Bottrop ist (am Rande der City) das Medienzentrum Quadrat, das sich u. a. mit geschickt arrangierten Ausstellungen einen guten Ruf erworben hat. Der Städtische Saalbau am Rathaus, ein vielseitiges Veranstaltungsgebäude, wurde 1981 eröffnet.

Freizeit

Bottrop gilt als die Revierstadt mit dem größten Anteil an Grünflächen. Besonders zu erwähnen sind hier der Revierpark Vonderort (→Oberhausen), der Volkspark Batenbrock, der Stadtpark, das Naturschutzgebiet Kirchheller Heide und der Köllnische Wald mit dem Vöingholz. Im Stadtteil Kirchhellen-Feldhausen liegt der Traumlandpark, ein Freizeitgelände mit Achterbahnen, Riesenrad, Geisterbahn, Saurierpark u. a.

Dorfkirche Feldhausen

Lage
Bottrop-Kirchhellen-Feldhausen
Marienstraße

Bemerkenswert an der katholischen Pfarrkirche, einem Backsteinbau, ist der spätgotische Chor (um 1470), in dem sich zwei zu etwa der gleichen Zeit entstandene Glasgemälde befinden. Das Langhaus ist ein Werk aus dem ausgehenden 19. Jh.; die schweren Kriegsschäden wurden ab 1950 beseitigt.

Haus Brabeck

Lage
Bottrop-Overhagen
Brabecker Feld 29

Die ehemalige Wasserburganlage stammt weitgehend aus dem 17./18. Jh. Bei dem Bau wurden heute noch erkennbare Teile einer ehemaligen gotischen Ritterburg verwendet.

Haus Hove

Lage
Bottrop-Vonderort

Das zunächst zwischen dem Kurbistum Köln und dem Herzogtum Kleve umstrittene Lehen wurde im frühen Mittelalter zum Erzstift umgewandelt, was die Bedeutung des Gutes in jener Zeit schnell steigerte. An die einstmals mächtige Wasserburg erinnern heute noch das freistehende Torhaus und die Schießscharten in dem massiven Kellergewölbe.

Heilig-Kreuz-Kirche

Lage
Scharnhölzlstr. 33

Die Heilig-Kreuz-Kirche wurde nach 1955 errichtet: ein eindrucksvoller und richtungsweisender Sakralbau der modernen Architektur. Der Grundriß entspricht einer Parabel, die Sichtziegelmauern werden von einer Stahlbetonkonstruktion gestützt. Bemerkenswert sind auch die von Georg Meistermann gestalteten Fenster insbesondere die gläserne Stirnwand dieses Gotteshauses.

*Medienzentrum „Quadrat" (Grundriß →S. 56)

Anschrift
Im Stadtgarten 20

Öffnungszeiten
Di.–So. 10–18

Das moderne Medienzentrum ist gut in die ruhige Umgebung des Stadtgartens eingefügt. Das hier untergebrachte Museum für Ur- und Ortsgeschichte zeigt eine der größten authentischen Eiszeitsammlungen in der Bundesrepublik Deutschland (Mammutskelette, Fossilien, Dioramen u. a.). Ferner beherbergt das Medienzentrum die Moderne Galerie (Wechselausstellun-

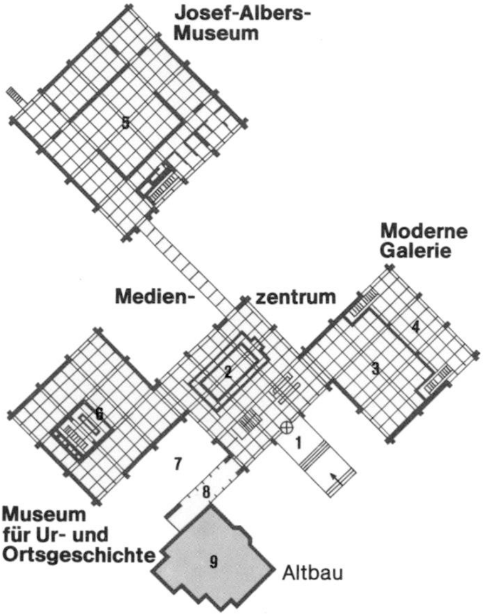

Quadrat
Weiterbildungszentrum
der Stadt
Bottrop

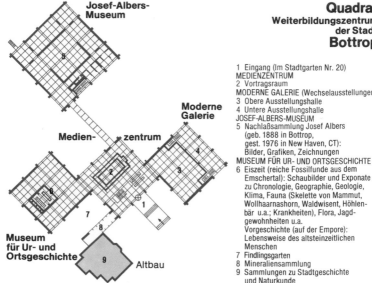

1 Eingang (Im Stadtgarten Nr. 20)
MEDIENZENTRUM
2 Vortragsraum
MODERNE GALERIE (Wechselausstellungen)
3 Obere Ausstellungshalle
4 Untere Ausstellungshalle
JOSEF-ALBERS-MUSEUM
5 Nachlaßsammlung Josef Albers (geb. 1888 in Bottrop, gest. 1976 in New Haven, CT): Bilder, Grafiken, Zeichnungen
MUSEUM FÜR UR- UND ORTSGESCHICHTE
6 Eiszeit (reiche Fossilfunde aus dem Emschertal): Schaubilder und Exponate zu Chronologie, Geographie, Geologie, Klima, Fauna (Skelette von Mammut, Wollhaarnashorn, Waldwisent, Höhlenbär u.a.; Krankheiten), Flora, Jagdgewohnheiten u.a.
Vorgeschichte (auf der Empore): Lebensweise des altsteinzeitlichen Menschen
7 Findlingsgarten
8 Mineraliensammlung
9 Sammlungen zu Stadtgeschichte und Naturkunde

Bottrop, „Quadrat“ (Fortsetzung)

gen) und eine umfangreiche Sammlung des in Bottrop geborenen Malers Josef Albers (1888–1976).

Revierpark Vonderort →Oberhausen

Schloß Beck

Lage
Bottrop-Kirchhellen-Feldhausen
Am Dornbusch 39

Das Wasserschloß Beck wurde 1766–1771 nach Plänen des westfälischen Barockbaumeisters Schlaun errichtet. Ausgestattet ist es im frühklassizistischen Stil. Um das Schloß herum ist ein vielbesuchtes Ausflugsgebiet mit Märchenschloß und -wald eingerichtet worden.

Castrop-Rauxel

Praktische Informationen →S. 191

Einwohnerzahl: 81 131
Fläche: 51,63 qkm
Höchster Geländepunkt: 134 m
Tiefster Geländepunkt: 51 m

Lage

Die ‚Industriestadt im Grünen‘ liegt südlich der Emscher mitten im Revier – zwischen Herne, Dortmund, Waltrop und Recklinghausen, zu dessen Landkreis Castrop-Rauxel gehört.

Geschichte

834 erstmals genannt, kam Castrop im 13. Jh. unter die Oberhoheit des Fürstentums Kleve, erhielt aber 1470 das Privileg einer

‚Freiheit'. Erst der Kohlenbergbau brachte (wie auch sonst häufig im Ruhrgebiet) den entscheidenden Impuls zum Aufschwung: 1902 wurde Castrop zur Stadt erhoben; 1926 entstand durch Eingemeindung die Kommune Castrop-Rauxel.

Wirtschaft

Das erste Bergwerk in Castrop, das der britische Kohlenpott-Pionier Mulvany abteufte, war jene Zeche ‚Erin', die Ende 1982 wegen der Stillegungspläne in die wirtschaftspolitischen Schlagzeilen geriet. Dies macht – trotz aller städtisch-offiziellen Bemühungen (seit 1958) zur Auflockerung der wirtschaftlichen Monostruktur durch Ansiedlung bergbau-unabhängiger Betriebe – deutlich, daß Castrop-Rauxel nach wie vor in erster Linie vom Steinkohlenbergbau abhängig ist; in zweiter Linie von der chemischen Grundstoffindustrie.

Verkehr

Verkehrsmäßig liegt Castrop-Rauxel wie eine Spinne im Netz der durchs Ruhrgebiet laufenden Autobahnen: mit schnellen Anschlüssen überallhin – auch an die B 235 Wuppertal–Münster. Über den Rhein-Herne-Kanal – Schiffshebewerk Henrichenburg (→Waltrop) – hat Castrop-Rauxel Verbindung zum mittelländischen Wasserstraßennetz.

Kultur

Das Westfälische Landestheater, seit 1946 in Castrop-Rauxel beheimatet, ist eine weithin anerkannte Schaubühne, die außerdem über 70 theaterlosen Städten und Gemeinden des In- und Auslandes spielt.
Die Stadthalle im ‚Castroper Forum', ein 1976 eröffnetes Tagungs- und Veranstaltungszentrum, bietet mit der Schanzendachkonstruktion des Dänen Arne Jacobsen eine architektonische Besonderheit.

Stilvolles Interieur im Haus Goldschmieding

Castrop-Rauxel (Fortsetzung)

Haus Goldschmieding

Lage
Ringstr. 98

Der Ende des 16. Jh.s errichtete Renaissancebau steht auf einem baumbewachsenen Wallhügel. Der runde Turm und ein Teil des Hauses sind noch die Reste einer befestigten Wasserburg (1275 erstmals urkundlich erwähnt); die ehemalige Gräfte ist eingeebnet. Im Innern des heutigen Hotel-Restaurants ist vor allem der prunkvolle Reliefkamin (1597) beachtenswert.

Heimatkundliche Sammlung

Anschrift
Ringstr. 29

Öffnungszeiten
Di., Do. 15–17

Die im Alten Rathaus untergebrachte heimatkundliche Sammlung umfaßt eine geologische Lehrschau (mit besonderer Berücksichtigung der Kohleformationen), altes Mobiliar, Gegenstände zur Gebiets- und Ortsgeschichte sowie ein Archiv.

Lambertuskirche

Lage
Stadtteil Castrop

Die um 1250 erbaute Lambertuskirche wurde Ende des 19. Jh.s grundlegend restauriert und baulich zum Teil verändert. Beachtenswert im Innern der Kirche ist vor allem das spätgotische Sakramentshäuschen (16. Jh.).

Wasserschloß Bladenhorst

Lage
Stadtteil Rauxel

Die Ritter von Bladenhorst (so die urkundliche Benennung im Jahre 1266) verkauften ihr Gut bereits 1310. Auf dem Burgplatz wurde Mitte des 16. Jh.s das heutige Wasserschloß (mit Wehrtürmen, Herrenhaus und Doppelgräben) errichtet. Erbauer war Philipp von Vermundt, dessen Grabmal (1632 von Jörgen Pelsz geschaffen) sich heute in der Castroper Lutherkirche befindet. Ältester und guterhaltener Bauteil des Schlosses ist das halbrunde Torhaus (mit fünfstufigem Treppengiebel). Eine Innenbesichtigung ist nicht möglich.

Datteln

Praktische Informationen →S. 191/192

Einwohnerzahl: 37000
Fläche: 66,09 qkm
Höchster Geländepunkt: 78 m
Tiefster Geländepunkt: 60 m

Lage

Datteln liegt am nördlichen Rand des Ruhrgebiets an der Lippe. Auf der gegenüberliegenden (nördlichen) Seite des Flusses beginnt das Münsterland. Nordwestlich von Datteln, ca. 10 Autominuten vom Stadtkern entfernt, erstreckt sich das Wald- und Hügelgebiet der Haard.

Geschichte

Erstmals erwähnt wird Datteln in einer schriftlichen Überlieferung aus dem Jahre 1147. Zahlreiche Funde deuten jedoch darauf hin, daß auf dem heutigen Stadtgebiet bereits 800 v. Chr. Siedlungen mit überwiegend landwirtschaftlicher Struktur bestanden haben. Die ältesten Dattelner Bodenfunde, die von seßhaften Menschen stammen, gehören sogar der Jungsteinzeit (3000–1600 v. Chr.) an.

Kanalschleuse bei Datteln

Industrialisierung

Bis zur Jahrhundertwende blieb Datteln ein ländlicher Ort, ehe der Bergbau nach Norden vorrückte und die Industrialisierung mitbrachte. 1909 ließ die Firma Krupp die Arbeitersiedlung Emscher-Lippe in Datteln als Gartenstadt erbauen. 1936 wurden der aufstrebenden Zechen- und Industriegemeinde die Stadtrechte verliehen.

Wirtschaft

Heute sind die wichtigsten Wirtschaftszweige: Zinkverhüttung und -verarbeitung, Eisenverarbeitung, chemische Industrie, Leder-, Kunststoff- und Bekleidungsindustrie.

Kanäle

Bei der ‚Kanalstadt' Datteln, dem größten Kanalknotenpunkt Europas, treffen sich der Rhein-Herne-Kanal, der Dortmund-Ems-Kanal (Schiffshebewerk Henrichenburg →Waltrop), der Wesel-Datteln-Kanal und der Datteln-Hamm-Kanal.

Freizeit

Das Kanalnetz bietet gute Freizeitmöglichkeiten: Angeln, Wassersport, Kanalwanderwege u. a.

Kanalfest

Seit Mitte der sechziger Jahre veranstaltet die Stadt jährlich am ersten Septemberwochenende ein Freizeitfest für Bürger und Touristen, das Kanalfestival am Dattelner Hafen.

Haus Vogelsang

Lage
Datteln-Ahsen

Die im 17. Jh. entstandene Wasserburg (auf einer Burginsel) mit schlichtem Herrenhaus und einem einfachen viereckigen Turm geht vermutlich auf einen älteren Gutshof zurück. Das Haus liegt an einem ehemaligen Schleusenwehr der Lippe in der

Datteln, Haus Vogelsang
(Fortsetzung)

Nähe des alten Schifferdorfes Ahsen, wo an der mittelalterlichen Grenze zwischen den Bistümern Köln und Münster heftige Gebietskämpfe stattfanden.

Hermann-Grochtmann-Museum

Anschrift
Lohstr. 20a

Öffnungszeiten
bis auf weiteres geschlossen

Dieses Heimat- und Freilichtmuseum präsentiert Dokumente der Stadtgeschichte und anschauliche Belege für die Entwicklung des heimischen Handwerks. Bemerkenswert sind u. a. bedeutsame geologische, paläontologische und vorgeschichtliche Funde, ein in Datteln gehobener Münzschatz vom Ende des Mittelalters, bäuerliche Möbel und Geräte, Möbel und Bilder der Rokokozeit von Schloß Löringhoff sowie Plastiken aus der →St.-Amandus-Kirche (darunter ein flandrischer Altar aus der Zeit um 1500).

St.-Amandus-Kirche

Lage
im Stadtkern

Das Anfang des 16. Jh.s im gotischen Stil erbaute und später mehrfach veränderte Gotteshaus wurde im Zweiten Weltkrieg größtenteils zerstört. Wiederaufbau und Restaurierung hielten sich streng an die historischen Bauformen. So trägt der Turm einen barocken Haubenaufsatz. Ein Nebenturm am Querschiff wurde im romanischen Stil einer noch älteren Kirche (13. Jh.) renoviert. Bemerkenswert sind der flandrische Schnitzaltar (um 1500), die niederrheinische Figurengruppe aus Eichenholz (16. Jh.) und das spätgotische Sakramentshäuschen aus Baumberger Stein (16. Jh.).

Schloß Horneburg

Lage
Datteln-Horneburg

Die Horneburg war im frühen Mittelalter bereits hart umkämpft zwischen dem Vest Recklinghausen, den Erzbischöfen von Köln und Altena sowie einigen Reichsgrafen. Ritter Heidenreich von Oer hatte die Horneburg 1389 zu seinem Wohnsitz ausgebaut, mußte sie aber 30 Jahre später fluchtartig vor den Truppen des Erzbischofs Dietrich von Moers verlassen. Mitte des 15. Jh.s ließ Kurköln die Burg restaurieren; aus dieser Zeit stammt noch die Schloßkapelle.
1646 brannten französische Soldaten das quadratisch angelegte Residenzschloß der Vögte des Vestes nieder. Die auf einer runden Insel stehende Hauptburg wurde nicht wieder erneuert. Dagegen wurde da, wo früher die Vorburg stand, ein schloßartiges Gebäude mit zwei runden Türmen errichtet. Der Ostflügel wurde später lange Jahre als Amtshaus verwendet, der Südflügel mußte 1830 abgerissen werden.

Dinslaken

Praktische Informationen →S. 192

Einwohnerzahl: 62000
Fläche: 47,7 qkm
Höchster Geländepunkt: 69 m
Tiefster Geländepunkt: 23 m

Kirche St. Amandus in Datteln ▶

Dinslaken

Lage

Das Mittelzentrum Dinslaken liegt am Nordwestrand des Ruhrgebiets, wo die Emscher in den Rhein mündet.

Geschichte

Begünstigt durch die Lage am Rhein war Dinslaken schon im Mittelalter ein wichtiges Zentrum für Handel und Gewerbe, zumal hier der wichtigste Übergang vom linksrheinischen Herzogtum Kleve in das kurkölnische und märkische Gebiet war. Die Burg Dinslaken, 1163 erstmals urkundlich genannt, kam 1220 an die Grafen von Kleve; die umliegende Siedlung erhielt bereits 1273 das Stadtrecht.

Industrialisierung

Als Mitte des 19. Jh.s der Kohlenbergbau und damit die Industrialisierung richtig einsetzte, stieg Dinslakens regionale Bedeutung. Die Stadt am rechten Rheinufer wurde zum bedeutendsten Zuchtviehmarkt im rheinisch-westfälischen Raum. Schon früh war Dinslaken auch ein Zentrum der Textilverarbeitung.

Wirtschaft

Heute ist die Wirtschaftsstruktur nach wie vor getragen von Kohle, Eisen und Stahl; dazu kommen vor allem Maschinenbau, Elektro-, Schuh- und Textilindustrie. Schon frühzeitig wurden neue Gewerbegebiete ausgewiesen, so daß heute 60% der rund 22000 Arbeitsplätze in diesem Strukturbereich angeboten werden.

Verkehr

Durch das Stadtgebiet laufen die Autobahn A 3 (Ruhrgebiet–Holland) und die Bundesstraße B 8 (Duisburg–Wesel). Dinslaken ist an das S-Bahn-Netz des Rhein-Ruhr-Gebietes angeschlossen und hat eine Schiffsanlegestelle. Nordöstlich des Stadtgebiets (zehn Autominuten entfernt) liegt der Flugplatz Schwarze Heide, der die Möglichkeit zu Rundflügen mit kleinen Sportmaschinen bietet.

Kultur

Kultureller Mittelpunkt ist die Stadthalle, wo Gastspielensembles aller Art auftreten und alle möglichen kulturellen und gesellschaftlichen Ereignisse stattfinden. Auf der Freilichtbühne im alten Burghof werden regelmäßig Jazzfestivals und ähnliches veranstaltet.

Volksfeste

Zahlreiche Traditionsfeste und andere Veranstaltungen beweisen, daß die Menschen in Dinslaken zu feiern verstehen. Die großen Feste der Schützenvereine und Nachbarschaften, die Martinikirmes (im November) und die Kröskirmes, vor allem aber die alljährlich Anfang September stattfindenden DIN-Tage (DIN für Dinslaken) haben echten Volksfestcharakter.

Freizeit

Unter den zahlreichen Sport- und Freizeitangeboten ragen die internationalen Veranstaltungen auf der Trabrennbahn heraus. Erholung in schöner Natur findet man vor allem im Norden der Stadt (Rotbachtal, Grafschaft Sträterei).

Burg

Lage
im Stadtkern

Die Burgruine mitten in der Stadt zeugt von der mittelalterlichen Wehrtüchtigkeit Dinslakens. Die Burg ist seit 1163 bezeugt und wurde später mehrmals umgebaut. Sie war das Stammschloß der Herren von Dinslaken, die aber nach 1350 urkundlich nicht mehr erwähnt werden. Die 1945 schwer beschädigte Burgruine (mit Burgtor, Aufgang und Turm) wurde

1950–1952 restauriert. In den Grünanlagen um die ehemalige Burg hat man 1934 eine Freilichtbühne errichtet (ca. 2000 Plätze), die zu den schönsten in Deutschland zählt.

Hünxer Wald

Lage
nördlich vom Zentrum

Der Hünxer Wald gehört als südlicher Zipfel zum Naturpark Hohe Mark (→Dorsten); er liegt im Norden des Stadtgebiets von Dinslaken zwischen Hünxe, Kirchhellen sowie der Nachbarstadt Dorsten und ist das größte zusammenhängende Waldgebiet im rheinischen Industrierevier. – Am Hof Berger-Schult sind noch die Reste einer fränkischen Befestigungsanlage (um 750) zu sehen. Die Wallanlage bei Hünxe zählt zu den eindrucksvollsten historischen Monumenten dieser Art am Niederrhein.

Rotbach

Der Rotbach durchzieht in einer Länge von etwa elf Kilometern das Gemeindegebiet Dinslaken. Die Fußwege entlang des Baches werden z. T. noch ausgebaut und miteinander verbunden. Die Strecke führt von der Stadtgrenze Oberhausens vorbei an dem idyllisch gelegenen Rotbachsee (in unmittelbarer Nähe des Sportzentrums im Stadtteil Hiesfeld), so daß man entlang des Rotbaches vom Naturpark Hohe Mark durch das Stadtgebiet Dinslaken zum Rhein wandern kann.

St. Vincentius

Lage
Duisburger Str. 36

Auf einem traditionsreichen Kirchenstandort wurde um 1450 die gotische Hallenkirche errichtet, die nach der Zerstörung im Zweiten Weltkrieg 1951 nach alten Vorbildern wiederaufgebaut wurde. Der große Hochaltar, der um 1480 von einem Brüsseler Meister geschnitzt wurde, ist einer der ältesten flämischen Altäre am Niederrhein. Bemerkenswert ist vor allem das Holzkruzifix im Westchor (um 1400).

Stadthalle

Anschrift
Althoffstr. 2

Die 1973 fertiggestellte Stadthalle liegt mitten im Stadtkern. Doch fernab vom Straßenlärm bildet sie mit ihren ausgedehnten Grünanlagen eine Oase der Ruhe in unmittelbarer Nähe des Stadtparks. Darüber hinaus ist sie kultureller und gesellschaftlicher Mittelpunkt: Großveranstaltungen, Theater, Konzerte, Unterhaltungsshows, Tanzabende finden hier ebenso statt wie Konferenzen, Tagungen und Familienfeiern. Besonders gelobt wird allenthalben die ausgezeichnete bühnentechnische Ausstattung (149 qm Bühnengröße, 17 Dekorationszüge).

Dorsten

Praktische Informationen →S. 192

Einwohnerzahl: 73000
Fläche: 171,5 qkm
Höchster Geländepunkt: 122 m
Tiefster Geländepunkt: 27 m

Dorsten

Lage

Die Stadt Dorsten mit ihren elf Stadtteilen ist flächenmäßig die größte Stadt im Kreis Recklinghausen. Dorsten liegt an der Lippe, am Nordrand des Ruhrgebietes im Naturpark Hohe Mark. Diese Brückentorfunktion zwischen zwei Wirtschafts- und Lebensräumen manifestiert sich auch in dem teils ländlichen, teils industriellen Stadtbild.

Geschichte

Die verbürgte Geschichte läßt sich weit zurückverfolgen. So ließ der römische Feldherr Drusus während des zweiten Germanenkrieges (12–7 v. Chr.) im heutigen Ortsteil Holsterhausen ein Marschlager für zwei Legionen errichten. Im 1./2. Jh. n. Chr. entstand nördlich der Lippe die Bauernschaft Durstina; ein Teil der Bewohner von Durstina gründete um 500 südlich der Lippe eine neue Siedlung mit dem Namen Durstionon. Erstmals urkundlich erwähnt in den Heberegistern des Klosters Werden sind einige dieser Höfe im Jahre 890. Um den Oberhof Dorsten entwickelte sich im 12. Jh. die ‚villa Dursten'. In jenen Jahren entstanden auch die Kernpunkte der heutigen Stadtteile.
1251 erhielt das Kirchdorf Dorsten die Stadtrechte und konnte eine Befestigungsanlage bauen. Wegen ihrer Lage an einem wichtigen Lippe-Übergang war die Stadt Schauplatz ständiger Kämpfe: in der karolingischen Zeit zwischen Sachsen und Franken, im Mittelalter zwischen den Fürstbischöfen von Münster und Köln und dem Herzog von Kleve, im Dreißigjährigen Krieg zwischen Katholiken und Protestanten, im Siebenjährigen Krieg zwischen Franzosen und Hannoveranern, schließlich in den Kriegen des 20. Jh.s (1945 zu 80% zerstört).

Industrialisierung

Die Industrialisierung begann 1850, als in offenen Gruben, die nur wenige Meter tief waren, Raseneisenerz (Ortstein) gewonnen wurde. Die Bauern fuhren im Winter Erz zur Gutehoffnungshütte nach Sterkrade. Die ‚Dorstener Eisengießerei und Maschinenfabrik' begann 1874 mit der Produktion; im selben Jahr wurde Dorsten Haltepunkt an der neu eröffneten Eisenbahnlinie Hamburg–Amsterdam.
Der Kohleabbau setzte wegen der schwierigen geologischen Verhältnisse erst nach 1900 ein. So begann ‚Baldur', die nördlichste Zeche Deutschlands, in Holsterhausen 1911 mit der Förderung; sie wurde aber bereits 1931 wegen Unrentabilität wieder geschlossen.

Wirtschaft

Die Wirtschaftsstruktur ist heute vielseitig. Neben Kohleförderung (Zechen in Hervest und Wulfen) und Kohleverarbeitung (Gaswerk, Kohlekraftwerk) gibt es u. a. Beton-, Kunststoff-, Chemikalien-, Textil- und Möbelfabrikation sowie ein Werk für Quarzsand, das zu den größten seiner Art gehört.

Verkehr

Dorsten ist verkehrsmäßig erschlossen durch die Bundesstraßen B 58, B 223, B 224 und B 225. Der unmittelbare Anschluß an das Autobahnnetz wird derzeit durch den Ausbau der Emslandlinie und der Lipperandstraße weiter verbessert. Dorsten hat einen Hafen am Wesel-Datteln-Kanal.

Altes Rathaus (Heimatmuseum)

Anschrift
Am Markt 1

Der Rathausbau aus der Mitte des 16. Jh.s (1797 im klassizistischen Stil erweitert) schließt auf der Ostseite den großzügig und harmonisch wirkenden Marktplatz ab. Zusammen mit dem

Kirche St. Agatha und Altes Rathaus am Dorstener Marktplatz

Heimatmuseum im Alten Rathaus

Altes Rathaus (Fortsetzung)

Kirchturm im Hintergrund ist das Alte Rathaus ein Wahrzeichen für den historischen Stadtkern von Dorsten. Das Gebäude war zunächst als Stadtwaage eingerichtet und diente erst später (im 19. Jh. bis 1902) als Rathaus.
Seit 1935 ist hier das Heimatmuseum untergebracht. Gezeigt werden vorgeschichtliche und geologische Funde, bäuerliches Mobiliar und Arbeitsgerät sowie alte Münzen.

Kirche St. Agatha

Hinter dem Alten Rathaus steht die St.-Agatha-Kirche, die Mitte der fünfziger Jahre in der ursprünglichen Bauform (14./15. Jh.) restauriert worden ist. Der Taufstein ist noch romanischen Ursprungs. Zur (restaurierten) älteren und wertvollen Ausstattung gehören: drei Renaissance-Epitaphien (um 1600), Vesperbild (nach 1650), Bischofsstatue (18. Jh.), spätgotische Monstranz (um 1450) aus vergoldetem Silber.

*Naturpark Hohe Mark

AUSKUNFT
Kreisverwaltung
Recklinghausen
Kurt-Schumacher-Allee 1
D-4350 Recklinghausen
Tel. 02361/53-1 bzw.
Durchwahl 53-5010

Der Naturpark Hohe Mark liegt am Nordrand des Ruhrgebiets und reicht weit ins Münsterland hinein. Die Begrenzung des Parks ist etwa durch die Orte Dorsten, Oberhausen, Wesel, Bocholt, Borken, Dülmen und Datteln markiert. Durch das Gebiet führen die Autobahnen A 3 Emmerich–Oberhausen (am Ostrand), A 43 Herne–Münster und die (geplante) A 31 Bottrop–Emsland sowie die Bundesstraßen B 51 (Dülmen–Haltern–Recklinghausen), B 58 (Wesel–Haltern), B 70 (Borken–Wesel) und B 224 (Raesfeld–Dorsten).
Der Naturpark Hohe Mark beiderseits der unteren Lippe wurde 1963 gegründet. Er ist mit 1009 qkm Gesamtfläche nicht nur

Wacholderheide im Naturpark Hohe Mark

einer der größten bundesdeutschen Naturparks, sondern auch einer der landschaftlich abwechslungsreichsten: Weite grüne Weiden, Heide-, Sand- und Moorflächen, zusammenhängende Laub- und Nadelwälder (insgesamt 245 qkm) sowie die Uferniederungen der Lippe setzen ein vielfältig buntes Naturmosaik zusammen.
Der Naturpark ist ganz als Erholungsgebiet erschlossen; es gibt annähernd 100 Parkplätze, und die angelegten Rundwanderwege sind insgesamt mehr als 1100 km lang.
Im Osten des Naturparks liegen die Borkenberge mit Moor und Segelfluggelände. Daran schließt sich das Rekener Kuppenland an. In der Südostecke liegt, zwischen Haltern und Marl-Sinsen, die Haard, ein welliges Kiefernwaldgebiet. Der Stausee bei Haltern ist das meistbesuchte Ausflugsziel im Naturpark Hohe Mark.

Haard

Mit der Overrather Insel ist der Halterner Stausee zum Vogelschutzgebiet erklärt worden. In den Teichgebieten Torf-Venn und Vogel-Venn wird eine weithin beachtete Fischzucht unterhalten. Westlich vom Halterner Stausee erstreckt sich das Naturschutzgebiet Westruper Heide (mit einer Heidschnucken-Herde und bis zu 4 m hohen Wacholderbüschen). Besonders geschützt sind auch die Wacholderdüne Sebbelheide und die Holtwicker Wacholderheide.

Halterner Stausee

Von den verschiedenen Naturdenkmälern sind besonders zu nennen: die Teufelssteine bei Hünxe und die ‚Düwelsteene' bei Heiden, eine alte Windmühle, das Hochwildgehege Granat bei Reken, die tausendjährige Feme-Eiche in Erle sowie der Freizeitpark Gut Eversum (bei Ahsen, an der Straße nach Olfen). In der Gemeinde Flaesheim wurde der Naturlehrpfad Dachsberg angelegt, der die Besonderheiten und Eigenarten von Boden und Fauna in der Haard erläutert.

Naturdenkmäler

Ganz einbezogen in den Naturpark Hohe Mark ist das Städtchen Haltern. An der Lippe zwischen Haltern und Annaberg hatten die Römer zwischen 11 v. Chr. und 9 n. Chr. ein großes Kastell errichtet und als Stützpunkt in Gebrauch, bevor sie im Teutoburger Wald von den Germanen unter Arminius besiegt wurden. Ausgrabungsfunde aus diesem Römerlager sowie noch ältere Fundgegenstände sind im Römisch-Germanischen Museum (Goldstraße 1) zu sehen. Öffnungszeiten: Dienstag bis Freitag 9–13 Uhr.

Haltern
Verkehrsamt
Rathaus, Markt 1
D-4358 Haltern
Tel. 02364/1001

Die 1875 erbaute neugotische Sixtuskirche in Haltern hat eine bemerkenswerte Innenausstattung. Sehenswert sind vor allem das gotische Astkreuz aus dem 14. Jh. und der flämische Schnitzaltar aus dem 16. Jahrhundert.
Im Gebiet des Naturparks liegen auch die bedeutenden westfälischen Wasserschlösser →Lembeck und Raesfeld (→Münsterland).

Sixtuskirche

*Schloß Lembeck

Aufgrund einer untergeordneten Gerichtsbarkeit, die der Bischof von Münster als zuständiger Landesherr verliehen hatte, durfte der Hof Lembeck die Bezeichnung ‚Herrlichkeit' führen. Das Besitztum bestand bis 1803. Ab dem 14./15. Jh. hatte die adelige Familie von Lohn (später Westerholt) ihre Grafschaft stetig vergrößert und sich immer mehr Rechte gesichert. So

Lage
Dorsten-Lembeck

Buslinie
208 (ab Busbahnhof Dorsten)

Wasserschloß Lembeck bei Dorsten

Dorsten, Schloß Lembeck (Fortsetzung)

wurde dann auch im ausgehenden 17. Jh. die ursprüngliche Wasserburg (14. Jh.) zu einem imposanten Schloß ausgebaut, das inmitten eines großen Teiches liegt. Die deutliche bauliche Trennung der Anlage in Vor- und Hauptburg unterscheidet das Wasserschloß Lembeck erheblich von den üblichen westfälischen Wasserburgen. Lembeck ist eine der beutendsten frühbarocken Schloßanlagen in Nordwesteuropa.
Die Treppengänge, Säle und Räume sind in prunkvollem Barockstil gestaltet worden. Sehenswert ist vor allem der Große Saal im Nordflügel; sehr harmonisch wirkt die Wand-/Decken-Kombination aus feinen Stuckarbeiten und Eichenholzvertäfelung.
Im Rittersaal finden von September bis Juni Schloßkonzerte statt.

Museum

Das Schloßmuseum ist vor allem der Wohnkultur (16.–19. Jh.) gewidmet. Neben Mobiliar sind kunstvolle Gläser, Gobelins, Hausrat und auch bäuerliches Gerät zu sehen.

Schloß Raesfeld →Münsterland

Dortmund

Praktische Informationen →S. 193/194

Einwohnerzahl: 610000
Fläche: 270,17qkm
Höchster Geländepunkt: 254 m
Tiefster Geländepunkt: 60 m

Lage

Dortmund, die größte Stadt Westfalens und die zweitgrößte des Ruhrgebiets (nach Essen), liegt in der östlichen Hälfte des Reviers zwischen Castrop-Rauxel, Bochum, Witten, Hagen und dem Kreis Unna. Über diese Flanke hat die Stadt heute einen weitreichenden Einzugsbereich bis ins Münsterland und ins Sauerland. Bei einer Fläche von 28000 ha ist die Besiedlungsdichte in Dortmund spürbar geringer als in den anderen Großstädten des Ruhrgebiets.

Geschichte

Urkundlich wird Dortmund als ‚Throtmani' um 880 erstmals erwähnt. Es war ein von Karl d. Gr. gegründeter Königshof, um den eine Siedlung entstand, die bereits vor der Jahrtausendwende das Marktrecht bekam. 1220 wurde Dortmund freie Reichsstadt und trat später auch der Hanse bei. Begünstigt durch die Lage am Hellweg, dem bedeutendsten mittelalterlichen Handelsweg, machten Dortmunder Kaufleute Geschäfte an der norddeutschen Küste, in England und in Rußland. Der wirtschaftliche Aufschwung wurde aber durch den Dreißigjährigen Krieg jäh unterbrochen.

Industrialisierung

Aus dieser Bedeutungslosigkeit wurde die Stadt durch die Industrialisierung wieder zu alter Größe herausgeführt. Die Entwicklungsdaten: 1832 erste Eisengießerei, 1840 erste Tiefbauzeche (in Hombruch), 1847 Eisenbahn, 1871 Gründung der Hoesch-Werke, 1899 Bau des Hafens am Dortmund-Ems-Kanal.

Wirtschaft

Von den einstmals 20 Zechen fördern nur noch zwei. Dennoch sind Kohle und Stahl auch heute noch die Schwerpunkte der Dortmunder Wirtschaft; dazu gehört auch der Maschinen- und Brückenbau. Inzwischen ist die industrielle Struktur erweitert worden durch Betriebe aus der Feinmechanik, dem Elektrobereich und der Nahrungsmittelindustrie.

Bier

Mit sechs Großbrauereien (Jahresausstoß insgesamt mehr als 6 Mio. Hektoliter) ist Dortmund hinter dem US-amerikanischen Brauzentrum Milwaukee die zweitgrößte ‚Bierstadt' der Welt.

Verwaltungszentrum

52% aller Arbeitnehmer Dortmunds arbeiten im sogenannten tertiären Bereich – in Verwaltungen, Versicherungen, Sparkassen und Banken, in Handelsunternehmen und Dienstleistungsbetrieben.

Verkehr

Der ‚Dortmunder Ring' mit zwölf Autobahnanschlußstellen ist geschlossen: Um Dortmund führen die A 2, A 45 und A 1; durch das Stadtgebiet läuft der Ruhrschnellweg, die B 1, die östlich in die A 44 (Richtung Kassel) und westlich in die A 430 (Richtung Essen) übergeht. Dortmund ist damit auf mehreren Schnellstraßen mit zahlreichen Naherholungs- und Ausflugsgebieten (Münsterland, Sauerland, Hessisches Bergland, Siegerland, Bergisches Land, Niederrheinische Tiefebene und Holland) direkt verbunden.
Der Hauptbahnhof Dortmund ist Intercity-Knotenpunkt sowie Ausgangs- und Zugbildungspunkt: 850, darunter 70 Intercity-Züge, gehen täglich von Dortmund aus in alle Richtungen.
Der Hafen verbindet die Stadt über den Dortmund-Ems-Kanal mit den Küstenhäfen und dem Rhein.

Kultur

Weithin bekannt und beachtet sind die Städtischen Bühnen Dortmund mit Musiktheater und Schauspiel; das Programmangebot soll aber aus Spargründen drastisch eingeschränkt

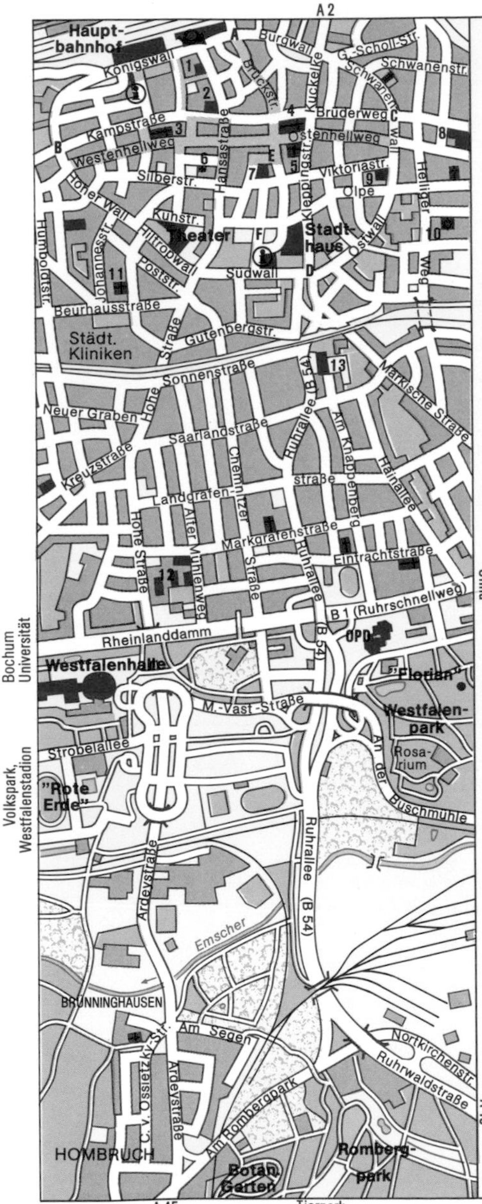

Dortmund

400 m

A Burgtor
B Westentor
C Ostentor
D Neutor
E Markt
F Neuer Markt

1 Museum für Kunst und Kultur
2 Musikhochschule
3 Petrikirche (ev.)
4 Reinoldikirche (ev.)
5 Marienkirche (ev.)
6 Propsteikirche (kath.)
7 Haus der Bibliotheken
8 Landgericht
9 Museum am Ostwall
10 Synagoge
11 Griech.- orthodoxe Kirche
12 Polizeipräsidium (Kriminalmuseum)
13 Südbad

Fußgängerzone

Reinoldikirche

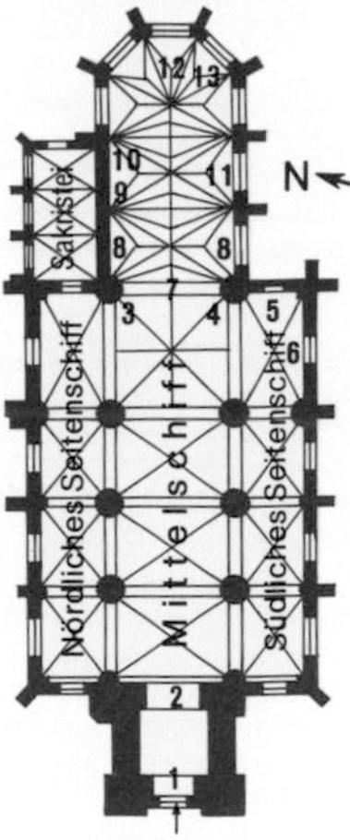

1 Kirchenväterfenster (15. Jh.)
2 Orgel (1959)
3 St.-Reinoldus-Statue (14. Jh.)
4 Statue Karls des Großen (15. Jh.)
5 Bild Kreuzschleppung (16. Jh.)
6 Triumphkreuz (15. Jh.)
7 Adlerpult (Lesepult; 15. Jh.)
8 Chorgestühl (15./16. Jh.)
9 Marienfigur (15. Jh.)
10 Reliquienhaus (14. Jh.)
11 Sakramentshaus (15. Jh.)
12 Hauptaltar (15. Jh.)
13 Taufbecken (15. Jh.)

werden. Die Sinfoniekonzerte sind seit Jahren regelmäßig ausverkauft. – In den verschiedenen Museen werden z.T. neben den allgemeinen Kunstausstellungen auch Spezialsammlungen präsentiert (z. B. Naturkunde, Schulwesen, Kriminalgeschichte).
Die Auslandskulturtage und die Verleihung des Nelly-Sachs-Preises zählen jährlich zu den kulturellen Höhepunkten in Westfalen.

Universität

Die 1968 gegründete Universität zählt inzwischen mehr als 16000 Studierende. Zudem haben in Dortmund zahlreiche wissenschaftliche Institute (Sozialakademie, Fachhochschule, Rechenzentrum Rhein-Ruhr / MBP, Institut für Umweltschutz) sowie die Zentralstelle für die Vergabe von Studienplätzen (ZVS) ihren Sitz.

Freizeit

Zentrum für Sport und Freizeit in Dortmund ist der Westfalenpark (jährlich mehr als 2 Mio. Besucher) und das angrenzende Gebiet mit Westfalenhalle und Westfalenstadion. Erwähnenswert sind auch der Revierpark Wischlingen, der Freizeitpark Fredenbaum (65 ha) und das Freizeitzentrum ‚Tropa Mare' in der Innenstadt.
Insgesamt hat Dortmund 2260 ha Wald und 440 ha öffentliche Grün- und Erholungsanlagen.
Die ausgeschilderten Wanderwege im Stadtgebiet von Groß-Dortmund (Stadtwäldchen, Rombergpark) sind insgeamt 240 km lang.

Florianturm →Westfalenpark

Hohensyburg: Denkmal bei der Burgruine

*Hohensyburg

Lage
Dortmund-Hohensyburg

Buslinien
Bus 461 (ab Brücherhofstraße);
zu erreichen mit Straßenbahn 401 ab Dortmund Hbf;
Bus 520 (ab Hagen Hbf) fährt nur an Sonn- und Feiertagen vom 28. März bis 1. Nov.

Der heute südlichste Punkt auf Dortmunder Stadtgebiet zählt zu den meistbesuchten Ausflugszielen im Ruhrgebiet. Er ist ein Stück westfälischer Geschichte; denn hier in der Nähe wurden die Sachsen von den Franken unter Karl d. Gr. 775 vernichtend geschlagen. Von der altsächsischen Volksburg (Fluchtburg) sind Reststücke noch am Hang vor der Peterskirche zu erkennen. Die Peterskirche, die in wesentlichen Teilen aus dem 13. Jh. stammt, steht auf den Fundamenten einer Kapelle, die 799 vermutlich von Karl d. Gr. erbaut und von Papst Leo III. geweiht worden ist.
Die Ruine Hohensyburg selbst – auf einer Bergkuppe, 220 m hoch über dem Ruhrtal – ist Rest einer nach 1100 erbauten Ritterburg. Verbürgt ist, daß die kaiserlichen Burgmänner, die sich ab 1265 Herren von Syburg nannten, die Hohensyburg zu einer Raubritterfeste machten. Graf Engelbert II. von der Mark konnte nach jahrelangen Kämpfen 1287 die Burg erobern und ließ sie bis auf die Grundmauern abbrennen und zerstören.
Sehenswert sind auch der 28 m hohe Vincketurm und das Kaiser-Wilhelm-Denkmal (im Westen). Von hier hat man herrliche Ausblicke über die Täler von Ruhr und Lenne bis weit ins Sauerland hinein.
Am Fuße der Hohensyburg befinden sich eine Freilichtbühne und der Hengsteysee mit guten Sport- und Bademöglichkeiten.

*Marienkirche

Lage
Ostenhellweg/Kleppingstraße (Fußgängerzone)

Führungen
jeden ersten Sa. im Monat 14–15, kostenlose Führung (ca. 30 Min.); bei größeren Besuchergruppen Anmeldung im Pfarramt

Direkt gegenüber der →Reinoldikirche am Hellweg steht der vermutlich älteste Gewölbebau Westfalens. Der Kirchensaal, beherrscht von einem harmonischen Pfeiler- und Säulenwerk, stammt überwiegend aus der romanischen Epoche (12. Jh.); der gotische Chor wurde Ende des 14. Jh.s fertiggestellt. Von den ursprünglich zwei Türmen ist einer wegen Baufälligkeit 1805 abgetragen worden.
Künstlerisch von hohem Rang ist der Marienaltar, den Conrad von Soest 1420 geschaffen hat. Ebenfalls sehenswert ist der nach seinem Stifter, einem Dortmunder Ratsherren, benannte Berswordt-Altar (1390) im nördlichen Seitenschiff. Im angebauten Reliquienhaus (15. Jh.) ist eine farbig gefaßte Eichenholzfigur („Madonna mit Kind") aus der romanischen Zeit (um 1200) zu sehen. Beachtenswert von der Innenausstattung sind ferner St. Michael (1320), thronende Christusfigur, Triumphkreuz, spätgotische Madonna in Stein (15. Jh.) und das aus Eichenholz geschnitzte spätgotische Chorgestühl (16. Jh.).

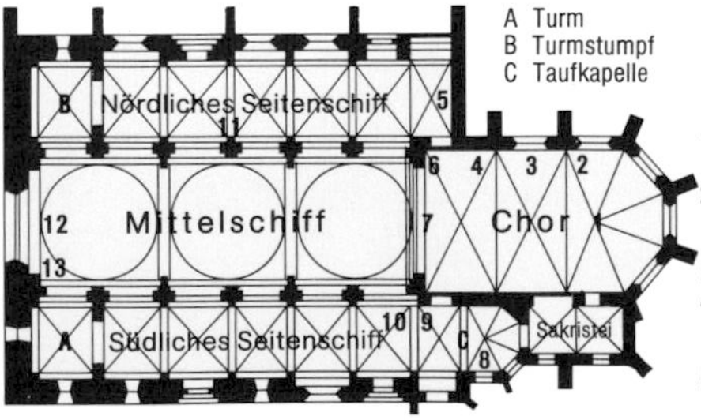

A Turm
B Turmstumpf
C Taufkapelle

Marienkirche Dortmund

1 Marienaltar (um 1420)
2 Sakramentshäuschen (um 1450)
3 Chorgestühl (1523)
4 Gottvater als Weltenrichter (um 1470)
5 Berswordtaltar (um 1390)
6 Pultadler (um 1550)
7 Triumphkreuz (um 1520)
8 Taufe (1687)
9 Roman. Chorsäule
10 Madonna (um 1430)
11 Orgel
12 E. Michael (1320)
13 Thronende Madonna (um 1230)

*Museum am Ostwall

Das erst 1949 gegründete Museum am Ostwall ist trotz der relativ kurzen Zeit seines Bestehens eines der wichtigsten Kunstmuseen im Ruhrgebiet.
Die der Kunst der Moderne gewidmete Sammlung wurde 1957 erheblich bereichert durch den Erwerb der Sammlung des Bochumer Industriellen Karl Gröppel (deutscher Expressionismus).
Das Museum am Ostwall zeigt u. a. Plastiken, Gemälde und Graphiken von Ernst Barlach, Max Beckmann, Paul Klee, Oskar Kokoschka, Aristide Maillol, Joan Miró, Karl Schmidt-Rottluff; ferner Kunst der sechziger und siebziger Jahre. Wechselausstellungen und experimentelle Veranstaltungen ergänzen das Programm.

Anschrift
Ostwall 7

Öffnungszeiten
Di.–Sa. 9.30–18,
So. 10–14

Museum für Kunst und Kulturgeschichte

Das Museum umfaßt die Abteilungen Kunst und Kulturgeschichte vom Mittelalter bis heute, Stadtgeschichte Dortmund, Vor- und Frühgeschichte des westfälischen Raumes sowie provinzialrömische Archäologie. Dabei sind bemerkenswerte Zeugnisse römischer Antike in Westfalen zu sehen, u. a. einer der größten Funde römischer Münzen.
Ferner verfügt das Museum für Kunst und Kulturgeschichte auch über diverse Dokumente aus der Zeit der Völkerwanderung und aus dem Zunftwesen.

Anschrift
Hansastr. 3

Öffnungszeiten
Di.–Sa. 10–18
(Wiedereröffnung
Ende November 1983)

*Museum für Naturkunde

Das Museum für Naturkunde ist seit 1980 in einem Neubau am Fredenbaumpark untergebracht. Es zeigt geologische und mineralogische Sammlungen (u. a. im Fluoreszenzkabinett ca. 150 leuchtende Mineralien, Meteoriten und eine 650 kg schwere Bergkristallgruppe), in der Saurierhalle zwei lebensgroße Nachbildungen eines Iguanodonten und eines Styracosauriers, das vollständige Skelett eines 55 Mio. Jahre alten ‚Messeler Urpferdchens', den historischen Förderturm des letzten Blei-Zink-Bergwerks ‚Lüderich' aus dem Bergischen Land, ferner Bienen- und Ameisenvölker, ein tropisches Süßwasseraquarium und ein Herbarium.
Dem Museum für Naturkunde ist eine geologische Freilandanlage angegliedert.

Anschrift
Münsterstr. 271,

Öffnungszeiten
Di.–Fr. 10–18,
Sa. 10–16, So. 10–13;
jeden ersten Donnerstag
im Monat 10–20

*Petrikirche

Der rein gotische Bau aus dem 14. Jh. wurde nach der starken Kriegszerstörung erst 1963 wieder neu errichtet.
Das äußere, unverkennbare Merkmal des dreischiffigen, fast quadratischen Gotteshauses ist der wuchtige Turm an der Westseite.
Der Antwerpener Schnitzaltar der Lukasgilde (um 1520) wurde als das ‚goldene Wunder von Dortmund' berühmt. 633 in Eichenholz geschnitzte und vergoldete Figuren stellen in 30 Reliefs Szenen aus der Passionsgeschichte, eine Legende über das Kreuz und die Gregormesse dar. Der Altar ist 7,4 m breit und 5,6 m hoch. – Ikonographie →S. 74.

Lage
Westenhellweg/Kampstraße

Führungen
jeden ersten Sa. im Monat:
14–15 kostenlose Führung
(ca. 30 Min.); bei größeren
Besuchergruppen Anmeldung im Pfarramt

Antwerpener Schnitzaltar
in der Dortmunder Petrikirche

IKONOGRAPHIE (Passionsgeschichte)

1 Gethsemane
2 Gefangennahme
3 Christus vor Kaiphas
4 Verspottung
5 Dornenkrönung
6 Ecce Homo
7 Geißelung
8 Christus
9 Kreuztragung
10 Kreuzigung
11 Kalvarienberg
12 Schmerzen Mariä
13 Abnahme vom Kreuz
14 Beweinung
15 Grablegung
16 Auferstehung
17 Frauen am Grabe
18 Christus und Maria
19 Christus und die Jünger
20 Christus und Thomas
21 Himmelfahrt
22 Pfingsten

Auf der Rückseite des Altares befinden sich insgesamt 48 Gemälde mit Darstellungen der Legenden der hl. Emerentia (Jesu Urgroßmutter), der hl. Anna (Jesu Großmutter) und der hl. Maria (Jesu Mutter).

Propsteikirche St. Johannes der Täufer

Lage
Mönchenwordt/Silberstraße

Führungen
jeden ersten Sa. im Monat: 14–15 kostenlose Führung (ca. 30 Min.); bei größeren Besuchergruppen Anmeldung im Pfarramt

Die dreijochige gotische Hallenkirche (14./15. Jh.; restauriert 1950–1954) entstand als Klosterkirche der Dominikaner; aus jener Zeit sind Reste eines Kreuzganges noch erhalten. Ein Meisterwerk von Derick Baegert sind die Tafelmalereien des Hochaltars (1476 vollendet); dargestellt sind die Kreuzigung Christi sowie (auf den Flügeln) die Heilige Sippe und die Anbetung der Heiligen Drei Könige. An einem Bildrand des Altars befindet sich die älteste erhaltene bildliche Darstellung von Dortmund. Beachtenswert ist das Sakramentshäuschen (15. Jh.).

*Reinoldikirche

Lage
Ostenhellweg/Kleppingstraße (Fußgängerzone)

Führungen
jeden ersten Sa. im Monat: 14–15 kostenlose Führung (ca. 30 Min.); bei größeren Besuchergruppen Anmeldung im Pfarramt.

Grundriß
→Stadtplan (S. 70)

Die Dortmunder Hauptkirche, im Zentrum der Fußgängerzone gelegen, ist nach dem Schutzpatron der Stadt benannt. Die Legende erzählt: Als der hl. Reinoldus beim Bau einer Kirche von Steinmetzen erschlagen wurde, hätten alle Kirchenglocken von selbst angefangen zu läuten, und der Wagen mit dem Leichnam des Reinoldus sei von ganz alleine nach Dortmund gerollt, bis zu dem Platz, an dem vermutlich noch im 9. Jh. eine Stiftskirche entstand.
Die dreischiffige Basilika wurde im 13. Jh. errichtet, während der Übergangszeit von der Spätromanik zur Gotik. Der Chor, der erst 200 Jahre später fertiggestellt wurde, ist dagegen ganz im spätgotischen Stil gehalten. Der aus derselben Zeit stammende 105 m hohe Turm – früher als ‚Wunder Westfalens' gerühmt, heute Wahrzeichen von Dortmund – stürzte 1611 ein. Beim Wiederaufbau (bis 1701) wurde, soweit möglich, das alte Mauerwerk wiederverwendet; die Turmhaube ist jedoch schon vom Barock geprägt. Bei der Wiederherstellung nach dem Zweiten Weltkrieg wurde eine Stützkonstruktion aus Beton eingefügt; denn die sechs Stahlglocken im Reinolditurm stellen das schwerste Geläut in ganz Westfalen dar. Während die Kirche selbst im Zweiten Weltkrieg stark beschädigt wurde (Restaurierung 1950–1956), konnte die wertvolle Innenausstattung fast vollständig und unversehrt gerettet werden.

Dortmund: Alter Markt und Reinoldikirche

Aus dem 15. Jh. stammen die beiden lebensgroßen Holzfiguren am Choreingang: links der Schutzpatron Reinoldus, rechts sein Onkel Karl d. Gr., der als Gründer der Stadt gilt. Zwischen beiden das prachtvolle flämische Adlerpult, um 1450 aus Messing gegossen.
Der spätgotische Hochaltar wurde zwischen 1420 und 1430 geschnitzt; auf den Flügeln sind Marienbilder und Passionsszenen dargestellt.

*Revierpark Wischlingen

Lage
westlich vom Zentrum

Der Revierpark Wischlingen im Westen der Stadt Dortmund bietet alle Möglichkeiten zu Freizeitspaß und Erholung. Es gibt hier einen kleinen See (Kahnfahrten), ein Freizeithaus sowie ein Freibad mit Wellen- und Wassertretbecken, ferner Tennisplätze, ein Café-Restaurant und vieles andere.

Rombergpark

Lage
Am Rombergpark 35
(an der B 54)

Der Rombergpark wurde als englischer Landschaftsgarten bereits um 1820 angelegt, befand sich aber mehr als hundert Jahre lang in Privatbesitz. Kurz nachdem die Stadt Dortmund den Rombergpark gekauft hatte, wurde der Botanische Garten für die Öffentlichkeit eingerichtet (1930). Heute umfaßt die Naturschau rund 5000 Arten und Sorten, meist Gehölze, aus fast allen Bereichen. Besonders erwähnenswert sind das Herbarium (ca. 8000 Blätter) und die Samensammlung (ca. 2000 Stücke).

Rombergpark
(Fortsetzung)

Von der früheren Schloßanlage der Freiherren von Romberg ist nur noch ein Torhäuschen (1682) erhalten geblieben, in dem heute Ausstellungen stattfinden.
Vom Rombergpark aus kann man auch den benachbarten Dortmunder Tierpark erreichen.

Rosarium →Westfalenpark

Stadtgarten

Lage
Neuer Markt

Anläßlich des 1100jährigen Bestehens, das Dortmund im Herbst 1982 feierte, wurde am Neuen Markt, mitten in der City, ein neuer Park angelegt. Er umfaßt eine rund 50000 qm große Fläche, die von Hansastraße, Prinzenstraße, Südwall und Stadthaus umgrenzt wird. In die leicht hügelige Gartenlandschaft sind Spazierwege, Terrassen und Sitzplätze eingegliedert.
Zwei Bauwerke setzen hier die architektonischen Akzente: das Stadthaus und die gleichnamige pagodenähnliche S-Bahn-Station. Um eine ‚Oase der Ruhe' zu schaffen, werden Prinzen-, Balken- und Betenstraße in verkehrsberuhigte Bereiche verwandelt. Die Verbindung zum Alten Markt und zur City stellt die Fußgängerzone Wißstraße her.
Unterteilt ist der Dortmunder Stadtgarten folgendermaßen:
Bürgergarten: verschiedenste und aktuelle Informations- und Kommunikationsmöglichkeiten, Trinkbrunnen, Hausfrauen- und Seniorentreff, Kinderspielplätze;
Blindengarten: besonders intensiv und unterschiedlich duftende Pflanzen, Kräuter und Sträucher, besondere Windgeräusche, Wasserspiele, Windharfe, Skulpturen zum Betasten;
Stauden- und Sommerblumengarten: als Verbindung zwischen Stadtbahn-Haltestelle und Wißstraße;
Azaleen- und Rhododendrongarten: mit Sicht- und Schallschutz zur Hansastraße;
Rosengarten: an der Balkenstraße, mit Informationstafeln für das Deutsche Rosarium im Westfalenpark;
Jugendtreff: halbkreisförmig gestalteter Sitzstufenbereich zwischen Südwall und Informationszentrum;
Brunnenanlage: als Höhenausgleich für die Differenz zwischen dem westlichen Eingang des S-Bahn-Haltepunktes und dem Weg zur Hansastraße, kreisförmig angelegte Sitzstufen, kleiner Wasserfall, optische Auflockerung durch verschiedene wasserspeiende Skulpturen.

Tierpark

Lage
Mergelteichstr. 80
(Eingang auch Zillestraße)

Öffnungszeiten
ganzjährig

Obwohl noch relativ jung (eröffnet 1953), ist der im südlichen Stadtteil Brünninghausen gelegene Dortmunder Tierpark inzwischen schon ein anerkannter Zoo. Besonders gelungen ist die harmonische Eingliederung der Tiergehege in die reizvolle, gepflegte Parklandschaft. Auf 25 ha Fläche sind inzwischen mehr als 2000 verschiedene Tiere (in 330 Arten) aus allen fünf Kontinenten untergebracht. Besonders stolz verweist der Dortmunder Tierpark auf die erfolgreiche Nachzucht seltener und anspruchsvoller Tiere (z. B. Kleiner Pandabär und Großer Ameisenbär). Besonders sorgsam und bewußt hegt man auch einheimische Tierarten, die vom Aussterben bedroht sind. Hauptanziehungspunkte für die jährlich 750000 Besucher sind die große Afrikasteppe, die Südamerika-Anlage, die Freigehege für Löwen und Tiger sowie die Seelöwenplätze. Ein Streichelzoo für Kinder und eine Tierparkarena für besondere Veranstaltungen runden das Angebot ab.

Tropa Mare

1975 wurde in der Dortmunder Innenstadt das Tropa Mare, eines der größten Freizeitzentren Europas, eröffnet. Auf einer Fläche von 10000 qm befinden sich Wellenbad, Sprudelbekken, Saunen, Solarien, Gymnastik- und Spielräume, Tanzflächen, Kegelbahnen, Bars und Verkaufsgeschäfte.

Anschrift
Bornstraße

**Westfalenhalle

Schon die alte Westfalenhalle, 1925 aus Holz errichtet – mit einer Spannweite von 75 m galt sie damals als eine Art architektonisches Wunder – und 1944 von Fliegerbomben eingeäschert, war weltweit ein Begriff als Stätte großer, vor allem sportlicher Veranstaltungen. Die neue Westfalenhalle, ein Koloß aus Stahl und Glas, wurde nach 18monatiger Bauzeit am 2. 2. 1952 eröffnet und hatte erneut einen architektonischen Superlativ vorzuweisen: Über dem Rundbau wölbte sich Europas größte freitragende Kuppel; die pfeilerlose Halle ist 28 m hoch, 200 m lang und 175 m breit.
Neben dieser großen Westfalenhalle I (Fassungsvermögen: ca. 22000 Besucher) gehören zu dem imposanten und vielseitig nutzbaren Komplex vier Nebenhallen, ein Eisstadion, das im

Anschrift
Rheinlanddamm 200

Dortmunder Westfalenhalle

Westfalenhalle
(Fortsetzung)

Grünen gelegene Kongreßzentrum Rosenterrassen sowie eigene Gaststättenbetriebe mit Hotel.
Damit umfaßt das Sport-, Veranstaltungs-, Kongreß- und Ausstellungszentrum Westfalenhalle rund 30000 qm gedeckte Fläche (dazu kommen 50000 qm Freigelände); der ganze Komplex bietet Platz für 46000 Menschen. Pro Jahr zählen die Westfalenhallen rund 1,5 Mio. Besucher.

Westfalenstadion

Direkt gegenüber der Westfalenhalle, auf der anderen (südlichen) Seite der Strobelallee, liegt das Dortmunder Sportzentrum mit dem Westfalenstadion als Mittelpunkt sowie der Helmut-Körnig-Leichtathletikhalle.
Das Westfalenstadion ist ein reines Fußballstadion mit 54000 Plätzen (davon 46000 überdacht). Es wurde zur Weltmeisterschaft 1974 errichtet. Die 1926 erbaute ‚Kampfbahn Rote Erde' – traditionsreiche Arena der früheren Fußball-Oberliga: Borussia Dortmund war 1956, 1957 und 1963 Deutscher Fußballmeister und gewann 1967 den Europapokal der Pokalsieger – wurde gleichzeitig mit der Eröffnung des Westfalenstadions zum ‚Leichtathletik-Stadion Rote Erde' umgebaut.
Ein neuer Glanzpunkt im Dortmunder Sportstättenbau steht daneben: die 1980 eingeweihte hochmoderne Helmut-Körnig-Leichtathletikhalle, die insgesamt 20,5 Mio. DM gekostet hat und 4000 Zuschauern Platz bietet.
Neben weiteren Sport- und Trainingsplätzen gibt es an der Strobelallee Tennisplätze und eine Tennishalle sowie ein beheiztes Schwimmstadion.

Heimstatt der Borussen: Westfalenstadion

Westfalenpark und Florianturm

**Westfalenpark

Das 70 ha große Gelände der Bundesgartenschauen 1959 und 1969, das 1899 als Stiftung Kaiserhain durch Kaiser Wilhelm eingeweiht worden war, ist für die Dortmunder Bürger ein riesiger blühender Freizeit- und Erholungspark. Er umfaßt 37700 qm Blumenrabatten mit jahreszeitlich wechselnder Flora, 14500 qm Rosenflächen – insgesamt 40000 blühende und immergrüne Blumen und Stauden. Dazu gehören sechs Teiche mit 37500 qm Wasserfläche. Es gibt 45 Wasserspiele und Springbrunnen; täglich von 10 bis 22 Uhr kann man von Musik untermalte Spiele der Wasserfontänen beobachten (abends mit farbiger Beleuchtung). Wasserbecken zeigen die Vielfalt der heimischen und tropischen Wasserpflanzen. Ein 1250 qm großes ‚Wasserherz' veranschaulicht mit sinkendem und steigendem Wasserspiegel in verschiedenen Ebenen die Gezeiten (Ebbe und Flut). Und überall laden lauschige Ecken unter bewachsenen Pergolen und unter alten Bauten zum kurzweiligen Ausruhen und zum entspannenden Schauen ein.

Anschrift
Am Kaiserhain 25
im Süden der City, am Schnittpunkt der B 1 / B 54, unmittelbar am Autobahnzubringer DO-Süd

Zum Westfalenpark gehören außerdem:
Das Deutsche Rosarium, das 1969 in Verbindung mit der Euroflor gegründet und 1972 der Öffentlichkeit übergeben wurde. Es beinhaltet eine spezielle Forschungs- und Beratungsstelle und eine umfangreiche Bibliothek. Etwa 1600 Rosensorten (insgesamt 35000 Rosen) aus aller Welt sind zu bewundern.

Deutsches Rosarium

Der Florianturm ist ein 220 m hoher Fernseh- und Aussichtsturm mit einem rotierenden Restaurant in 138 m Höhe. Oberhalb des Restaurants befinden sich zwei Aussichtsplattformen

Florianturm

Westfalenpark
(Fortsetzung)

mit weiten Ausblicken über den Westfalenpark, die Stadt Dortmund und ihr westfälisches Umland. Besucher werden täglich zwischen 9 und 23 Uhr mit zwei Fahrstühlen in 40 Sekunden auf die Plattform gebracht.

Freilichtbühne

Freilichtbühne: Konzert- und Theaterbühne, Gesangsdarbietungen und Märchenspiele, sonntags regelmäßige Kapellen- und Chorgastspiele, Freiluft-Diskothek unter dem Sonnensegel; 5000 Tribünenplätze.

Ausstellungshalle

Ausstellungshalle: 1200 qm Fläche für Ausstellungen und Veranstaltungen, für Kultur- und Betriebsfeste.

Gärten und
Freizeiteinrichtungen

Der Westfalenpark verfügt über Wintergärten, Mustergärten, Atriumgärten, Balkongestaltungen, Kleingewächshäuser, Musterbeispiele für Haus und Garten, ferner über eine Vogelvoliere, vier Großaquarien mit exotischen Fischen, eine Kneippanlage, eine Ponyranch, einen Bootsbetrieb auf dem Buschmühlenteich, eine Kleingolfbahn, Gartenschach (drei Felder mit großen Holzfiguren), zwei Bocciabahnen und Lesehalle (Auslage von Büchern, Zeitungen und Zeitschriften; Liegestühle im Lesegarten; Spielmöglichkeiten für Schach und Skat).
Vorhanden ist ferner eine Kinderautobahn (zweisitzige Miniatursportautos und viersitzige Veteranen, 350 m lange Autobahn) und ein Robinson-Spielplatz (‚Regenhaus', Gondelteich, Sonderfläche für Kleinkinder, fachmännische pädagogische Betreuung).

Sesselbahn, Kleinbahn

Sesselbahn: 48 Gondeln mit je zwei Sitzen, 1000 m lange Luftbahn. Kleinbahn: 4 Züge mit je 90 Plätzen, 3200 m lange Schienenstrecke durch den Westfalenpark, Tonbanderklärungen während der Fahrt.

Biergarten, Cafés, Restaurant

Biergarten (an der Ausstellungshalle); Parkcafé, Terrassencafé (am Centralplatz), Buschmühlen-Restaurant (mit Tanzinsel).

Westfälisches Schulmuseum

Anschrift
Leopoldstr. 16–20

Öffnungszeiten
Mo.–Fr. 8–15

Zwar wurde das Westfälische Schulmuseum schon im Jahre 1910 gegründet, aber die schweren Verluste im Zweiten Weltkrieg machten praktisch einen völligen Neubeginn notwendig. Heute zeigt das Museum eine Sammlung zur Entwicklung des Schulwesens (u. a. ein komplett eingerichteter Klassenraum aus der Zeit um 1900), ferner Lehr- und Lernmittel bis zur Gegenwart.
Angeschlossen ist eine pädagogische Fachbibliothek.

*Zeche Zollern II

Lage
Dortmund-Bövinghausen

Besichtigung
nach Vereinbarung
(Tel. 0231/632635)

Die Schachtanlage der Zeche Zollern II wurde im Jahre 1903 in Betrieb genommen und förderte bis in die sechziger Jahre Kohle. Ein hervorragendes Beispiel für die damalige Industriearchitektur ist die Jugendstil-Maschinenhalle, die 1970 unter Denkmalschutz gestellt wurde. Besonders charakteristisch ist das Portal.
Im Inneren des in Stahl und Backstein ausgeführten Gebäudes sind auf rund 2000 qm Fläche noch die alten Maschinen und elektrotechnischen Einrichtungen zu sehen.

Größter Binnenhafen der Welt: Duisburg-Ruhrort

Düsseldorf

→Bergisches Land

Duisburg

Praktische Informationen →S. 194/195

Einwohnerzahl: 565014
Fläche: 233 qkm
Höchster Geländepunkt: 82,5 m
Tiefster Geländepunkt: 15 m

Lage

An der Westseite des Ruhrgebiets, wo die Ruhr in den Rhein mündet, liegt Duisburg. Die aus mehreren früher selbständigen Orten zusammengewachsene Stadt, ein traditioneller Handelsort, ist heute die drittgrößte Stadt im Ruhrgebiet (nach Essen und Dortmund) und verfügt über den größten Binnenhafen der Erde. Das Stadtbild ist noch stark zergliedert, da sich in den meisten Stadtteilen der frühere Ortskern deutlich erhalten hat.

Geschichte

Die Besiedlung des Gebiets begann im 5. Jh. durch die Franken. Die früheste gesicherte Erwähnung Duisburgs stammt aus den Jahren 883/884, als die Normannen den Ort eroberten und hier überwinterten. Im 10. Jh. wurde der Königshof Duisburg zur Königspfalz ausgebaut; die Stadtbefestigung wurde um 1120 angelegt. Die älteste im Stadtarchiv erhaltene Urkunde aus dem Jahre 1129: König Lothar III. erlaubt den Duisburgern, im Wald Steine zu brechen. Damals entstanden um die Königs-

Geschichte (Fortsetzung)

pfalz die ersten Bürgerhäuser. Etwa zur gleichen Zeit (1136) wurde die Abtei Hamborn gegründet. Im Jahre 1290 verpfändete König Rudolf von Habsburg die Stadt an Dietrich von Kleve. Durch die Anfang des 13. Jh.s erfolgte Verlagerung des Rheins von Duisburg weg verlor die Stadt allmählich ihren Rang als Handelszentrum, erlangte aber dann neue Bedeutung als Stadt der Wissenschaft. Gerhard Mercator entwickelte im 16. Jh. ein heute noch wichtiges Kartographieverfahren, die sogenannte ‚Mercator-Projektion'. Sein Schüler Johannes Corputius vollendete 1566 den ersten farbigen Stadtplan; 1579 erschien die erste gedruckte Stadtchronik. Von 1655 bis 1811 bestand in Duisburg eine Universität.

Schiffahrt

Der wirtschaftliche Wiederaufstieg der Region war eng mit der Schiffahrt verbunden. 1655 entstand in Ruhrort die Schiffergilde. 1674 bestand ein regelmäßiger Schiffsverkehr (Börtschiffahrt) zwischen Duisburg und Nimwegen (Holland). 1712 wurde in Ruhrort die erste Werft gebaut, und 1716 beschloß der Ruhrorter Magistrat den Bau eines angemessenen Hafens. 1756 wurde als erstes Haus außerhalb der Ruhrorter Stadtmauer das Stammhaus der Handelsfirma Haniel errichtet.

Industrialisierung

Die eigentliche Industrialisierung begann 1824, als F. W. Curtius eine Schwefelsäurefabrik baute (Beginn des Aufbaus der chemischen Großindustrie). 1831 wurde mit dem Bau des neuen Rheinhafens begonnen; 1854 errichtete man das erste Walzwerk in Hamborn, wo 1867 auch der Duisburger Kohlebergbau seinen Anfang nahm; wenig später ließen sich Thyssen (1871) und Klöckner (1906) in Duisburg nieder, das sich durch den Zusammenschluß mit den Städten Ruhrort und Meiderich (1905) sowie Hamborn (1929) stark vergrößerte. Bei der kommunalen Gebietsreform 1975 kamen die Orte Walsum, Homberg, Rheinhausen, Rumeln-Kaldenhausen und Baerl ebenfalls zu Duisburg.

Wirtschaft

Die Kohle hatte maßgeblichen Anteil an der industriellen Entwicklung der Duisburger Region; heute jedoch fördert im neuen Stadtgebiet nur noch eine Schachtanlage.
Duisburg ist heute die größte europäische Stahlstadt: Von den 40 Hochöfen des Ruhrgebiets stehen allein 27 in Duisburg, darunter der größte der Welt bei der Thyssen AG. Die Hüttenwerke am Rhein produzieren fast die Hälfte des deutschen Eisens und Stahls – genug, um täglich vier Brücken über den Rhein zu bauen oder eine Eisenbahnstrecke von 15 Kilometern zu verlegen. 40% der Beschäftigten Duisburgs arbeiten in der Industrie, 25% (ca. 54000) direkt an Hochöfen, in Stahl- und Walzwerken. Indirekt ist jeder zweite Erwerbstätige in Duisburg von der Stahlindustrie abhängig.

Betriebsbesichtigungen

Die großen Firmen führen (nach entsprechender Anmeldung bei den PR-Abteilungen) Besichtigungen für Besuchergruppen durch.

Verkehr

Das wirtschaftliche Schwergewicht der Stadt wird maßgeblich durch den verkehrsgünstigen Standort gekennzeichnet: Lage an Rhein und Ruhr mit dem größten Binnenhafen der Erde, Wasserwege nach Norden und Süden sowie ins Ausland; gelegen im Schnittpunkt der wichtigsten europäischen Eisenbahnverbindungen; Kreuzungspunkt des Autobahnnetzes Rhein/Ruhr/Beneluxländer.

Duisburger Schwerindustrie: Tunnelbaumaschinen

Innerstädtische Verkehrsprobleme wurden und werden mit dem Bau der Stadtbahn bewältigt, die in der City unterirdisch verläuft. Die Sanierung der Innenstadt hat ein beruhigtes Verkehrsgebiet durch neue Umgehungsstraßen und breite Fußgängerzonen zum Ziel. Paradestück dabei ist die Averdunk-Passage zwischen Königstraße und Landfermannstraße.

Kultur

Das 1912 errichtete Duisburger Theater wurde nach dem Zweiten Weltkrieg neu aufgebaut. 1956 entstand die musikalische Verbindung mit der Stadt Düsseldorf: Die ‚Deutsche Oper am Rhein' gehört zu den führenden Bühnen Deutschlands. Die Abteilung Schauspiel wird weitgehend durch Gastspiele des renommierten Düsseldorfer Schauspielhauses abgedeckt. Die Duisburger Sinfoniker konnten schon 1977 ihr hundertjähriges Bestehen feiern.
Im Kunstbereich ist vor allem das Wilhelm-Lehmbruck-Museum zu nennen. ‚RuKuDu' (Rundum Kultur in Duisburg) heißt die Formel für ein dezentrales Kulturleben: Kunst und Aktion werden an die Veranstaltungsorte der Stadtteile gebracht. Historische Stadtspiele (Bürger wirken mit) und ein Kunstmarkt ergänzen das Bild.
Alljährlich im Winter findet die Internationale Kinder- und Jugendbuchausstellung ‚IKiBu' statt.

‚Duisburger Akzente'

Das jährliche Theatertreffen nordrhein-westfälischer Bühnen steht immer unter einem bestimmten Zentralthema. Geboten wird u. a. ein Rahmenprogramm mit Film, Musik, Tanz, Straßentheater, Literatur, Ausstellungen, Amateurtheater, Vorträgen und Seminaren. Einbezogen ist auch das Duisburger Kinderkultur- und -aktionszentrum ‚Der Spielkorb'.

Freizeit

Die Hälfte des Stadtgebietes ist bedeckt mit Grün- und Erholungsflächen, Feldern und Weiden, einem großen zusammenhängenden Waldgebiet und viel Wasser.
Dazu gehören die Sechs-Seen-Platte mit dem Wedau-Sportpark, der Zoo Duisburg-Kaiserberg, der Revierpark Mattlerbusch (im industriellen Norden der Stadt) und der Toeppersee in Rheinhausen.

Abteikirche St. Johann Baptist

Lage
Duisburg-Hamborn
An der Abtei 2

Im heutigen Stadtteil Hamborn gründeten die Prämonstratenser im Jahre 1136 ein Stift, das bis zur Auflösung im Jahre 1806 bestand; seit 1959 gibt es aber wieder einen Prämonstratenserkonvent in Hamborn.
Von der 1170 geweihten ersten Klosterkirche stammen noch der Turm und der nördliche Flügel des Kreuzganges. Die spätgotische Hallenkirche aus dem 16. Jh. wurde nach dem Zweiten Weltkrieg wiederaufgebaut; dabei ersetzten Flachdecken im Kirchenschiff die zerstörten Gewölbe.

Baerler Dorfkirche

Lage
Duisburg-Baerl

Die Baerler Dorfkirche, ursprünglich um 1200 errichtet, wird 1262 erstmals urkundlich erwähnt. Seit 1562 diente sie als eines der ersten Gotteshäuser im Rheinland dem protestantischen Kult.
Witterungseinflüsse und durch den Bergbau verursachte Bodensenkungen führten besonders in der neueren Zeit zu erheblichen Schäden, die 1977–1978 durch gründliche Restaurierungsarbeiten behoben worden sind.

Beecker Oberhof

Lage
Duisburg-Beeck

Der Beecker Oberhof ist die Keimzelle des Beecker Siedlungsgebietes. Er war im Mittelalter Zentrum eines großen Hofverbunds, der schon für das 9. Jh. bezeugt ist. Der heutige Bau stammt aus dem Jahre 1665/66.
Die zum Oberhof gehörige Kirche, ursprünglich eine mittelalterliche Kapelle, wurde später zur Pfarrkirche für das Amt Beeck. Der jetzt sichtbare Bau in spätgotischen Formen stammt aus dem 15. Jh. Die älteste erhaltene Glocke trägt die Jahreszahl 1458.

Botanische Gärten

Botanischer Garten
Duisburg-Hamborn
Fürst-Pückler-Str. 18

Der rund 26000 qm große, 1905 gegründete Botanische Garten ist gegliedert in folgende Abteilungen: Alpinum, Heideformation, Wasserpflanzen/Hydrophyten, winterharte Schmuckgräser, tropische Wasserpflanzen, tropisches Seerosenbecken. Er umfaßt auch Schauhäuser mit tropischen und subtropischen Schau- und Nutzpflanzen.

Naturkundepark
Duisburg-Duissern
Schweizer Str. 24

Der 1890 gegründete Naturkundepark (19471 qm groß) hat folgende Gartenabteilungen: Kräutergarten, Heimische Flora, Biologische Abteilung, Alpinum, Norddeutsche Dünenlandschaft, Heideformation und Moorbeetpflanzen.

Deutsche Oper am Rhein →Theater

Dreigiebelhaus

Anschrift
Nonnengasse 8

Duisburgs ältestes erhaltenes Wohnhaus ist 1536 erstmals urkundlich erwähnt. 1608 wurde das Dreigiebelhaus an die Duisserner Nonnen verkauft. Im 19. Jh. diente es nacheinander als Textilfabrik, Schule und Wohnhaus. 1961 erwarb die Stadt Duisburg das spätgotische Haus und restaurierte es zu einem Atelier für bildende Künstler.
Seit 1977 haben hier die Stipendiaten des Wilhelm-Lehmbruck-Förderpreises für die Dauer ihres Stipendiums eine kostenlose Wohn- und Arbeitsstätte.

**Hafen

Hafenrundfahrten
→S. 194

Häfen in Duisburg – das ist eine Vielzahl von Hafenbecken oder Umschlagstellen, die auf fast 25 km Länge oberhalb und unterhalb der Ruhrmündung am Rhein liegen. Dabei handelt es sich um die Werkshäfen großer Unternehmen und um die weitläufigen öffentlichen Hafenbereiche von Duisburg, Ruhrort und Hochfeld.
Mit einem Jahresumschlag von rund 60 Mio. Tonnen ist der Duisburger Hafen der größte Binnenhafen der Erde: Der Gesamtumschlag an der Duisburger Rheinreede ist größer als der im Welthafen Hamburg. Angefahren werden heute über die Häfen vor allem Erze, Mineralöle, Eisen, Stahl, Nichteisenmetalle, mineralische Rohstoffe, chemische Produkte und Schrott.
In der Abfuhr dominieren Ruhrkohle, Eisen- und Stahlerzeugnisse, Raffinerieprodukte, Chemikalien und Industrieerzeugnisse aller Art.

Der erste Hafen in Duisburg-Ruhrort wurde 1716 gebaut: eine Verladestelle für Kohle, die damals verstärkt gefördert wurde. Der große Aufschwung und der rasche Ausbau der Hafenanlage zwischen 1850 und 1900 war vor allem der aufblühenden Stahlindustrie zu verdanken. Die heutigen gigantischen Ausmaße werden schon allein durch die Größe der öffentlichen Häfen deutlich, die etwa 40% Anteil am Gesamtumschlag haben: 44 km Kai- und Uferlänge, 147 km Gleisanlagen, 26 km Straßen, 213 ha Wasserfläche in 20 Hafenbecken, Tanklager für Flüssiggüter mit mehr als 1,3 Mio. cbm Rauminhalt, 90 Lagerhallen (rund 220000 qm Flächenraum für Stückgüter), Getreidespeicher und -silos mit rund 130000 t Fassungsvermögen, mehr als 100 Krananlagen und Verladebrücken sowie riesige Lagerflächen für Erz, Kohle und Schrott.

Hafenüberblick

Einen guten Ausblick auf die Hafeneinfahrt und die Rheinreede hat man von der Mühlenweide aus. Auf der Landzunge hinter der Brücke, vorbei am buntbeflaggten Ruhrorter Schiffsmast, befindet sich die Anlegestelle für die Rundfahrtboote. Auf einem kurzen Bummel entlang der Hafeneinfahrt sieht man den Liegeplatz für die Motorschiffe und das Gebäude des Hafenmeisters, der von hier aus alle ein- und auslaufenden Schiffe registriert. Am Hafenmeisterhaus befindet sich auch die Frischwasserentnahmestelle für die Rheinschiffe. Auf der gegenüberliegenden Seite ist eine große Erzumschlagstelle mit vier großen Portalkränen.

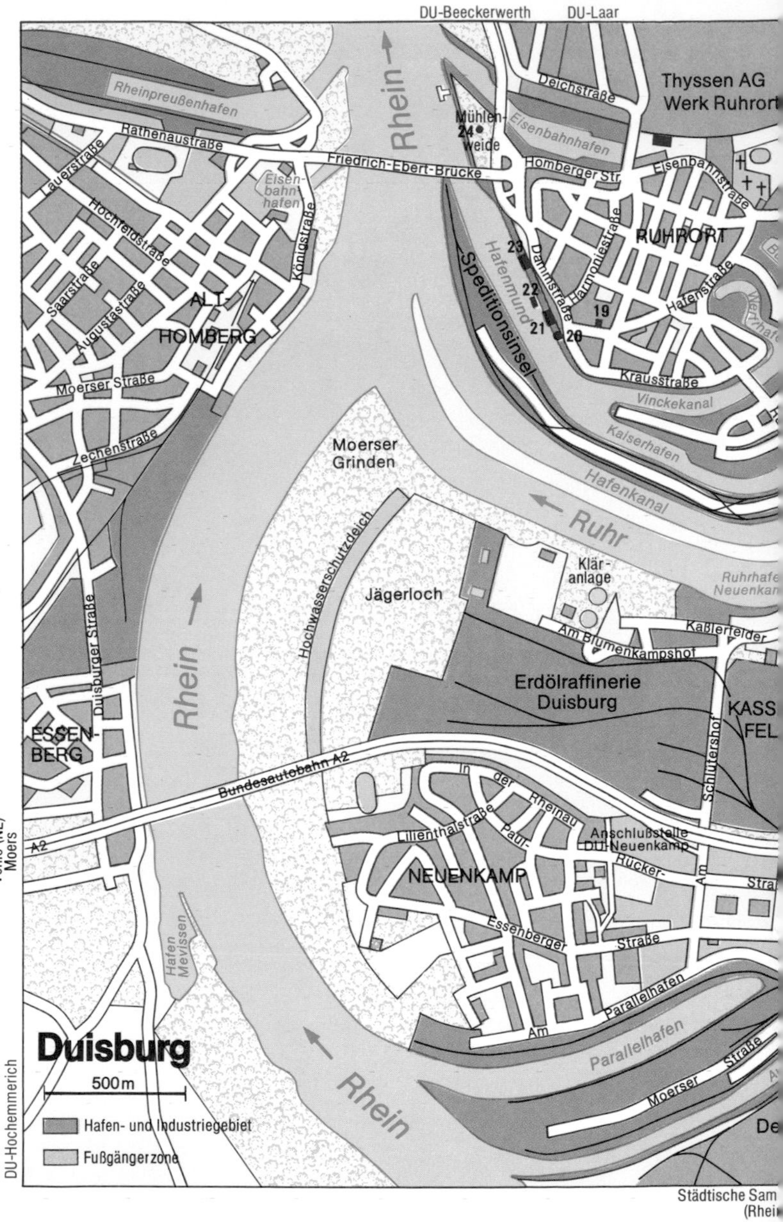

1 Wilhelm-Lehmbruck-Museum
2 Niederrheinisches Museum
3 Stadtbibliothek
4 Mercatorhalle
5 Gericht
6 Averdunk-Einkaufs- und Hotelzentrum
7 Haus Königsberg
8 Stadttheater
9 Stadthaus
10 Alte Stadtmauer
11 Burgplatz
12 Rathaus
13 Salvatorkirch
14 Karmeliterki
15 Dreigiebelhau

16 Schwanentor (Hafenrundfahrten)
17 Marienkirche (ev.)
18 Zollamt
19 Haniel-Museum
20 Dampfkran
21 Ehem. Schifferbörse
22 Radschleppdampfer "Oscar Huber" und Dampfbagger "Minden"
23 Museum der Deutschen Binnenschiffahrt
24 Schiffermast (Hafenrundfahrten)

Hebeturm

Lage
Duisburg-Homberg

Der Hebeturm ist der westliche Endpunkt der ‚Ruhrort-Homberger Rhein-Trajektanstalt', bei Inbetriebnahme 1856 die erste leistungsfähige Eisenbahnverbindung über den Rhein. Die beladenen Eisenbahnwaggons wurden mit speziellen Dampffähren übergesetzt; hydraulische Hebeanlagen in den Türmen glichen die Höhenunterschiede zwischen der Gleisanlage am Ufer und der Fähre aus. Der Homberger Hebeturm am Rande des ehemaligen Eisenbahnhafens dient seit langem als Jugendherberge.

Karmelkirche

Lage
Brüderstraße

Unter Verwendung der Chorpartie wurde die im Zweiten Weltkrieg zerstörte Minoritenkirche (14. Jh.) 1961 neu aufgebaut. Die Fundamente des 12. Jh.s und Grabkammern des 18. Jh.s sind begehbar und (nach Vereinbarung) zu besichtigen.

Liebfrauenkirche

Lage
König-Heinrich-Platz

Die 1961 geweihte Liebfrauenkirche wurde von dem Klever Architekten Toni Hermanns gestaltet, die Fassade schuf Karlheinz Türk. Die Glasfenster sowie Teile der sakralen Einrichtungen stammen aus der Vatikankirche der Brüsseler Weltausstellung.

Marienkirche

Lage
Josef-Kiefer-Str. 2–10

Marienkirche und Marienhospital stellen die älteste deutsche Niederlassung des Johanniterordens dar. Hospital und Kirche stammen in ihrer überwiegenden Bausubstanz aus dem Jahre 1150.

*Museum der Deutschen Binnenschiffahrt

Anschrift
Duisburg-Ruhrort,
Dammstr. 11
(Altes Ruhrorter Rathaus)

Öffnungszeiten
Di., Fr.–So. 10–17, Mi., Do. 10–16
Eintritt frei

Führungen
auf Anfrage

Am sogenannten Hafenmund in Duisburg-Ruhrort, nahe der Schifferbörse, in der bis zum Zweiten Weltkrieg die Schiffsfrachten vermakelt wurden, liegt dieses einzigartige Museum. Es vermittelt einen historischen Überblick über die Binnenschiffahrt. Allerdings ist das Museum, das in dem ehemaligen Ruhrorter Rathaus erst 1977 gegründet worden ist, noch im Aufbau. Dennoch gibt es genug Interessantes zu sehen.

Prachtstück der Ausstellung ist die „Oscar Huber", der hinter dem Garten des Museums im Hafen vertäute letzte Radschleppdampfer auf dem Rhein. 1921/1922 nach den damals modernsten Erkenntnissen als Seitenräderboot mit Kohlenbefeuerung gebaut und in Dienst gestellt, wurde der Schlepper in den letzten Kriegstagen 1945 vor Oberwesel auf Grund gesetzt, aber 1946/1947 gehoben und repariert. 1954 rüstete man Kesselanlage und Feuerung auf schweres Heizöl um, wodurch die Leistung gesteigert, aber gleichzeitig die Besatzung von 13 auf neun Mann vermindert wurde. Während ihrer aktiven Schlepperzeit hat die „Oscar Huber" etwa 110000 Tonnen Kohlen und ca. 20000 Tonnen schweres Heizöl verbraucht. Sie schleppte ca. 1500 Schleppzüge und erbrachte damit eine Verkehrsleistung von rund 10 Mio. Tonnen. Das Schiff fuhr 1966 den letzten Schleppeinsatz, wurde dann für Gästefahrten umgebaut und am 21. 9. 1971 an die Stadt Duisburg übergeben. Neben der „Oscar Huber“ sind der Eimerkettenbagger „Minden“ (1882) und ein alter Dampfkran zu sehen.

Unweit südöstlich vom Museum der Deutschen Binnenschifffahrt liegt das kleine Haniel-Museum. Es ist in einem Packhaus von 1756 untergebracht und zeigt Gegenstände zur Geschichte der Rheinschiffahrt sowie zur Firmengeschichte des Hauses Haniel.

Haniel-Museum
Duisburg-Ruhrort
Hafenstr. 10

*Niederrheinisches Museum

Hervorgegangen aus verschiedenen Privatsammlungen und Stiftungen, zeigt das historisch-archäologische Museum die ständigen Ausstellungen ‚Vor- und frühgeschichtliche Funde vom Niederrhein‘, ‚Die Römer in Asciburgium‘ sowie Funde und Dokumente zur Stadtgeschichte Duisburgs; einen weiteren Schwerpunkt bildet die sogenannte Niederrheinische Irdenware des 17.–20. Jh.s. Daneben gibt es regelmäßige Sonderausstellungen zu kulturgeschichtlichen, archäologischen und völkerkundlichen Themen.
Von überregionaler Bedeutung ist die Mercator-Sammlung, die zu den größten der Welt zählt. Gerhard Mercator (eigentlich G. Cremer; 1512–1594) war der bedeutendste Geograph und Kartograph seiner Zeit: Er reformierte die Kartographie durch die Einführung der nach ihm benannten winkeltreuen ‚Mercator-Projektion‘. So ehrt das Museum nicht nur einen berühmten Sohn der Stadt Duisburg, sondern gibt gleichzeitig einen Überblick über die Anfänge der Kartographie.

Anschrift
Friedrich-Wilhelm-Str. 64
(im Immanuel-Kant-Park)

Öffnungszeiten
Di., Do.–Sa. 10–17, Mi. 10–16, So. 11–17
Eintritt frei

Führungen
auf Anfrage

Rathaus

Um die Jahrhundertwende erbaute die Stadt Duisburg ihr erstes wirklich repräsentatives Rathaus im Stil der deutschen Frührenaissance, bei dem aber auch neugotische und sogar Jugendstilelemente mit einflossen. Nach dem Zweiten Weltkrieg wurde es in leicht vereinfachter Form wiederhergestellt und in den letzten Jahren umfassend restauriert.
Der Roland auf der Rückseite des Rathauses (Ecke Salvatorstraße / Alter Markt) hält die Erinnerung an die Gerichtshoheit wach, die Duisburg im Mittelalter innehatte. Die farbig gefaßten Wappen an der Fassade weisen auf die verschiedenen Stadtherren hin, die nach der Verpfändung der einstigen Reichsstadt hier die Oberherrschaft ausübten.

Anschrift
Burgplatz

*Revierpark Mattlerbusch

Das 35 ha große Areal – ergänzt durch einen 9 ha großen Wald, den Mattlerbusch – umfaßt Flächen für spielerische und sportliche Aktivitäten wie auch große überdachte Flächen. Dieses Angebot ‚Freizeit unter Dach‘ reicht von Spiel und Sport einschließlich Schwimmen (Wellenhallenbad, Freibad) und Trimmen bis zu kulturellen Möglichkeiten wie Musik, Ausstellung, Gestalten.

Lage
nördlich vom Zentrum

Mattlerhof im
Revierpark Mattlerbusch

Eine besondere Bereicherung ist der Mattlerhof, der mitten im Park liegt. Es ist eine alte Hofanlage, vermutlich fränkischen Ursprungs, aus dem 13. Jh. Sie wurde grundlegend restauriert und zu einem rustikalen Restaurant umgestaltet.

Rheinaue Walsum

Lage
Duisburg-Walsum

Die Walsumer Rheinaue ist die letzte intakt gebliebene zusammenhängende Stromaue am unteren Niederrhein. Die von einem dichten Heckennetz durchzogene bäuerlicher Kulturlandschaft, Anfang 1983 zum Naturschutzgebiet erklärt, besitzt in ihrer Geschlossenheit einen bedeutenden Erlebnis- und Kulturwert und ist vor allem auch von ornithologischem Interesse (157 nachgewiesene Vogelarten). 12 km Spazierwege.

Salvatorkirche

Lage
Salvator-Kirchplatz

Die spätgotische dreischiffige Gewölbebasilika wurde im 14. Jh. über den Grundmauern älterer Vorgängerbauten errichtet. 1903/1904 wurde sie im neugotischen Stil restauriert und erhielt wieder einen Turmhelm, nachdem sie seit 1684 eine barocke Zwiebelhaube getragen hatte. Seit der teilweisen Zerstörung im Zweiten Weltkrieg bildet das 1903 aufgesetzte achteckige vierte Stockwerk den Abschluß.
Sehenswert im Innenraum, wo heute häufig Orgel- und Chorkonzerte durchgeführt werden, sind vor allem der sechseckige Taufstein (15. Jh.), die Renaissancekanzel (1644) sowie die zahlreichen Epitaphien, darunter das von Gerhard Mercator.

Duisburg: Rathaus und Salvatorkirche

Schwanentorbrücke

Lage
Schwanenstraße

Der Name stammt von einem der vier mittelalterlichen Stadttore; ein Befestigungsturm ist hier noch erhalten. Die Schwanentorbrücke über dem Innenhafen kann angehoben werden, um Schiffe passieren zu lassen.
Von April bis Oktober starten vom Schwanentor aus die Boote der ‚weißen Flotte' zu täglichen Hafen- und Rheinrundfahrten.

Sechs-Seen-Platte →Wedau-Sportpark

Stadtarchiv

Anschrift
Alter Markt 21
(am Innenhafen)

Vom Mittelalter an im Rathaus untergebracht, erhielt das Duisburger Stadtarchiv 1982 in einem ehemaligen Lagerhaus eigene Räume. Hier werden Urkunden, Akten, Karten, Pläne, Plakate und sonstige stadtgeschichtliche Materialien verwahrt. Ältestes Stück ist eine Pergamenturkunde aus dem Jahre 1129. Ein Bildarchiv und eine umfangreiche Bibliothek zur Landes- und Stadtgeschichte ergänzen diese Bestände, die nicht zur musealen Präsentation, sondern zur geschichtlichen Forschung dienen. Das Archiv ist für jedermann zugänglich.

Stadtmauer

Lage
Untermauerstraße

Die mittelalterliche Stadtmauer, errichtet vermutlich im 13. Jh., ist unter Einbeziehung der vorhandenen Baureste in den ursprünglichen Abmessungen nachgebildet worden. Sie ist ungefähr zehn Meter hoch. Die Türme der Stadtmauer dienten im ausgehenden Mittelalter oft als Wohnungen, die Mauerbogen als Stallungen. So gehört zur Stadtbefestigung der Schäferturm, in früheren Zeiten die Wohnung des städtischen Schäfers.
An der Stadtmauer befindet sich eine jüdische Gedenkstätte, gestaltet von Hans Jürgen Breuste.

St.-Dionysius-Pfarrkirche

Lage
Duisburg-Mündelheim
Sermer Straße

Der Platz, an dem heute die St.-Dionysius-Pfarrkirche steht, wurde bereits 947 als Standort einer Kapelle genannt. Anfang des 14. Jh.s schenkte der Graf von Berg das Gotteshaus und das umgebende Kirchengelände dem Düsseldorfer Lambertistift. Die für eine Dorfkirche recht aufwendig gebaute dreischiffige Gewölbebasilika stammt aus der Zeit um 1220, der Turm ist in den unteren Geschossen noch älter. Nach den Zerstörungen im Zweiten Weltkrieg wurde die Kirche in der alten Form wiederhergestellt.

Theater

Anschrift
König-Heinrich-Platz

Das 1912 erstmals erbaute Theater war zu jener Zeit das modernste in Deutschland. In der ‚Theaterehe' Duisburg–Bochum begründete Generalintendant Saladin Schmidt nach 1923 den hohen Ruf des Duisburger Opernensembles. Wegen der besonderen Wagner-Pflege nannte man die Duisburger Oper damals

Theater (Fortsetzung)

auch ‚Bayreuth des Westens'. 1942 wurde das Haus zerstört, das Ensemble spielte bis Kriegsende in Prag.
Nach dem Wiederaufbau 1950 gastierten bis 1956 in Duisburg die Ensembles benachbarter Bühnen, ehe die Stadt zusammen mit Düsseldorf eine inzwischen hochgeschätzte Theatergemeinschaft gründete. Mit der ‚Deutschen Oper am Rhein' ist Duisburg für den musikalischen Bereich zuständig, das Schauspielhaus Düsseldorf für das Sprechtheater.
Das anerkannte Orchester der Stadt, die Duisburger Sinfoniker, musiziert seit seiner Gründung im Jahre 1877.

Toeppersee (Naherholungsgebiet)

Lage
Duisburg-Rheinhausen / -Rumeln-Kaldenhausen

Das Naherholungsgebiet Toeppersee (62 ha Wasser-, 86 ha Landfläche) bietet mannigfaltige Möglichkeiten zum Wandern, Schwimmen, Segeln, Rudern, Surfen und Spielen. Unweit nordöstlich liegt der Volkspark Rheinhausen mit einem Wildgehege und einem heimatkundlichen Studio. Im Park befinden sich Anlagen für Kleingolf, Freiluftschach, Tischtennis und Konzerte.
Ebenfalls im Stadtteil Rheinhausen, im Friemersheimer Rheinvorland, befindet sich das Naturschutzgebiet ‚Die Roos'.

*Wedau-Sportpark mit Sechs-Seen-Platte

Lage
Duisburg-Wedau
Kalkweg / Wedauer Straße

Vom Parkplatz an der Regattabahn kann man bei einem kurzen Rundgang alle Anlagen des Sportparks sehen: Die Regattabahn für internationale Kanu- und Ruderwettkämpfe (Länge

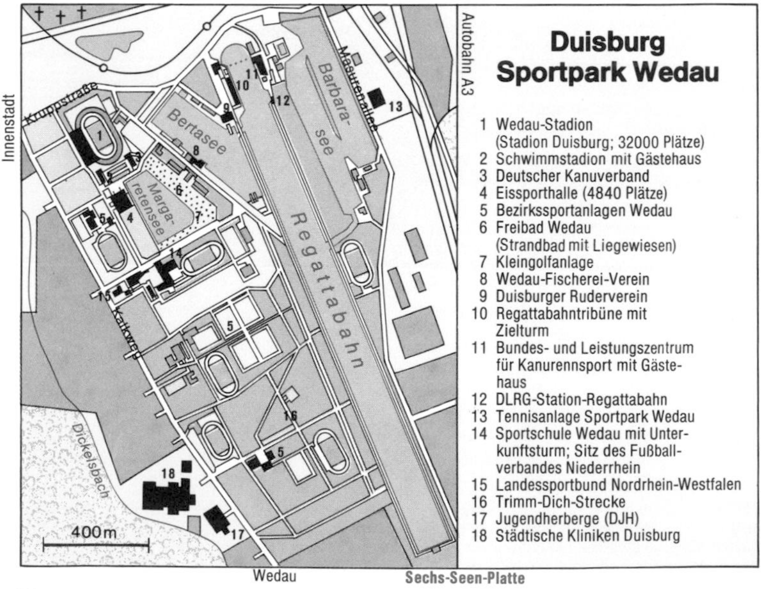

2100 m), das Wedau-Stadion für Leichtathletik und Fußball (32000 Plätze, davon 10000 Sitzplätze), das Schwimmstadion mit beheiztem 50-m-Becken und Sprunganlage, die Eissporthalle (4000 Plätze) sowie ein Freibad mit ausgedehnten Liegewiesen.
Die Sechs-Seen-Platte ist die ideale Ergänzung für die Anlagen im Sportpark Wedau. Es ist ein 283 ha großes Freizeitgelände in der Huckinger Mark für Segler, Windsurfer, Paddler, Angler und Spaziergänger.
Bereits 1914 wurde der Wambachsee ausgebaggert. Aber erst 1962, als die Stadt dem früheren Eigentümer Graf von Spee das Waldgebiet abkaufte, wurde planmäßig mit dem Ausbau des Geländes begonnen.
Heute führen 14 km Wanderwege durch das Freizeitgebiet, 8 km davon entlang der Seeufer.
Am Wolfssee bieten sich besonders gute Möglichkeiten für Freizeitsportler: Freibad, Bootsverleih, Ponyreitbahn, Modellboothafen, Trimmpfade, Kinderspielplätze, Grillplätze und Schutzhütten.
Der Ausbau ist noch nicht abgeschlossen. Erst wenn Haubach- und Wildförstersee ausgebaggert sind, wird die Sechs-Seen-Platte ihren Namen zu Recht tragen. 158 ha Wasserfläche stehen dann für die unterschiedlichsten Sport- und Freizeitaktivitäten zur Verfügung.

Öffnungszeiten
Eissporthalle: Mo.–Fr. 9–11, 16–18, 20–22
Sa., So. 9–11, 14–16, 17–19, 20–22
Naturwiss. Museum/Studio der Heimat/Schule am See: Sa. 15–18, So. 10–17, Eintritt frei

**Wilhelm-Lehmbruck-Museum

Das dem Duisburger Bildhauer Wilhelm Lehmbruck (1881 bis 1919) gewidmete Museum zeigt das plastische Gesamtwerk des Künstlers, einige seiner Gemälde sowie Zeichnungen und Druckgrafiken.
Einen weiteren Schwerpunkt bildet die Sammlung internationaler Plastik und Objektkunst des 20. Jahrhunderts.
Auch die große Sammlung deutscher Malerei vom Expressionismus bis zur Gegenwart umfaßt inzwischen bedeutende Exponate.
Seit 1983 beherbergt das Museum auch die berühmte (früher in München befindliche) Expressionismus-Sammlung des Verlegers, Malers und Schriftstellers Lothar Günther Buchheim. Daneben werden Wechselausstellungen organisiert, vor allem über aktuelle Kunst, speziell moderne Plastik.

Das Museum wurde vom Sohn des Bildhauers, Professor Manfred Lehmbruck, entworfen und gilt als einer der sehenswertesten neuen Museumsbauten Europas. In den Grünanlagen vor dem Museum ist eines der berühmtesten Werke Wilhelm Lehmbrucks aufgestellt: Die „Große Kniende" (1911 vollendet) zählt zu den programmatischen Werken des deutschen Expressionismus.

Anschrift
Düsseldorfer Str. 51,
(im Immanuel-Kant-Park)

Öffnungszeiten
Di., Fr. 14–22, Mi., Do., Sa., So. 10–17
Ständige Sammlungen: Eintritt frei
Artothek: Grafik-Ausleihe jeden 1. u. 3. Di. im Monat 18–20
Publikumsberatung jeden 1. Mittwochvormittag im Monat

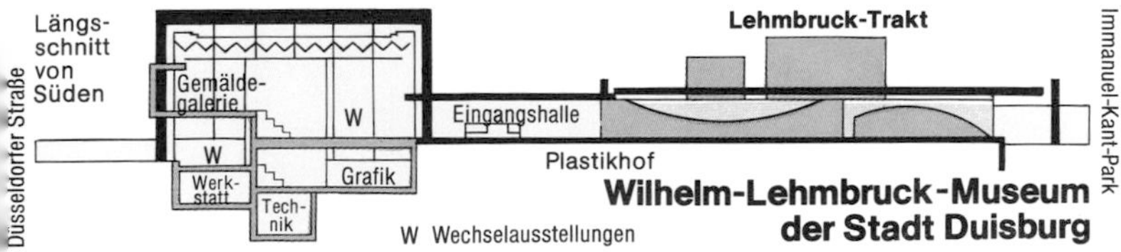

Zoo Duisburg

RUNDGANG (2–3 Std.)

1 Wassergeflügelteich: Kuba-Flamingos, Schwarzhalsgänse
2 Papageieninsel: Aras, Kakadus
3 Elefantenhaus: indische und afrikanische Elefanten; Netzgiraffen. – 'Amazonasgrotte': Riesengürteltiere, Faultiere
4 Kleinvogelhaus: Kolibris, Smaragdraken, Purpurwürger, Königsglanzstare, Weber
5 Aquarium ('Haus der 1000 Fische'): Fische aus Ozeanen, Seen und Teichen (Korallenfische, Australische Lurchfische, Störe, Haie, Arapaimas); Riesensalamander, Anakondas, Elefantenschildkröten, Krokodile Tonina-Pool: Süßwasserdelphine (aus dem Orinoko); Riesenotter
6 Indien-Wiese: Axishirsche, Sasinantilopen
7 Kleinraubtierhaus: Ozelots, Wombats, Erdferkel, Beutelteufel, Löffelfüchse
8 Australien-Anlage: Känguruhs, Emus
9 Großraubtierhaus: Löwen, Panther, Jaguare, Nebelparder
10 Wisente; daneben altungarische Haustiere (Szilayrinder, Zackelschafe, Mangalicas)
11 Kodiakbären, Kamtschatkabären
12 Fasanerie: Waldrappen, Riesenstörche und anderes Wildgeflügel
13 Milus (chinesische Hirsche)
14 Afrikanum: Damarazebras, Antilopen, Weiße Nashörner, Watussirinder; Geier, Paradieskraniche; Stachelschweine, Waschbären
15 Rotwild, Wildschweine, Wölfe, Luchse
16 Pinguine; Dampfschiffenten (aus Feuerland)
17 See-Elefanten, Seelöwen, Seehunde, Seebären, Kegel- und Ringelrobben.

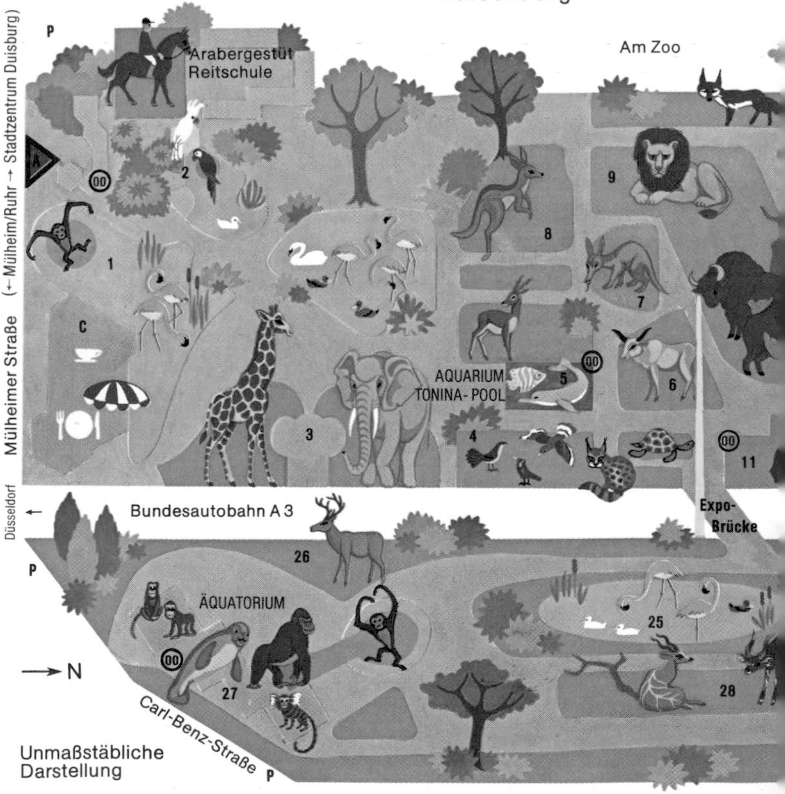

Unmaßstäbliche Darstellung

18 Eisbären
19 Rentiere, Schlittenhunde
20 Urwildpferde
21 Zwergflußpferde
22 Tapire, Wasserschweine; Marderhunde, Wildkatzen, Bengalkatzen, Nasenbären, Polarfüchse, Dachse
23 Kamele, Dromedare; Yaks, Mongolenschafe
24 Lamas, Pampasstrauße
25 Flamingoteich
26 Virginiahirsche
27 Äquatorium (Affenhaus): Schimpansen, Gorillas, Orang-Utans; Guerezas, Loris, Hulmans, Dscheladas, Meerkatzen, Zwergbuschbaybys. – Insel: Gibbons, Siamangs
28 Kudus, Bongos (Antilopen)
29 Geparden, Hyänenhunde
30 Sibirische Tiger
31 Walarium: Weiße Wale, Jacobitas
32 Pavianfelsen
33 Delphinarium: Vorführungen mit Delphinen im 'künstlichen Ozean'

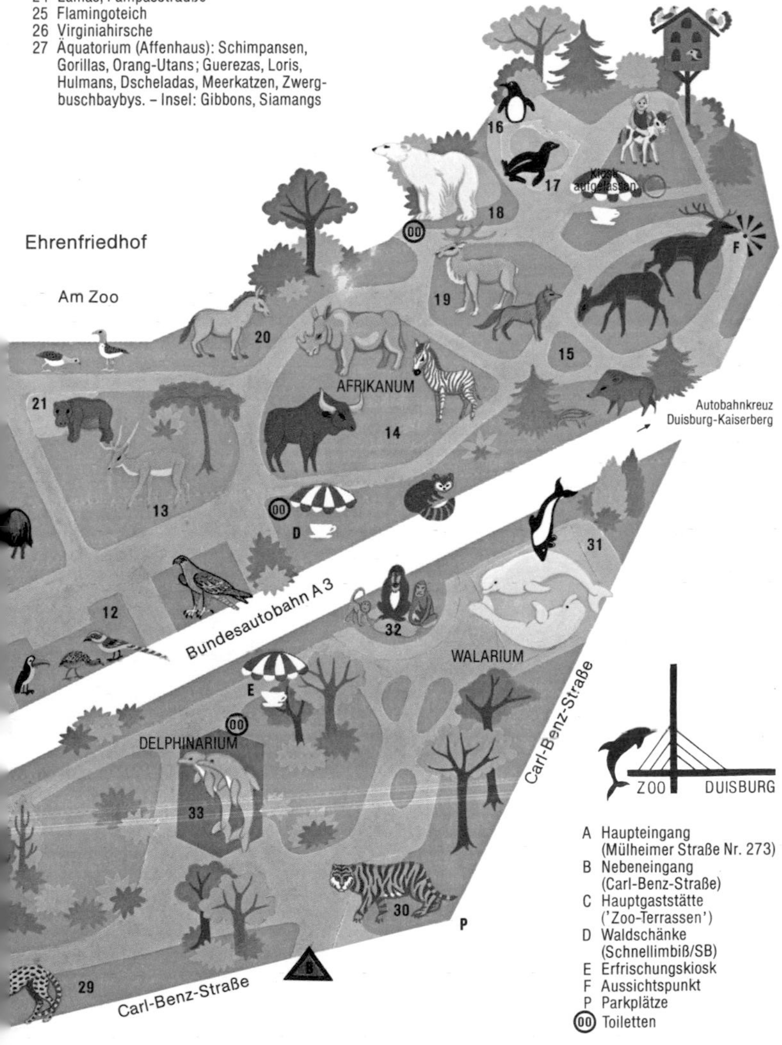

A Haupteingang (Mülheimer Straße Nr. 273)
B Nebeneingang (Carl-Benz-Straße)
C Hauptgaststätte ('Zoo-Terrassen')
D Waldschänke (Schnellimbiß/SB)
E Erfrischungskiosk
F Aussichtspunkt
P Parkplätze
(00) Toiletten

Duisburg (Fortsetzung)

Lage
Mülheimer Str. 273

Öffnungszeiten
Sommer tgl. 8.30–17.30,
Winter tgl. 8.30–16.00
(Kassenstunden)
Delphin-Dressuren:
1. April–30. Sept.: 11, 14, 16;
1. Okt.–31. März: 11, 15
(jeweils täglich)

**Zoo (Plan →S. 94/95)

Der Waldzoo Kaiserberg wurde 1934 gegründet. Auf 15 ha Fläche sind heute 3750 Tiere in rund 650 Arten zu sehen. Hauptattraktion sind die Meeressäugetiere. Im Duisburger Zoo wurde das erste Delphinarium Europas eingerichtet und 1969 auch das erste Walarium. Täglich gibt es Sondervorführungen mit Delphinen und Weißen Walen.
Das ‚Äquatorium' in Duisburg gilt als die größte Menschenaffenanlage in Europa. Weitere Anziehungspunkte sind das ‚Haus der 1000 Fische', das ‚Afrikanum', das Raubtierhaus, das Elefantenhaus, das Vogelhaus sowie der Kinderzoo.
Besonderen Wert legt man in Duisburg seit jeher auf die Zucht und die Erhaltung gefährdeter Arten (z. B. Davidshirsch, Wisent und Fossa, eine Schleichkatze aus Madagaskar).
Der Duisburger Zoo besitzt zudem ein Zuchtgestüt für Vollblutaraberpferde.

Düsseldorf

→Bergisches Land

Essen

Praktische Informationen →S. 197–199

Einwohnerzahl: 645000
Fläche: 210,2 qkm
Höchster Geländepunkt: 202 m
Tiefster Geländepunkt: 26,5 m

Lage

Essen, die größte Stadt des Ruhrgebiets, die fünftgrößte der Bundesrepublik Deutschland (nach Berlin, Hamburg, München, Köln), liegt mit ihren 50 Stadtteilen am südlichen Rand des Reviers, in der westlichen Hälfte. Umgeben ist Essen von den industriell geprägten Großstädten Bochum, Gelsenkirchen, Gladbeck, Bottrop und Oberhausen sowie den landschaftlich reizvollen Gebieten von Mülheim, Heiligenhaus, Velbert und Hattingen. Den äußersten nördlichen Stadtzipfel durchfließt die (weitgehend kanalisierte) Emscher. Die durch den Essener Süden verlaufende Ruhr ist dort zum Baldeneysee aufgestaut. Etwa im südlichen Stadtteil Heidhausen beginnt die Region der deutschen Mittelgebirge: das →Bergische Land mit dem städtischen Anziehungspunkt Wuppertal.

Geschichte

Durch das historische Essen verlief die Grenze zwischen Franken und Sachsen. Dieser Grenze verdankt Essen seine Entstehung. Denn sowohl das Kloster Werden als auch die unter Karl Martell angelegte Befestigung (wo heute das Münster steht) waren als Bollwerke der christianisierten Franken gegen die heidnischen Sachsen angelegt. Die erste fränkische Burg auf dem linken Ruhrufer bei Werden wurde um 700 errichtet. Karl Martell legte 738 die Burg Essen an. 796 wurde das Kloster Werden, 852 das Frauenstift Essen gegründet. Aber erst 1231 wurden die Äbtissin von Essen und der Abt von Werden zu Reichsfürsten ernannt, beide jedoch von dem mächtigen Kölner Fürstbischof kontrolliert, so daß ihre Besitztümer letztlich identisch blieben mit dem heutigen Essener Stadtgebiet.

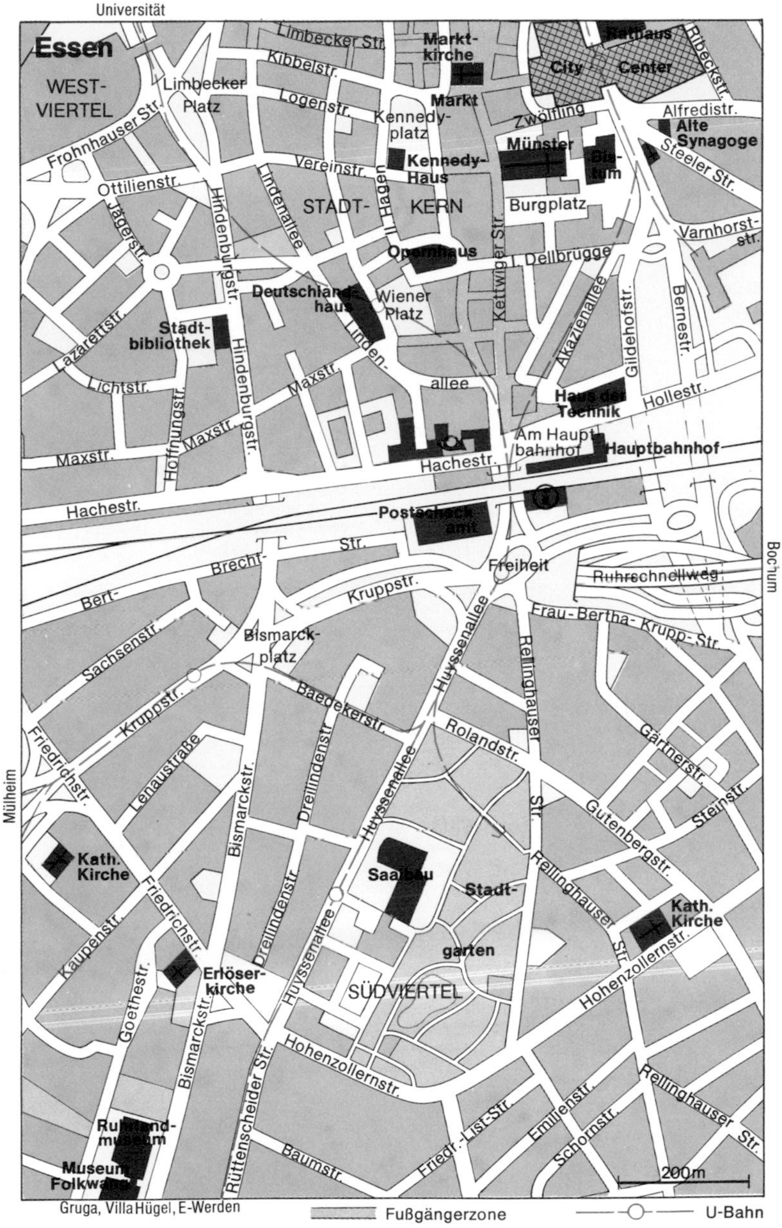
Universität
Essen
WEST-
VIERTEL
Limbecker
Platz
Limbecker Str.
Kibbelstr.
Markt-
kirche
Markt
City Center
Ribbeckstr.
Logenstr.
Kennedy-
platz
Zwölfling
Alfredistr.
Alte
Synagoge
Frohnhauser Str.
Vereinstr.
Kennedy-
Haus
Münster
Steeler Str.
Ottilienstr.
Jägerstr.
Hindenburgstr.
Lindenallee
STADT-
KERN
Hagen
Kettwiger Str.
Burgplatz
Varnhorst-
str.
I. Dellbrügge
Gildehofstr.
Bernestr.
Akazienallee
Wiener
Platz
Stadt-
bibliothek
Lazarettstr.
Linden-
allee
Maxstr.
Lichtstr.
Hoffnungstr.
Hindenburgstr.
Maxstr.
Hollestr.
Am Haupt-
bahnhof
Hauptbahnhof
Maxstr.
Hachestr.
Hachestr.
Brecht-
Str.
Freiheit
Ruhrschnellweg
Bert-
Kruppstr.
Frau-Bertha-Krupp-Str.
Bismarck-
platz
Sachsenstr.
Huyssenallee
Rellinghauser
Str.
Kruppstr.
Baedekerstr.
Rolandstr.
Gärtnerstr.
Friedrichstr.
Lenaustraße
Dreilindenstr.
Gutenbergstr.
Steinstr.
Bismarckstr.
Kath.
Kirche
Stadt-
garten
Rellinghauser
Str.
Kath.
Kirche
Hohenzollernstr.
Friedrichstr.
Dreilindenstr.
Kaupenstr.
Erlöser-
kirche
Huyssenallee
SÜDVIERTEL
Goethestr.
Bismarckstr.
Hohenzollernstr.
Rüttenscheider Str.
Emilienstr.
Rellinghauser
Str.
Friedr.-List-Str.
Schornstr.
Baumstr.
200m
Mülheim
Bochum
Gruga, Villa Hügel, E-Werden
Fußgängerzone
U-Bahn

Geschichte (Fortsetzung)

1244 eroberte Kurköln Essen und Werden. Die Stadt Essen wurde befestigt, und 1377 erkannte Kaiser Karl IV. sie als Reichsstadt an. 1561 betrachtete sich der Rat der Stadt Essen als Landesherr und führte die Reformation ein. 1803 wurden das Stift Essen und die Reichsabtei Werden säkularisiert.

Industrialisierung

Die Industrialisierung und der Aufschwung zur modernen Großstadt begann 1809, als in Essen die erste Förderdampfmaschine des Ruhrgebiets in Betrieb und der Kohletiefbau aufgenommen wurden. 1811 wurde die erste Gußstahlfabrik gegründet – von Friedrich Krupp, den man auf der Londoner Weltausstellung 1851 für seine technischen Erfindungen rühmte.

Wirtschaft

Essen war einmal die größte Bergbaustadt Europas; von ehemals 22 Zechen fördert jedoch nur noch eine. Und Essen ist heute keineswegs, wie häufig angenommen wird, die größte Industriestadt der Bundesrepublik Deutschland (das ist Hamburg), wohl aber das wichtigste Wirtschaftszentrum an Rhein und Ruhr. Aber im Bereich Produktion sind nur noch 40% der Beschäftigten tätig und 60% im sogenannten Tertiärbereich (Dienstleistung, Verwaltung, Verteilung). Seit die Industriemagnaten und -manager ihre Leitstellen in Essen aufgebaut haben, ist die Stadt das führende Energiezentrum in Deutschland (RWE, Ruhrgas, Ruhrkohle, Steag, Deminex). Weitere millionenschwere Konzerne, die von Essen aus ihre Geschäfte dirigieren, sind: Karstadt/Neckermann, Krupp, Raab-Karcher, Aldi, Hochtief, Ferrostaal und Thyssen-Industrie.

Messeplatz

Das Wirtschaftszentrum Essen hat sich stetig zu einem weltweit beachteten Messeplatz entwickelt: Jährlich kommen etwa 1,5 Mio. Gäste zu den verschiedenen Essener Messen.

Einkaufsstadt

Für Essens wirtschaftliche Bedeutung spricht auch der gute Ruf als Einkaufsstadt. In zentraler Lage befinden sich mehr als 700 Geschäfte auf einem Quadratkilometer. Einkaufsstraßen in der City sind die Kettwiger, die Limbecker, die Viehofer Straße und das ‚City-Center' beim Rathaus. Zudem gibt es in Essen 23 Wochenmärkte und einen bekannten Weihnachtsmarkt.

Verkehr

Entsprechend der Bedeutung als Wirtschafts- und Verwaltungszentrum hat sich die Verkehrslage in und um Essen entwickelt. Vier Autobahnen führen nach Essen, durch die Stadt und sogar darunter hindurch: A 2/E 3 (Köln–Oberhausen–Hannover), A 42 (Emscherschnellweg), A 52 (Essen–Düsseldorf) und A 430 (Ruhrschnellweg). Als Sitz einer Bundesbahndirektion ist Essen auch Eisenbahnknotenpunkt (insgesamt 29 Bahnhöfe): u. a. halten in Essen täglich rund 40 Intercity-Züge. Als zweite Stadt in Nordrhein-Westfalen (nach Köln) hat Essen eine U-Bahn (Streckenlänge 13,3 km; bis 1990: 30 km). Das Betriebsnetz der 13 Straßenbahnlinien umfaßt rund 165 km, das der 46 Buslinien 535 km. Dank der günstigen Verkehrsverbindungen ist von Essen aus der internationale Flughafen Düsseldorf-Lohausen bisweilen schneller zu erreichen als von Düsseldorf selbst. So hat der Regionalflughafen Essen-Mülheim (Kleinmaschinen im Privat- und Charterverkehr) gegenüber Lohausen nur einen ganz geringen Zeitgewinn. Ferner sei der Essener Binnenhafen am Rhein-Herne-Kanal erwähnt.

Kultur

Das Essener Kulturleben setzt sich aus zahlreichen Mosaiksteinen zusammen: großes Theater, Konzerte, Gastspiele, Dichterlesungen, internationale Wechselausstellungen, ständige Programmausstellungen, Popmusik, Tanzabende, Show-Veranstaltungen, ‚Musik im Vorbeigehen' an der Essener Spiel- und Klangstraße. Für alles und jeden bietet sich in Essen ein Podium: Opernhaus, Casa Nova, Kleines Theater, Studio-Theater, Kinder- und Jugendtheater, Saalbau Essen, Grugahalle, Villa Hügel, Folkwangschule, Kulturzentrum ‚Zeche Carl' u. a.

Universität

Seit 1972 ist Essen auch Universitätsstadt. An der Universität/Gesamthochschule sind knapp 15000 Studierende eingeschrieben.

Freizeit

Das Erholungs- und Freizeitangebot hat seinen Standort meist im Essener Süden. Zu nennen sind: Grugapark, Baldeneysee, Hügelpark, Emscherpark, Stadtgarten, Schloßgarten Borbeck, Heißiwald Bredeney sowie an der Stadtgrenze zu Gelsenkirchen der Revierpark Nienhausen.

‚Laternenmuseum'

An mehreren Stellen der Innenstadt sind historische Straßenlaternen (z.T. Nachbildungen) aufgestellt.

Altendorf →Burg Altendorf

Alte Synagoge

Anschrift
Steeler Str. 29

Die Alte Synagoge ist die größte diesseits der Alpen: 70 m lang, 30 m breit, Kuppelhöhe 34 m. Das einstige jüdische Gotteshaus – erbaut 1911–1913 – dient seit Herbst 1980 als Gedenkstätte für alle Opfer der Gewalt und ist ein Forum zur Begegnung und Information der jungen Generation.

Auferstehungskirche

Lage
Südostviertel

Anschrift
Steubenstr. 50,
Ecke Manteuffelstraße

Die Auferstehungskirche ist ein Zentralbau auf kreisförmigem Grundriß. Die Stahlkonstruktion wurde 1929 im Stil der Neuen Sachlichkeit errichtet. Der von einer großen Laterne bekrönte Innenraum gliedert sich in Abendmahlsraum und Predigtkirche. Die Kirche ist nur an Sonntagen (9.30–11.30) geöffnet; Führungen sind aber nach Anmeldung möglich.

*Baldeneysee

Lage
Essen-Werden
südlich vom Zentrum

Im Jahre 1933 war die Staustufe der das südliche Stadtgebiet durchziehenden Ruhr vollendet, die vor allem der Wasser- und Energieversorgung dient. So entstand der etwa 8 km lange und bis 650 m breite Baldeneysee (→ Titelbild; ab 1983 Ausbaggerung). Die ihn umgebenden hügeligen Grünzonen spielen als Naherholungsgebiet eine wichtige Rolle; der See selbst ist bei Wassersportlern beliebt (Segeln; Regattastrecke).

Schloß Baldeney

Am Nordufer des Sees liegt das kleine Schloß Baldeney, ursprünglich im 13. Jh. erbaut und einst Lehnsgut der Abtei Werden. Vom ersten Bau steht noch der Bergfried; die Teile aus dem 17. Jh. wurden im 19. Jh. stark verändert.

Villa Hügel

→dort

Borbeck →Schloß Borbeck

Burg Altendorf

Lage
Essen-Burgaltendorf

Im Ortskern des 1970 eingemeindeten Burgaltendorf steht die Ruine (1969 restauriert) einer gotischen Wasserburg (12. Jh.), die im 16. Jh. verändert wurde.

Deutsches Plakat-Museum

Anschrift
Theaterstr. 2

Öffnungszeiten
Di.–So. 11–18

Die Sammlungen des Deutschen Plakat-Museums umfassen mehr als 60000 Plakate, Litographien und Gebrauchsgrafiken aus aller Welt, vor allem politische Motive und Plakate zu Kunstausstellungen.
Das Deutsche Plakat-Museum ist das bedeutendste Museum seiner Art in Westeuropa.

Emscherpark (Freizeitpark)

Lage
Essen-Karnap

Der Emscherpark erstreckt sich im äußersten Norden des Essener Stadtgebietes, nahe am Rhein-Herne-Kanal. Eine große Zahl von Freizeiteinrichtungen wie Schachfeld, Tischtennisplatten, Spieltische, Roller- und Fahrradbahn, Spielplätze, Spazierwege und Kleingartenanlage bieten vielseite Betätigungsmöglichkeiten.
Westlich des Emscherparks liegen ausgedehnte Sport- und Tennisplätze.

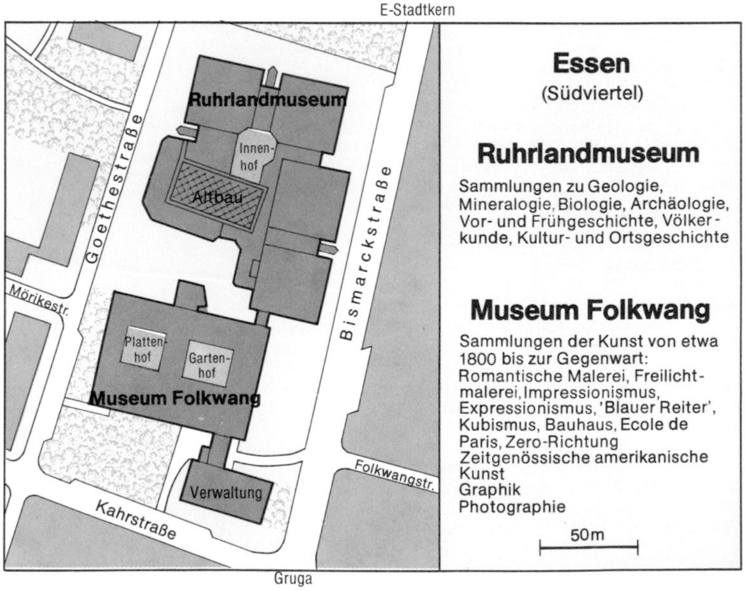

**Folkwang-Museum (Museum Folkwang)

Das Folkwang-Museum ist wohl die bedeutendste Kunstsammlung im Ruhrgebiet. Sie entstand in den Jahren 1920–1922 durch die Zusammenlegung der Städtischen Kunstsammlungen und der von der Stadt erworbenen Bestände des 1902 in Hagen gegründeten ursprünglichen Folkwang-Museums. Durch die Bekämpfung der sog. ‚entarteten Kunst' gingen in der Zeit des Nationalsozialismus zahlreiche bedeutende Werke verloren.
Den weit überwiegenden Teil der Museumsbestände bildet die Malerei seit dem Jahr 1800; u. a. deutsche Romantik (C. D. Friedrich, C. G. Varus), Impressionismus (vorwiegend Franzosen wie Corot, Courbet, Manet, Monet, Sisley, Cézanne, van Gogh, Gauguin), Expressionismus (Nolde, Rohlfs, Kirchner, Heckel, Marc, Macke, Kandinsky), Kubismus (Picasso, Braque; vom Bauhaus Feiniger, Klee, Schlemmer), ferner zeitgenössische Kunst ab 1960.
Weitere Abteilungen umfassen Skulpturen aus Mitteleuropa (13. Jh. bis Gegenwart), Kunst und Kunstgewerbe außereuropäischer Kulturräume u. a. Diese kulturhistorischen Exponate sollen in einem noch zu gründenden Zweigmuseum neu aufgestellt werden.

Anschrift
Bismarckstr. 64–66

Öffnungszeiten
Di.–So. 10–18

**Gruga (Plan →S. 102)

Der Name ‚Gruga' ist ein Akronym, gebildet aus den Anfangsbuchstaben der Bezeichnung ‚Große Ruhrländische Gartenbau-Ausstellung'. Für diese Gartenschau wurde der Grugapark im Jahre 1929 angelegt; noch heute gehört er zu den größten und schönsten Gartenlandschaften in der Bundesrepublik. Der Park wurde mehrfach umgestaltet, zuletzt für die Bundesgartenschau 1965. Seither ist er unterteilt in den Alten Grugapark, den Botanischen Garten und den Freizeitpark.

Anschrift
Essen-Rüttenscheid
Norbertstr. 2

Öffnungszeiten
Botanischer Garten:
1. April–30. Sept.: 8–24
1. Okt.– 31. März: 9–16.30

Grugabahn

Durch das gesamte Parkgelände führt mit einer Länge von 3,3 km die Grugabahn. Auf der Schmalspurstrecke verkehren fünf Züge; die Fahrtdauer beträgt etwa 20 Minuten.

Alter Grugapark

Der alte Teil des Parks mit Wasserspielen, Aquarium, Terrarium, Seehundbecken sowie mit Konzertgarten, Sitzplätzen und Lokalen dient vor allem der Erholung, Entspannung und Ruhe.

Botanischer Garten

Der Botanische Garten, im Nordwestteil der Gesamtanlage, umfaßt eine Reihe von Themengärten, u. a. Dahlienarena, Mittelmeergarten, Rosengarten, Rhododendren- und Staudengarten, ferner ein Tropenhaus.

Freizeitpark

Südlich der Lührmannstraße, die das Gelände teilt, erstreckt sich der Freizeitpark, durch eine Brücke mit dem Botanischen Garten verbunden. Hier ist eine Fülle von Einrichtungen für die aktive Freizeit zu finden. So gibt es Ballspielplätze, Rollschuh- und Kleingolfbahnen, eine Tennisanlage und vieles andere.

Messegelände

Östlich schließt sich an den Alten Grugapark das ausgedehnte Messegelände an. Zwölf Hallen stehen Ausstellern und Veranstaltern zur Verfügung, darunter die Grugahalle (Mehrzweckhalle; 8500 Plätze).

Gruga Essen
(Rüttenscheid)

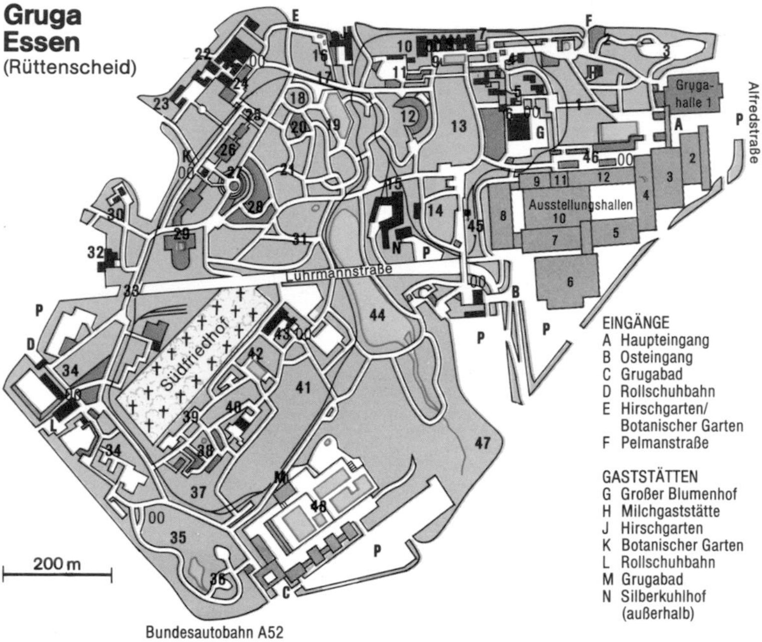

P Parkplätze ——— Grugabahn 00 Toiletten

Nachdem bereits im Jahre 1927 etwa 4 km südwestlich vom Essener Stadtkern der Botanische Garten eröffnet worden war, wurde 1929 in seiner unmittelbaren Umgebung die **Gruga** *(Große Ruhrländische Gartenbau-Ausstellung)* abgehalten, deren Gelände (25 ha) man zur Reichsgartenschau 1938 auf 47 ha erweiterte. Nach schweren Verwüstungen im Zweiten Weltkrieg konnten Teile der Gruga 1949 dem Publikum wieder zugänglich gemacht werden; 1952 fand eine neue Gartenbauausstellung statt. In ihrer heutigen Form sind GRUGAPARK UND BOTANISCHER GARTEN zur Bundesgartenschau 1965 ausgestaltet worden. Das nunmehr 70 ha große Parkareal gliedert sich in den *Botanischen Garten,* die *Alte Gruga* und den *Freizeitpark.*

1 Eingangshof
2 Staudengrund
3 Spielplatz Vogeldelle
4 Farbenterrassen
5 Heim und Garten
6 Grugaturm
7 Seehundbecken
8 Aquarium
9 Pflanzenvitrinen
10 Terrarium
11 Musikgarten
12 Dahlienarena
13 Kranichwiese
14 Torfhaus
15 Betriebshof Gruga
16 Wassergarten
17 Hirschgartenbrücke
18 Nadelgehölze
19 Geologische Wand, Waldteich
20 Alpinum
21 Heide und Hochmoor
22 Haus des Waldes, Tropenhaus, Pflanzenschauhäuser
23 Verwaltung Botanischer Garten
24 Wettergarten
25 Mittelmeergarten
26 Westfälischer Bauerngarten
27 Kräutergarten
28 Staudenhang
29 Rosengarten
30 Stenshofturm, Lehrbienenstand
31 Rhododendrontal
32 Alexander-von-Humboldt-Haus
33 Grüne Brücke
34 Sport und Spiel (Tennis, Ballspiele, Rollschuhbahn, Kleingolf)
35 Ponybahn und Ponywiese
36 Kinderparadies mit Klettergarten und Gondelteich
37 Pergolagarten
38 Badegarten
39 Schach und Tischtennis
40 Lesen und Kneippen (Lesegarten, Kneippgarten)
41 Tummelwiese
42 Schifflibecken
43 Tierhof
44 Margarethensee
45 Grugabahn (Haltestelle)
46 Platanenterrasse
47 Damwildgehege
48 Grugabad mit Liegewiese

Industrie gestern: Halbach-Hammer

Halbach-Hammer

Der Halbach-Hammer, ein alter Schmiedehammer aus dem 16. Jh., diente früher zur Bearbeitung von Stahl. Er stammt aus dem Siegerland (1417 beurkundet) und wurde 1936 von dem bei Krupp eingeheirateten Gustav von Bohlen und Halbach in einem Fachwerkhaus im Essener Nachtigallental wiederaufgebaut.
Der Halbach-Hammer, eine Freianlage des Ruhrlandmuseums, zählt zu den wichtigsten technischen Kulturdenkmälern. Er wird angetrieben durch ein Wasserrad; ein zweites bedient die Blasebälge für das Schmiedefeuer (Esse). Eine große Nockenscheibe greift unter den Hammer und hebt ihn hoch. Mit einem solchen Hammer verarbeiteten die Krupps ihr erstes Roheisen, bevor Alfred Krupp 1861 den damals größten Riesenhammer ‚Fritz' in Betrieb setzte. Der nach schweren Kriegsbeschädigungen wiederhergestellte Hammer kann in Betrieb vorgeführt werden.

Lage
Essen-Rüttenscheid, Margarethenhöhe

Öffnungszeiten
Di.–So. 10–13, 15–17

Hugenpoet →Schloß Hugenpoet

Isenburg →Ruhrlandmuseum

*Kettwiger Stausee

Der Kettwiger Ruhrstausee (1,4 Mio. cbm Wasser) wurde 1949 fertiggestellt. Zu beiden Uferseiten ragen z.T. steile und bewal-

Lage
Essen-Kettwig

Kettwiger Stausee (Fortsetzung)

dete Höhen empor. Durch das Ufergebiet führt der Ruhrhöhenweg. Von der dortigen Bergkuppe bietet sich ein schöner Ausblick auf Schloß Landsberg, früher die Schutzfestung für den Ruhrübergang. Der Bergfried stammt noch aus dem 14. Jh. Die anderen Gebäudeteile aus dem 17. Jh. wurden von August Thyssen umgebaut. Schloß Landsberg ist heute Schulungs- und Freizeitheim der evangelischen Kirche.
Vor Überschreiten der Ruhrbrücke kann man einen malerischen Blick genießen: auf den Kirchberg von Alt-Kettwig mit seinen schönen Fachwerkhäusern und dem hochragenden Kirchturm (14. Jh.).

Krupp-Sammlung →Villa Hügel

Landsberg →Schloß Landsberg

Margarethenhöhe

Lage
Essen-Rüttenscheid (nahe der Gruga)

Diese Gartenstadt – eine Stiftung von Frau Margarethe Krupp – wurde 1909–1920 nach Entwürfen des berühmten Architekten Georg Metzendorf erbaut. Ursprünglich war sie eine Siedlung für Werksangehörige von Krupp. Besonders sehenswert in der Wohnsiedlung ist der Markt mit Schatzgräberbrunnen.

Marktkirche

Lage
Markt

Das 1058 erstmals urkundlich erwähnte Gotteshaus war die erste Kirche der Essener Bürgerschaft. Hier wurde 1563 in Essen die Reformation durchgesetzt. Bemerkenswert ist die 1963 geschaffene bronzene Eingangstür: die Apokalyptischen Reiter über einem zusammenbrechenden Menschen.

*Münster (Katholische Bischofskirche)

Lage
Burgplatz 1

Öffnungszeiten
Münsterschatz
Di.–So. 10–15.30

Das Münster, heute Kathedrale des erst 1958 gegründeten Ruhrbistums, entstand in den Jahren 852 bis 1327. Über den Bauresten einer romanischen Taufkapelle aus dem 9. Jh. – Bischof Altfrid von Hildesheim hatte das Münster 852 gegründet – wurde zunächst (um 1050) eine ottonische Basilika errichtet,

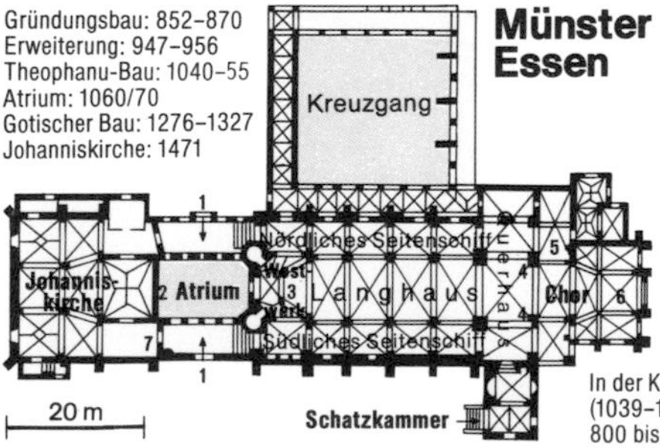

Münster Essen

Hll. Maria, Cosmas und Damian
Katholische Bischofskirche
(seit 1958; bis 1802 Stiftskirche)

1 Zugänge in den Vorhof (Atrium)
2 Holzkruzifix (im Kern um 1400)
3 Siebenarmiger Bronzeleuchter (um 1000)
4 Holzfiguren der hll. Cosmas und Damian (Anfang 16. Jh.)
5 Goldene Madonna (um 980)
6 Altar, Kreuzsäule, Bischofsthron
7 Ehem. Münsteraltar (Gemälde von Barthel Bruyn aus Köln, 1522–1525)

In der Krypta unter dem Chor die Gräber der Theophanu (1039–1058 Äbtissin) und des Bischofs Altfri(e)d (um 800 bis 874; Tumba Anfang 14. Jh.)

Südfassade des Essener Münsters

ehe dann nach einem Großbrand im 13. Jh. das Haupthaus als gotische Hallenkirche neu gestaltet wurde.
Das ottonische Westwerk beherrscht das Atrium zwischen Münsterkirche und der vorgelagerten Pfarrkirche St. Johann Baptist. Sehenswert in diesem Teil sind vor allem die doppelte Empore (11. Jh.) und der siebenarmige Bronzeleuchter (um 1000). Ein Teil der Ostkrypta unter dem Hochchor ist vom Gründungsbau erhalten; hier steht der gotische Sarkophag des Gründerbischofs Altfrid.
In einer Kapelle an der nördlichen Chorseite ist die vermutlich älteste Madonnenfigur des Abendlandes, die um 980 entstandene „Goldene Madonna", zu sehen. Im Chor hinter dem Bischofssitz wurde bei der Restaurierung (1945–1959) die Kreuzsäule aufgestellt (10. Jh.). Im südlichen Seitenschiff befindet sich ein Grabmal aus der Spätgotik (um 1520).

**Münsterschatz

Das Münster gehörte 1000 Jahre lang zu einem Damenstift für den sächsischen Hochadel. In ottonischer Zeit (10./11. Jh.) wurde der Grundstock für den berühmten Münsterschatz gelegt, zu dem vor allem die vier Vortragekreuze gehören, aber auch Evangeliare, Elfenbeinschnitzereien und wichtige Goldschmiedearbeiten, darunter die Krone Ottos III. Ein fränkisches Beinkästchen stammt aus dem 8. Jh. und kam durch Bischof Altfrid in die ehemalige Stiftskirche.

Kirche St. Johann Baptist

Mit dem Münster über das Atrium verbunden ist die ehemalige Pfarrkirche St. Johann Baptist, die um 1470 über einer romanischen Taufkapelle als gotische Hallenkirche entstand. Sie hat drei Schiffe und ist mehr breit als tief, mit einem sterngewölbten rechteckigen Chor.

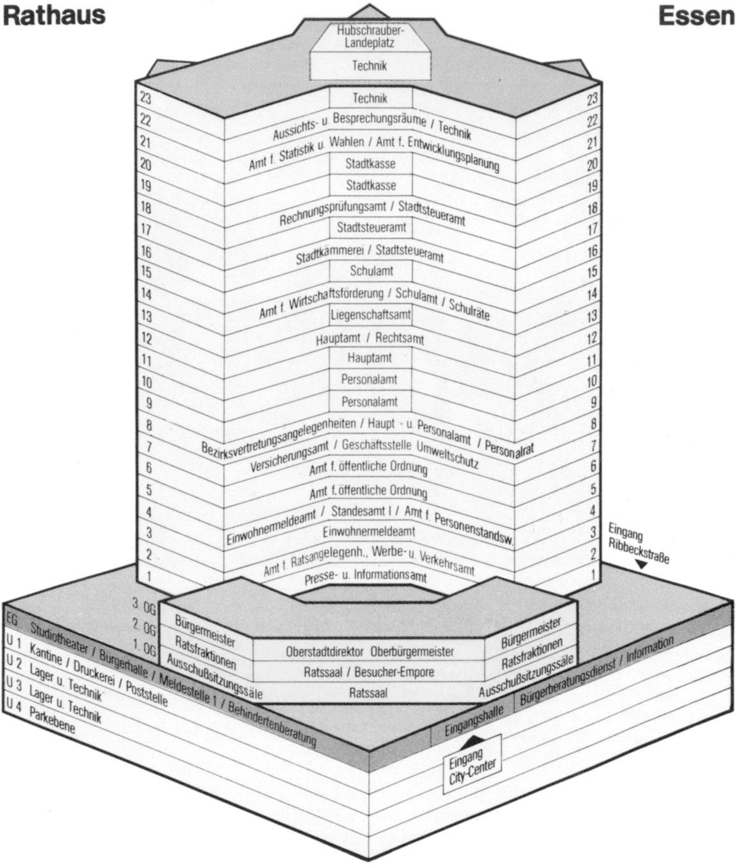

*Rathaus

Anschrift
Porscheplatz

Mit 106 Metern ist das Essener Rathaus das höchste in der Bundesrepublik Deutschland (1900 Beschäftigte). Führungen und Besichtigung des Ratssaales und des Studiotheaters sind möglich. Von der Aussichtsetage im 22. Stockwerk hat man einen weiten Blick auf Stadt und Umland.

‚City-Center'

Zu Füßen des Rathauses erstreckt sich das große Einkaufszentrum ‚City-Center' (1983 Brandschaden).

Revierpark Nienhausen

→Gelsenkirchen: Revierpark Nienhausen

Rhein-Ruhr-Zentrum →Mülheim: Rhein-Ruhr-Zentrum

*Ruhrlandmuseum

Das Ruhrlandmuseum umfaßt Sammlungen zur Natur- und Kulturgeschichte des Ruhrgebietes und gehört in dieser Hinsicht zu den bedeutendsten Museen von Nordrhein-Westfalen. Gezeigt werden Fossilien aus Karbon, Jura und Kreide, Reste eiszeitlicher Fauna, Mineralien u. a.; ferner Artefakten aus der weiteren Umgebung, Gräberfunde sowie eine große Zahl von Gegenständen zur Stadtgeschichte (Dokumente, Werkzeuge, Mobiliar) und zur Entwicklung von Schwerindustrie, Bergbau u. a.

Anschrift
Bismarckstr. 62 / Goethestraße (an der B 224)

Lageplan
→Seite 100

Öffnungszeiten
z. Z. wegen Umbau geschlossen

Zu den Außenanlagen des Museums gehören der →Halbach-Hammer und der im Stadtteil Kupferdreh gelegene Deilbach-Hammer, zwei Eisenhämmer aus dem 16. Jh., sowie die Isenburg, der Rest einer 1288 zerstörten Feste.

Freianlagen

Stiftskirche Stoppenberg

Als romanische Pfeilerbasilika zuerst im 11./12. Jh. entstanden, wurde die kleine Kirche im Laufe der Zeit mehrfach teilweise erneuert und umgebaut – zuletzt im 19. Jh. von Baumeister Schinkel. In der Kirche befindet sich das Grabmal der Äbtissin Mathilde, die das frühere freiweltliche Damenstift – daran erinnert die sogenannte Nonnenempore – einstmals gegründet hatte. Bemerkenswert ist das Taufbecken (12. Jh.).
Auf einem Hügel gelegen, überragt die Stoppenberger Stiftskirche das Essener Industriegebiet.

Lage
Essen-Stoppenberg
Kapitelberg

Am Fuße der Anhöhe steht die neuromanische St.-Nikolaus-Kirche mit einer bemerkenswerten Jugendstil-Ausstattung aus dem Jahre 1910.

Kirche St. Nikolaus

St. Nikolaus →Stiftskirche Stoppenberg

Schloß Baldeney →Baldeneysee

Schloß Borbeck

Das Wasserschloß Borbeck war zunächst Oberhof der Ritter von Borbeck, dann ab 1227 die Residenz der Äbtissinnen des Damenstifts Essen-Werden. Das heutige Aussehen (spätbarokker Stil) erhielt die Anlage nach mehreren Um- und Ausbauten im 18. Jh. Das Schloß und das gegenüberliegende klassizistische Wirtschaftsgebäude (1842) sind jetzt eine Stätte kultureller Begegnungen mit Ausstellungen, Kursen, musikalischen Veranstaltungen u. a. m.
Ein prächtig geschmiedetes Gittertor (17. Jh.) führt in den 55 ha großen Schloßpark.

Lage
Essen-Borbeck
Schloßstr. 101

S-Bahn
Linie 9 (ab Essen Hbf und Bottrop Hbf) bis Bahnhof Essen-Borbeck; von dort 10 Minuten Fußweg

*Schloß Hugenpoet

Hugenpoet (sprich ‚Hugenpoot') wird 778 erstmals urkundlich erwähnt – als Königsgut Karls des Großen. Im 13. Jh. war es ein berüchtigter Schlupfwinkel der Raubritter von Nesselrode.

Anschrift
Essen-Kettwig
August-Thyssen-Str. 51

Schloß Hugenpoet
(Fortsetzung)

S-Bahn
Linie 6 (ab Essen Hbf) bis Bahnhof Essen-Kettwig-Stausee; von dort 30 Minuten Fußweg

Buslinie
132 (ab Mülheim Hbf)

Ursprünglich eine Wasserburg im typischen niederrheinisch-westfälischen Stil (mit Wassergraben, Vorburg, Brücken), wurde Schloß Hugenpoet nach mehrfacher Zerstörung um 1650 in fast fünfzigjähriger Arbeit auf älteren Fundamenten in seiner heutigen Form wiederaufgebaut und im frühen 19. Jh. nochmals überarbeitet. Es besteht jetzt aus einem Herrenhaus und zwei Vorburgen. Auffallend an dem sandsteingegliederten Backsteinbau sind die beiden starken Ecktürme mit den barokken Schieferhauben.
Sehenswert im Erdgeschoß des heutigen Hotel-Restaurants sind die Renaissancekamine (mit Reliefmotiven aus der biblischen und griechischen Geschichte), die aus Schloß Horst (bei Gelsenkirchen) nach Kettwig gebracht wurden. Imposant wirkt das Treppenhaus aus schwarzem Marmor mit seinen prächtigen Gittern und Brüstungen.

Schloß Landsberg

Lage
Essen-Kettwig

Die Höhenburg oberhalb des Ruhrtals sollte einen Übergang über den Fluß sichern. Von der Anlage des 13. Jh.s sind heute noch Teile der Ringmauer und ein Bergfried vorhanden. Das Herrenhaus stammt aus der Ausbauphase um 1650.
Der Großindustrielle August Thyssen erwarb das Schloß 1903 und ließ es dem Zeitgeschmack entsprechend zu einem Landsitz umgestalten. Er starb dort 1926. Seine sterblichen Überreste wurden 1928 in das Mausoleum überführt, das sich im Bergfried befindet. Heute wird Schloß Landsberg als Familienbildungsstätte genutzt. – Von der Landstraße im Ruhrtal erreicht man das Schloß durch eine romantische Waldschlucht und über eine Betonbrücke (‚Wunschbrücke').

*Villa Hügel

Lage
Essen-Bredeney
Auf dem Hügel

Öffnungszeiten
Historische Sammlung Krupp:
Di.–So. 10–18;
bei besonderen Veranstaltungen geschlossen
Hügelpark:
1. April–30. Sept.: tgl. 7–20
1. Okt.–31. März: tgl. 9–19

Der Essener Industrielle Alfred Krupp ließ um 1870 die Villa Hügel (→Titelbild) nach seinen eigenen Plänen errichten. Das Haus war bis 1945 Wohnsitz der Unternehmerfamilie und auch Repräsentationsgebäude der Firma Krupp. Seit 1953 ist die Villa Hügel für die Öffentlichkeit zugänglich.
Regelmäßig finden hier heute Kunstausstellungen, Konzerte und andere Kulturveranstaltungen statt. In der Empfangshalle sind lebensgroße Bildnisse der Krupps und der deutschen Kaiser aus dem Hause Hohenzollern zu sehen. Im Marmorsaal hängen drei flämische Gobelinzyklen, die nach Entwürfen Raffaels entstanden sind.

Historische Sammlung Krupp

Die Historische Sammlung Krupp ist seit 1961 im Kleinen Haus der Villa Hügel zu besichtigen. Es sind vielfältige historische Dokumente über die Entwicklung und Bedeutung der Familie Krupp. Vor dem Haus ist die Schiffsschraube des Schnelldampfers „Europa" (1935) aufgestellt.

Hügelpark

Der Hügelpark, das Gelände um die Villa Hügel, hat ein z.T. großes Gefälle und starke Höhenunterschiede. Der 75 ha große Waldpark bietet zahlreiche botanische Sehenswürdigkeiten und unterschiedliche, aber stets reizvolle Ausblicke.

Friedhof an der Meisenburgstraße

Auf dem Friedhof an der Meisenburgstraße (nordwestlich der Villa Hügel) befinden sich die Grabstätten der Familie Krupp mit Reliefplatten, Plastiken und Inschriften aus Marmor und Bronze.

Kruppwald

Im Südwesten setzt sich die parkartige Landschaft im Kruppwald fort, der von mehreren Spazierwegen durchzogen ist. An ihn grenzt weiterhin der Heissiwald mit Wildgehege und Vogelschutzgebiet.

Baldeneysee

→dort.

Vogelpark

Lage
Eichenstr. 12

Der Vogelpark befindet sich im Stadtwald; er ist ca. 6 ha groß. In 105 Volieren werden die gesamte heimische Vogelwelt (Greif-, Hühner-, Wasser-, Stelz-, Singvögel) sowie exotische Vögel gezeigt. Ferner befindet sich hier eine Außenstelle der Landesvogelschutzwarte mit Lehr- und Ausstellungsräumen.

Werden

Der Essener Stadtteil Werden erstreckt sich in waldreicher Umgebung am linken Ufer der Ruhr beim westlichen Ende des Baldeneysees. Aus einer Benediktinerabtei hervorgegangen und 1317 mit den Stadtrechten versehen, wurde Werden 1929 zu Essen eingemeindet

**Propsteikirche St. Ludgerus
Brückstr. 54

Der friesische Missionar Luidger (Ludgerus) gründete 794 das Benediktinerkloster Werden. 799 wurde mit dem Bau der (karolingischen) Basilika begonnen, die nach mehreren Veränderungen und Erweiterungen 1256–1275 ihr heutiges Aussehen erhalten hat. Da man trotz des damals aufkommenden gotischen Stils streng an alten Bauformen festhielt, ist die Abteikirche heute der letzte einheitlich romanische Großbau der Rheinlande.
Dabei hat die Gewölbekirche auch ältere Bauformen in sich aufgenommen. So ruhen die Gebeine des Abteigründers Luidger, des späteren ersten Bischofs von Münster, in einer Ringkrypta, wie sie in Deutschland äußerst selten ist, und die sich aus dem Baurest einer karolingischen Klosterkirche entwickelt hat. Ein weiterer alter Bauteil, der in die Basilika des 13. Jh.s aufgenommen wurde, ist das aus dem 10. Jh. stammende Westwerk; es war als Peterskirche lange Zeit ein eigener abgeschlossener Bau.
Bestimmend für das äußere Bild sind der wuchtige Viereckturm über dem Westwerk und die Achtecklaterne über dem Kreuz-

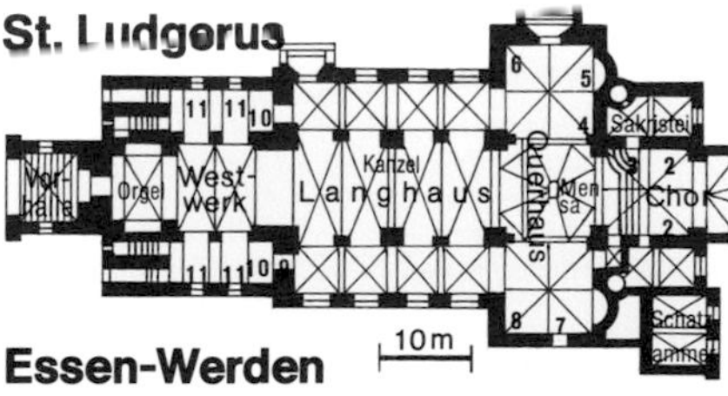

Katholische Propsteikirche
(ehem. Benediktiner-Abteikirche)

1 Hochaltar (1710)
2 Chorgestühl (1710)
3 Grabplatte Abt Grimhold († 1517)
4 Madonna (13. Jh.)
5 Marienaltar (19. Jh.)
6 "Mannaregen" (16. Jh.)
7 "Abendmahl" (um 1705)
8 "Elias und der Engel" (16. Jh.)
9 Vesperbild (16. Jh.)
10 Wandfresken (10. Jh.)
11 Glasfenster (1957)

Unter dem Chor befinden sich die Krypta (Schrein mit den Gebeinen des hl. Liudger, † 809) sowie die Liudgeridenkrypta (Liudgers Nachfolger).

St. Ludgerus in Werden

Werden,
Propsteikirche St. Ludgerus
(Fortsetzung)

schiff mit hohem spitzen Zeltdach (in der heutigen Form jeweils abgeschlossen im 19. Jh.). Die innere Ausstattung ist größtenteils barock (1760 unter Abt Cölestin), so insbesondere der monumentale Hochaltar, das Chorgestühl und die Kanzel. In der Schatzkammer werden die wertvollsten Stücke des ursprünglich reicheren Kirchenschatzes aufgewahrt; z. B. das ‚Helmstedter Kreuz' (Bronzeguß von 1060), eine spätantike Elfenbeinpyxis (6. Jh.), der kupferversilberte Reisekelch des hl. Ludgerus (8./9. Jh.) sowie ein fränkischer Reliquienkasten (8. Jh.), ein mit Beinplatten belegter Eichenholzkasten mit einer Darstellung der Kreuzigung Christi, möglicherweise ein Tragaltar Luidgers. Weiterhin bemerkenswert sind die Sandsteinreliefs eines romanischen Sarkophages für die Gebeine des hl. Ludgerus und der barocke Silberschrein, in dem die kostbaren Reliquien des Abteigründers einmal jährlich durch die Straßen Werdens getragen werden (am ersten Septembersonntag).

Abteiliche Residenz
Klemensborn 39

Die Fürstäbte der Benediktinerabtei Werden, die 1803 säkularisiert wurde, ließen um die Mitte des 18. Jh.s diese Residenz in prunkvollem Barockstil erbauen. Heute ist hier die Folkwangschule untergebracht.

Alteburg
Pastoratsweg

Die Alteburg ist das älteste Bauwerk im heutigen Stadtgebiet von Essen. Von der einstigen fränkischen Fliehburg sind allerdings nur geringe Reste erhalten.

Kirche St. Lucius
Heckstraße

Die Kirche St. Lucius wurde in den Jahren 995–1063 im Auftrag der Abtei Werden erbaut. Sie gilt als älteste Pfarrkirche nördlich der Alpen. Lange Jahre diente sie als Wohnhaus und wurde namentlich im 19. Jh. erheblich verändert. Im Jahre 1959 begann man mit der Rekonstruktion nach dem alten Vorbild. Im Kirchenraum wechseln romanische und neuzeitliche Stilelemente (u. a. bei den Säulenkapitellen). Besonders eindrucksvoll ist das mächtige halbrunde Portal unter dem Westturm. Im Chor sind an den Wandnischen Freskenreste zu sehen, die aus der Zeit um 1150 stammen.

Gelsenkirchen

Praktische Informationen →S. 199/200

Einwohnerzahl: 303000
Fläche: 104,83 qkm
Höchster Geländepunkt: 96 m
Tiefster Geländepunkt: 28 m

Lage

Die Industriemetropole Gelsenkirchen ist Mittelpunkt des Emscher-Lippe-Raums und größte Stadt im Regierungsbezirk Münster. Früher Zentrum der Kohlenzechen und Hochöfen (‚Stadt der tausend Feuer') mit einem eher unwirtlichen Landschaftsbild, ist Gelsenkirchen heute eine moderne Großstadt, die von und mit der Großindustrie lebt, die aber dem urbanen Wohnen mehr Lebensqualität verschafft hat.

Geschichte

Zahlreiche Funde geben Kunde von der ersten Besiedlung und dem früh betriebenen Ackerbau in dieser Region. Höfe und Bauernschaften werden schon im 9./10. Jh. urkundlich erwähnt. Die ersten Kirchen entstanden um 1000. Eine davon, die von einer Äbtissin gegründete Georgskirche, gab dem umliegenden Dorf, der späteren Stadt den Namen: Gelsenkirchen.
Aus den frühen Anfängen des Dorfes Gelsenkirchen und des Kirchspiels Buer bis ins 19. Jh. hinein ist mancherlei überliefert, doch kaum etwas, das zur großen Geschichte zählt. Das Land war ganz und gar bäuerlich geprägt, von den Mächtigen zu Lehen gegeben. Von Gräften beschützte, bewehrte Burgen standen hier, Rittersitze; das Feld bestellten Bauern. Eines der bekanntesten Rittergeschlechter in dieser Region, die Herren von der Horst, hatte zwar schon im 13. Jh. das Recht zur Gründung einer Stadt erhalten, konnte sich aber gegen den Machtanspruch des umliegenden kurbischöflichen Vest Recklinghausen nicht durchsetzen.

Industrialisierung

Die Anfänge einer im späteren Verlauf stürmischen Entwicklung bis hin zur Industriegroßstadt heutiger Prägung gehen auf das Jahr 1853 zurück. Damals wurde der erste Zechenschacht abgeteuft (‚Dahlbusch'). 1860 begann die Förderung der Steinkohle. Sie bestimmte die weitere Entwicklung; denn sie zog die Eisenindustrie an. Hochofen- und Hüttenbetriebe wuchsen empor und begünstigten die Ansiedlung weiterverarbeitender Unternehmen. Die Glasindustrie faßte Fuß, chemische Fabriken entstanden.
Der heutige Raum Gelsenkirchen zählte 1855 ganze 8251 Einwohner, 1875 waren es bereits 70790, 1900 schon 184584 und 1928 schließlich 339577. In diesem Jahr wurden innerhalb einer großen Gebietsreform die beiden Städte Gelsenkirchen und Buer sowie das Amt Horst zum neuen Gemeinwesen in den noch heute bestehenden Grenzen zusammengelegt.

Wirtschaft

Gelsenkirchens Wirtschaft war zunächst auf vier Säulen gegründet: Kohle, Eisen und Stahl, Glas, Chemie. Eine fünfte kam

Wirtschaft
(Fortsetzung)

nach dem Zweiten Weltkrieg hinzu: die Bekleidungsindustrie. Doch nach wie vor ist Gelsenkirchen eine Bergbaustadt: In diesem Raum wird mehr Kohle gefördert als im gesamten Saarbergbau. Um die Krisenanfälligkeit einer solchen Monostruktur zu mindern, wurden in den letzten Jahren verstärkt Klein- und Mittelbetriebe gefördert.

Verkehr

Durch das Stadtgebiet führen die Autobahnen A 2 (Hannover–Köln) und A 42 (Emscherschnellweg); am südlichen Stadtrand zieht sich die A 430 (Ruhrschnellweg, früher B 1) entlang. Durch Gelsenkirchen laufen auch die Bundesstraßen B 224, B 226 und B 227. Das innerstädtische Straßennetz ist insgesamt fast 700 km lang. Mit ihren sieben Häfen am Rhein-Herne-Kanal steht die Stadt an führender Stelle im Binnenschiffahrtsverkehr der Bundesrepublik Deutschland.

Kultur

Zentrum des kulturellen Lebens ist das 1959 neu erbaute Musiktheater im Revier, das alle Bereiche der darstellenden Kunst abdeckt. Durch Kooperationsverträge mit anderen Bühnen wird das ohnehin schon vielfältige Angebot des eigenen Ensembles und Orchesters noch erweitert. Die bildende Kunst – mit dem originellen Standort Halfmannshof – findet in den letzten Jahren immer mehr Möglichkeiten und Gelegenheiten, sich auch im Gelsenkirchener Stadtbild präsent zu machen. Eingebettet ist das kulturelle Angebot in zahlreiche private Initiativen und Aktivitäten.

Freizeit

Gelsenkirchen kann – wie alle Ballungsräume – nicht Luftkurort sein. Aber es besitzt ausgedehnte unbebaute, jedoch bepflanzte Freiflächen. Ein Drittel des Stadtgebietes (3500 ha) ist landwirtschaftlich und gärtnerisch genutzt. Hinzu kommen 900 ha Park- und Erholungsgelände. Alle Grünflächen sind weitgehend zusammenhängend angelegt worden, so daß ein großes Wanderwegenetz entstand. Charakteristisch für die Landschaft Gelsenkirchens sind der Vestische Höhenrücken im Norden, das Emschertal im östlichen Bereich und der Anstieg der Hellwegzone im Süden der Stadt.
Hauptattraktion des Freizeit- und Erholungsangebots ist der citynahe Revierpark Nienhausen. Der FC Schalke 04, immer noch das weithin bekannte Synonym für (Fußball-)Sport in Gelsenkirchen, hat mit dem Parkstadion im Berger Feld eine neue Heimat. Daran schließt sich nach Norden ein ausgedehnter Grüngürtel an: Berger Schloßpark, Berger See, Stadtwald, Westerholter Wald (mit Löwenpark). International bekannt sind zudem die Galopp-, die Trab- und die Windhundrennbahnen.
In einer 1983 veröffentlichten Studie über die Freizeitattraktivität der deutschen Großstädte kam die Revierstadt Gelsenkirchen sogar auf einen herausragenden zweiten Platz.

Halfmannshof →Künstlersiedlung Halfmannshof

Haus Lüttinghof

Lage
Gelsenkirchen-Polsum
Lüttinghofallee 2

Die mittelalterliche Wehrburg wurde um 1300 vom Kölner Erzbischof dem Ritter von Lüttinghof zu Lehen gegeben. Die Hauptburg liegt auf einer 1800 qm großen rechteckigen Insel. Steinbrücken führen zu den ehemaligen Gartenanlagen und dem Vorburggelände mit Wirtschaftsgebäuden. Das Herren-

haus besteht aus zwei rechtwinklig zueinander stehenden Baukörpern, die auf der Nordseite einen Hof einschließen.
Das Bruchsteinmauerwerk sowie der Grundriß des Erdgeschosses sind spätmittelalterlichen Ursprungs.
Das Herrenhaus wurde nach 1650 durch wesentliche Umbauten barockisiert.
Der ehemals eingeschossige Südwestflügel wurde aufgestockt und erhielt ein Treppenhaus auf der Gartenseite.
Das kastellartige Gepräge der Burg blieb trotz weiterer Umbauten bis heute erhalten. Haus Lüttinghof, das derzeit grundlegend restauriert wird, ist damit die älteste Burganlage im Stadtgebiet von Gelsenkirchen.

Buslinien
Linie 189 (ab Essen Hbf, Bahnhof Haltern, Bahnhof Marl-Sinsen) und Linie 22 (ab Recklinghausen Hbf) bis Polsum-Ehrenmal; von dort 10 Minuten Fußweg

Künstlersiedlung Halfmannshof

Lage
südlich vom Zentrum

Der alte Bauernhof wurde 1926 von der Stadt Gelsenkirchen erworben. Fünf Jahre später veranlaßte der damalige Gelsenkirchener Sozialdezernent Wendenburg zusammen mit dem Maler Arens, dem Bildhauer Nietsch, dem Architekten Prinz und dem Architekten Schwickert die Gründung der Künstlersiedlung.
Die auch heute noch bestehende Wohngemeinschaft von Künstlern und Kunsthandwerkern präsentiert regelmäßig zeitgenössische Kunst. Dabei bilden die stilvollen Wohnhäuser und die hellen Ateliers einen stimmungsvollen Hintergrund für die Ausstellungen.

*Löwenpark Graf Westerholt

Lage
Gelsenkirchen-Buer
Adenauerallee/Ostring

Der seit 1968 bestehende Safaripark zeigt auf 400000 qm mehr als 200 Tiere (ca. 50 Arten).
Löwen, Tiger, Gnus, Wölfe, Wildschweine, Watussirinder u. a. leben wie in freier Wildbahn.
Der Park darf nur im geschlossenen Fahrzeug durchfahren werden; für nichtmotorisierte Besucher stehen Kleinbusse zur Verfügung. In einem besonderen Teil des Parks (Wildfreigehege) darf man das Auto verlassen und die Tiere füttern. Zum Löwenpark gehören Restaurationsbetriebe und Freizeiteinrichtungen.

Lüttinghof →Haus Lüttinghof

Musiktheater im Revier

Lage
Kennedyplatz

Das alte Stadttheater wurde 1944 zerstört; der 1959 vollendete Neubau gilt als Musterbeispiel für die Zusammenarbeit zwischen modernen Architekten und zeitgenössischen bildenden Künstlern. Während die gläserne Fassade des Großen Hauses (1044 Plätze) die Offenheit zur Stadtlandschaft herstellt und das festliche Ereignis des Theaterbesuchs präsent macht, demonstriert das Kleine Haus (353 Plätze) mit seiner geschlossenen Form Werkstattcharakter.
Auf dem Spielplan stehen Oper, Operette, Musical, Ballett und Konzert.
Mit Bühnen benachbarter Städte findet ein regelmäßiger Gastspielaustausch statt.

Parkstadion

Lage
Sportpark Berger Feld
Zufahrt über Autobahn A 2, Abfahrt GE-Buer bzw. (von Schalke-Nord) über die Kurt-Schumacher-Straße
Parkplätze an der Adenauerallee und an der Balkenstraße (Zufahrt von der B 226 und der B 227)

Lageplan
→Seite 116

Das zur Fußball-Weltmeisterschaft 1974 erbaute Parkstadion ist seither häufig Schauplatz für internationale Sportveranstaltungen, vor allem Fußball und Leichtathletik. Bestimmend für die Namensgebung waren die im Norden angrenzenden weitläufigen Grünanlagen von Schloß Berge als Teil des Buerschen Grüngürtels. Im Süden wird das Stadion (Fassungsvermögen 70000 Zuschauer) von dem (noch im Bau befindlichen) Sportpark Berger Feld gesäumt.
Das Parkstadion wurde zur neuen sportlichen Heimat eines der traditions- und erfolgreichsten deutschen Fußballklubs, des FC Schalke 04; die angestammte Glückauf-Kampfbahn der ‚königsblauen Knappen' in der Bergarbeitersiedlung Schalke konnte nämlich nicht für die Anforderungen des modernen Massensports ausgebaut werden.

*Revierpark Nienhausen

Lage
Feldmarkstr. 201

Öffnungszeiten
Badeanlage 1. Mai–15. Sept.
Spiel- u. Sportzone 1. März–31. Okt. je nach Witterung
Park und Aktivarium ganzjährig
Zugang zum Park frei; Benutzungsgebühren nur für einige besondere Einrichtungen.

Die rund 30 ha große Freizeitanlage gliedert sich in folgende Bereiche: Freizeithaus (Spiel- und Gesellschaftsräume), Badeanlage (Wellenbad, 50-m-Wettkampf- und Planschbecken, jeweils beheizt, sowie Aktivarium mit Sauna, Solarium, Kleinschwimmhalle), Parkzone (Sport-, Spiel- und Bolzplätze, Kinderspielplätze, Spiel- und Liegewiesen), Spiel- und Sportzone (Restaurant, Kioske, Go-Kart- und Moto-Cross-Bahnen, Kleingolf, Kinderautos und -boote, Grillgarten).
Auf der gegenüberliegenden Seite der Feldmarkstraße schließt sich das Wander- und Freizeitgebiet Nienhausenbusch an mit Buchenhochwald, Teich (Bootsverleih), Spiel- und Liegewiese sowie einer Tennisanlage. Über die nördliche Begrenzung (Nienhausenstraße) geht es zur Gelsenkirchener Trabrennbahn, einer der größten europäischen Anlagen dieser Art, ausgestattet mit einer Flutlichtanlage und dem modernsten Tribünenhaus Europas.

Stadtgarten

In Richtung Stadtmitte führt vom Revierpark Nienhausen ein Spazierweg durch eine Kleingartenanlage zum nahen Stadtgarten (nicht zu verwechseln mit dem Stadtwald, der im Norden der Stadt zwischen dem Berger Grüngürtel und Löchterheide/ Westerholter Wald liegt). Im Stadtgarten (zwischen Zeppelinallee und Schwarzmühlenstraße) befinden sich u. a. Wasser-, Rosen- und Dahliengärten, ein Wasserspielplatz mit Liegewiese, Rodel-, Kleingolf- und Tennisanlage sowie der Stadtgartenteich mit Fontänen.

*Ruhr-Zoo

Lage
Gelsenkirchen-Bismarck
Bleckstr. 64

Straßenbahnlinie
301 (aus Richtung Gelsenkirchen Hbf und Buer-Rathaus)

Öffnungszeiten
Sommer: 9–19, Winter: 9–17 (Kassenschluß 18 bzw. 16)

Der Ruhr-Zoo wurde 1949 in einem Park mit altem Baumbestand angelegt und zeigt ständig 1500 exotische Tiere. Besondere Attraktionen sind:
Afrika-Steppe: 20000 qm Freianlage mit Hügeln, Felsen und mehreren Wasserstellen; mehr als 80 verschiedene Tiere, u. a. neun Antilopenarten, Zebras, Strauße, Topis, Springböcke, Gnus, Büffel, Geier.
Südamerika-Steppe: zwei neue Gehege seit 1980; u. a. wilde Lama-Arten, Nandus, Coscoroba-Schwäne, Rabengeier.
Baby-Zoo mit Tierkinderstube.

1 Eingang
2 Bären
3 Papageien
4 Affeninsel
5 Hirschziegenantilopen
6 Rinder
7 Zierenten
8 Zwergziegen
9 Kamele
10 Elefanten, Flußpferde
11 Shetland-Ponys
12 Ziegen
13 Flamingos
14 Löwen, Tiger
15 Känguruhs
16 Robben
17 Kleine Raubtiere
18 Kleine Greifvögel
19 Eisbären, Pinguine
20 Rabengeier
21 Schweine
22 Hirsche, Esel, Rinder
23 Stare, Finken, Tauben
24 Antilopen, Rothirsche
25 Biber
26 Ibisse, Pelikane
27 Stelzvögel
28 Kleine Affen
29 Eulen
30 Wildkatzen
31 Nashörner, Tapire, Präriehunde
32 Wisente, Vikunjas
33 Halbaffen
34 Guanakos

Fütterungen: Seelöwen 11, 15 und (Sommer) 17; Raubtiere 18 (Sommer) bzw. 16; Pinguine 10 und 15.30; Pelikane 15.30 Uhr.

*Schloß Berge (Lageplan →S. 116)

Die Ursprünge der westfälischen Wasserburg gehen bis auf das 11. Jh. zurück, allerdings fehlen präzise Unterlagen über die frühe Geschichte des architektonisch bedeutenden Bauwerks.

Lage
Gelsenkirchen-Buer
Adenauerallee 103

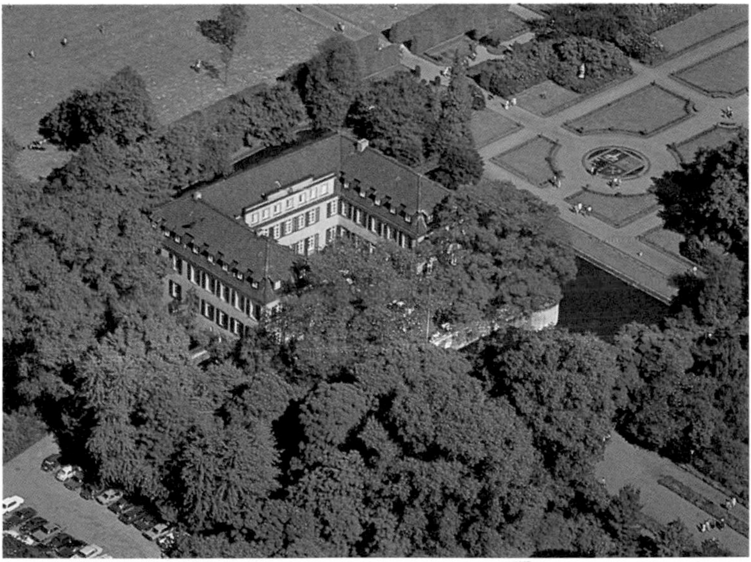

Barocker Herrensitz: Schloß Berge

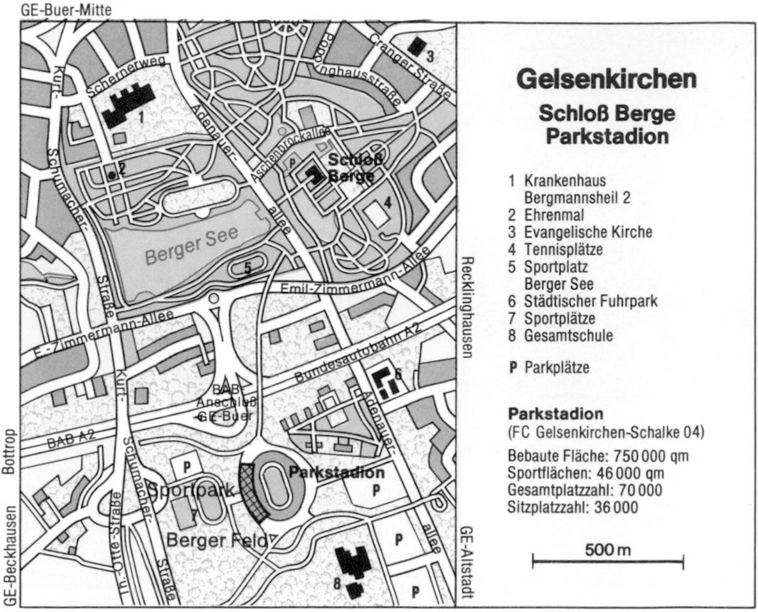

Schloß Berge
(Fortsetzung)

Buslinie
380 (ab Gelsenkirchen Hbf)

Straßenbahnlinie
302 (ab Gelsenkirchen Hbf), GE-Buer Nord, Bochum Hbf) bis Berger See

Der älteste Teil, der nördliche Hauptflügel, zeigt mit seinen 130 cm dicken Außenwänden noch deutlich den Charakter der spätmittelalterlichen Wehranlage; er wurde um 1530 gebaut.
Um 1700 wurde Schloß Berge von der Wehrburg zum komfortablen Herrensitz modernisiert. Die heutige Gestalt erhielt die Anlage jedoch erst durch großzügige Um- und Ausbauten zwischen 1785 und 1788. Der nach den Plänen des Essener Stiftsbaumeisters Kleinhorst entstandene hufeisenförmige Baukörper hatte französische Barockbauten zum Vorbild.
Das barocke Wasserschloß (im Innern ein Restaurant) ist von einem ausgedehnten Gräftensystem und reizvollen Parkanlagen (französischer Garten) umgeben.

*Schloß Horst

Anschrift
Gelsenkirchen-Horst
Schmalhorststraße

Das um 1570 im Renaissancestil errichtete Schloß war von dem kurkölnischen Statthalter Rutger von der Horst in Auftrag gegeben worden. Es bestand aus vier Flügeln, die einen großen Innenhof einschlossen. Ausgestaltet wurde der Bau von den berühmtesten Künstlern der damaligen Zeit. Das Horster Schloß ist Vorbild gewesen für zahlreiche prunkvolle Wasserburgen in Westfalen. Von der Anlage sind nur der Dienerflügel und das Erdgeschoß des Herrenflügels erhalten geblieben; dort ist heute der sehenswerte ‚steinerne Schatz‘ (Lapidarium) untergebracht. Der größte Teil des Schlosses mußte im 19. Jh. wegen Baufälligkeit abgetragen werden. Einige der schönen alten Kamine wurden im Schloß Hugenpoet (→Essen: Schloß Hugenpoet) neu aufgebaut.

In unmittelbarer Nähe von Schloß Horst liegt die Gelsenkirchener Galopprennbahn, wo jährlich einige bedeutende und traditionsreiche Veranstaltungen stattfinden.

Galopprennbahn

Stadtgarten →Revierpark Nienhausen

Städtische Kunstsammlung

Die Kunstsammlung entstand nach dem Zweiten Weltkrieg. Sie umfaßt Gemälde, Grafiken u. a. vom späten 19. Jh. bis zur Gegenwart, insbesondere Werke des deutschen und französischen Impressionismus, des deutschen Expressionismus, ferner Plastiken von Rodin, Barlach und Kolbe sowie eine Anzahl kinetischer Objekte.

Anschrift
Gelsenkirchen-Buer
Horster Str. 5–7

Öffnungszeiten
Di.–So. 10–13, 15–18

Die Sammlung ist aus dem Heimatmuseum hervorgegangen; in der naturkundlichen Abteilung ist eine große Zahl von Mineralien und Fossilien vom Erdaltertum bis zum Quartär zu sehen, die durch Diagramme, Karten, Texte u. a. erläutert werden.
Die kulturhistorische Abteilung ist der Zeit bis etwa zum 5. Jh. n. Chr. gewidmet. Sie ist nicht auf die Stadt- und Landesgeschichte beschränkt, sondern zeigt auch Gegenstände aus dem Mittelmeerraum.

Natur- und kulturgeschichtliche Sammlung

Gladbeck

Praktische Informationen →S. 200

Einwohnerzahl: 82000
Fläche: ca. 35,90 qkm
Höchster Geländepunkt: 81 m
Tiefster Geländepunkt: 30,5 m

Gladbeck, am nördlichen Rand des Ruhrgebiets gelegen, war eine der wenigen selbständigen Gemeinden in Nordrhein-Westfalen, die sich ihre Eigenständigkeit durch eine erfolgreiche Verfassungsbeschwerde erhalten konnten. Mit der kommunalen Neugliederung (1. 1. 1975) sollte Gladbeck zu Bottrop und Kirchhellen eingemeindet werden (Jargon: ‚Glabottki'). Durch ein anders lautendes Urteil vom 5. 12. 1975 mußte der Düsseldorfer Landtag die Selbständigkeit Gladbecks wiederherstellen.

Lage

Durch Urnenfunde im Ortsteil Ellinghorst konnte belegt werden, daß das Gebiet schon in vorchristlicher Zeit (ca. 1000 v. Chr.) von Kelten besiedelt worden war. Das vermutlich in karolingischer Zeit entstandene Kirchspiel Gladbeck (um 800 n. Chr.) wird 1019 erstmals urkundlich erwähnt.
Als Dorf innerhalb des Vest Recklinghausen, das bis zur Säkularisierung zum Kurfürstentum Köln gehörte, verbrachte Gladbeck ohne nennenswerte dokumentarische Spuren seine historische Zeit.

Geschichte

Die grundlegende Änderung bahnte sich an, als der Bergbau über die Emscher nach Norden vordrang und auch den Raum Gladbeck erreichte. 1873 wurde der erste Schacht der Zeche ‚Graf Moltke' abgeteuft. 1885 wurde Gladbeck selbständiges Amt, 1919 Stadt.

Kohlenbergbau

Gladbeck (Fortsetzung)
Wirtschaft

Aufgrund der einseitigen, vom Bergbau bestimmten Wirtschaftsstruktur geriet die Stadt mit der ersten Bergbaukrise (1958) in Zugzwang: Die Bemühungen zur wirtschaftlichen Umstrukturierung, die in Ansätzen schon nach der Weltwirtschaftskrise (1930) begann, wurden verstärkt fortgesetzt und zeigten nach 1960 spürbare Erfolge, als zahlreiche nicht-bergbauliche Industriezweige in Gladbeck neu angesiedelt werden konnten – sowohl Klein-, Mittel- wie auch Großbetriebe. 1963 wurde die erste Zeche stillgelegt (Zeche ‚Zweckel'), 1971 mit ‚Graf Moltke' die letzte von insgesamt fünf. Die 11000 Arbeitsplätze, die im Bergbau verloren gegangen sind, konnten bis 1980 ersetzt werden.

Verkehr

Die Autobahn A 2 (Dortmund–Oberhausen) läuft durch das Stadtgebiet ebenso wie die Bundesstraßen B 224 und B 226 jeweils mit Anschlüssen an die Verbindungsschnellstraßen zwischen der A 42 (Anschluß bei Bottrop) und der A 43 (Anschluß bei Marl).

*Wasserschloß Wittringen

Lage
Burgstraße

Buslinie
189 (ab Essen Hbf) bis Stadion; von dort 5 Minuten Fußweg

Der traditionsreiche Rittersitz wurde mehrfach verändert und ausgebaut. Die ursprüngliche Anlage stammt aus dem 17. Jh. An- und Umbauten um 1920 haben das historische Aussehen jedoch deutlich verändert.
Haus Wittringen ist jetzt von einem nachempfundenen Renaissancestil geprägt; erhalten blieb aber die Vorburg mit dem Torhaus von 1706.
In dem Schloßbau befinden sich heute das Museum der Stadt Gladbeck sowie ein Restaurant. Der ca. 50 ha große Stadtwald, in dem das Wasserschloß liegt, wurde inzwischen zu einem Naherholungs- und Freizeitgebiet umgestaltet. In dem Wittringer Park befinden sich u. a. Vogelwarmhaus und -freigehege, Aquarium, Waldspielplatz, Kleingolf-, Bogenschieß- und Tennisanlagen, Freibad und Stadion.

Hagen

Praktische Informationen →S. 200/201

Einwohnerzahl: 218000
Fläche: 160,3 qkm
Höchster Geländepunkt: 438 m
Tiefster Geländepunkt: 86 m

Lage

In dem Talkessel, wo Ennepe, Lenne und Volme in die Ruhr fließen, hat die Großstadt Hagen das Sauerland mit dem Industrierevier verknüpft: auf den Hochflächen im Stadtgebiet viel Wald und wenig Besiedlung, in den Talbuchten von Ennepe und Volme dichtbesiedelte Industriestraßen. Hagen ist Oberzentrum (mit zahlreichen Verbänden und Organisationen) und Einkaufszentrale für das westliche Sauerland.

Geschichte

Etwa um die Jahrtausendwende taucht Hagen als Oberhof des Erzbischofs von Köln in den Chroniken auf. 1324 wurde die Burg Volmarstein erobert, und Hagen kam zur Grafschaft Mark. Obwohl an einer nicht unwichtigen Handelsstraße gelegen, hatte Hagen lange Jahrhunderte – im Gegensatz zu den Nachbarn Breckerfeld und Iserlohn – keinerlei Bedeutung.

Klingenschmiede

Das änderte sich 1661, als Solinger Klingenschmiede in Hagen ihre Fabrikation aufnahmen. Wenig später ließ der Große Kurfürst in Eilpe bei Hagen eine Arbeitersiedlung errichten; zahlreiche Klingenschmiede aus dem Bergischen Land kamen hierher. Zur selben Zeit begannen auch Tuchfabriken und Webereien mit ihrer Produktion in Hagen, das 1746 zur preußischen Stadt erhoben wurde. Die Handelsbeziehungen reichten bis nach Rußland. Die wirtschaftliche Bedeutung Hagens festigte sich, als 1845 in Haspe ein Hüttenwerk gegründet und die eisenverarbeitende Industrie hier heimisch wurde.

Wirtschaft

Heute ist die wirtschaftliche Struktur immer noch von Eisen und Stahl geprägt (wegen der günstigen Lage zu den Kohlenzechen im Ruhrgebiet); die Betriebe liefern die Halbfabrikate für die sauerländische und bergische Metallindustrie. Daneben haben sich in Hagen große Produktionsunternehmen der Papiererzeugung und der Lebensmittelbranche (Brandt, Villosa) niedergelassen.

Verkehr

Hagen liegt im Schnittpunkt der Autobahnen A 1 (Münster–Köln) und A 45 (Dortmund–Frankfurt), ergänzt durch die A 46 von Hagen nach Iserlohn-Hemer. Im Stadtgebiet kreuzen sich die Bundesstraßen B 7 und B 54. Der Bahnhof in Hagen ist eine wichtige Drehscheibe für den Güter- und Personenverkehr: Hier treffen sich die Strecken aus Nordwest (Münster–Dortmund), Nordost (Bielefeld–Hannover), Südwest (Köln–Koblenz) und Südost (Frankfurt).

Kultur

Das vielfältige kulturelle Leben ist gekennzeichnet durch die Städtischen Bühnen (alle Sparten der darstellenden Kunst),

Im Freilichtmuseum Mäckingerbachtal

Kultur (Fortsetzung)

die Fernuniversität (seit 1975) und das Westfälische Freilichtmuseum Mäckingerbachtal. Das renommierte Essener Folkwang-Museum wurde in Hagen gegründet (1902–1922).

Freizeit

Veranstaltungsorte sind in Hagen die Stadthalle und (für Sport) die Ischelandhalle. Das Freizeit- und Erholungsangebot lebt von der Nähe zum Sauerland und dem Bergischen Land. Zu erwähnen sind u. a. Sternwarte mit Eugen-Richter-Turm, Wildpark Deerth, Saupark Haspe, Wildpark Loxbaum, Märchenwald Holthausen, Harkortsee und Hengsteysee (→Herdecke), Golfplatz Berchum-Tiefendorf, Go-Kart-Bahn Selbecke und Flugplatz Wahl (Möglichkeit zu Stadtrundflügen).

**Freilichtmuseum Mäckingerbachtal

(Westfälisches Freilichtmuseum Technischer Kulturdenkmale)

Lage
Mäckingerbachtal, Hagen-Selbecke

Buslinie
507 (ab Hagen Hbf)

Richtung
südlich; über B 54 Richtung Siegen oder A 45 (Abfahrt Hagen-Süd)

Auf 34 ha Fläche wurden in mehreren Bauabschnitten technische Kulturdenkmäler, die an verschiedenen Orten (nicht nur im Sauerland) abgetragen worden waren, originalgetreu wiederaufgebaut. Schwerpunkt ist die Darstellung der historischen Stahl- und Eisenverarbeitung, wie sie in den Tälern des Sauerlandes mit Hilfe von Wasserkraft praktiziert worden ist. Weitere interessante Abteilungen des Freilichtmuseums sind u. a.: Holz, Papier, Druck; Backen, Brauen, Brennen; Spinnen, Weben, Färben; Häute, Felle, Leder, Pelze. Wahrzeichen des Museums ist eine Windmühle auf einer Höhe am Eingang des Tales.

Haus Harkorten

Lage
Hagen-Haspe (Richtung Haßlinghausen/Volmarstein)

Das 1756 im bergisch-märkischen Rokokostil erbaute Patrizierhaus war die Geburtsstätte des westfälischen Sozialpolitikers und Industriepioniers Friedrich Harkort. Bemerkenswert sind die Türen, der zweigeschossige Giebel mit Mansarddach sowie die Schieferverkleidung der oberen Stockwerke.

*Karl-Ernst-Osthaus-Museum

Anschrift
Hochstr. 73

Der Hagener Bankier und Kunstmäzen Karl Ernst Osthaus holte um die Jahrhundertwende zahlreiche Vertreter des damals neuen Stils in der bildenden Kunst – also Architekten und Formgestalter wie Gropius, van de Velde, Mies van der Rohe, Le Corbusier, Behrens, Lauwericks – in die junge Industriestadt. Der Hagener Jugendstilimpuls beeinflußte die Bauhausarbeit ebenso wie die moderne Architektur.
Der Museumsbau wurde 1902 als erstes Monumentalwerk des neuen Stils in Deutschland fertiggestellt; die Innengestaltung betreute Henry van de Velde. Besonders eindrucksvoll ist heute noch – nach umfassender Erweiterung – die Eingangshalle des Altbaus, die vom Souterrain ins Treppenhaus führt.
Christian Rohlfs' Hauptwerke sind (neben anderen Exponaten der deutschen und internationalen Kunst des 19./20. Jh.s) zu sehen im Osthaus-Museum, das auch regelmäßige Wechselausstellungen zeigt. Ein Großteil der Sammlung wurde nach Osthaus' Tod (1921) nach Essen verkauft, wo damit der Grundstock für das heutige Folkwang-Museum gelegt wurde. Im Keller des Hagener Museums befinden sich Möbel und Kunsthandwerk des Jugendstils sowie Archipenko-Modelle.

Hagen
Parkplatz, Turmwindmühle Janwlecke

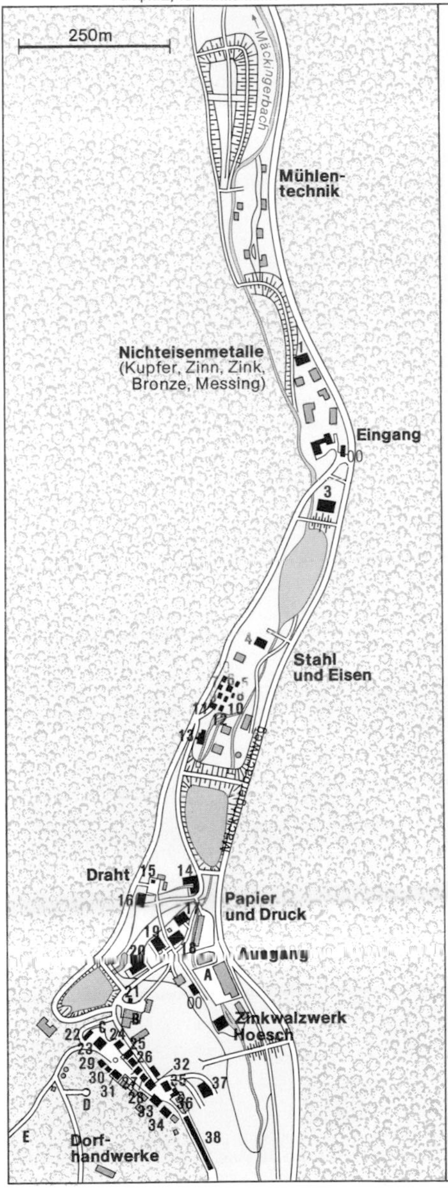

Westfälisches Freilichtmuseum Technischer Kulturdenkmale

Museumspark Mäckingerbach Hagen-Selbecke

A Bau- und Betriebshof, Bauleitung
B Hof Arens (privat)
C Imbißstätte
D Aussichtspunkt
E Meilerplatz

1 Reidemeisterhaus Piepenstock (derzeit Museumsverwaltung)
2 Gelbgießerei Kunstmann (Messinggießerei)
3 Kupferhammer
4 Deutsches Schmiedemuseum (ehem. Neunkirchener Rathaus, 1754–56)
5 Kaffeemühlenschmiede
6 Windenschmiede
7 Kettenschmiede
8 Nagelschmiede
9 Kleineisenzeugschmiede
10 Bohrerschmiede Sauerbrey
11 Feilenhauerei
12 Beilschmiede
13 Hammerwerk Ante
14 Sensenhammer Suberg
15 Holmacherei
16 Drahtzieherei Pfeffermühle
17 Pappemühle
18 Haus Vorster (Setzerei)
19 Papiermühle
20 Öl- und Sägemühle
21 Kornkasten
22 Remise
23 Gasthof zur Post (Restaurant)
24 Brauerei Harkorten
25 Schnapsbrennerei
26 Mairie Boele
27 Krämerladen
28 Bäckerei
29 Huf- und Wagenschmiede Hakenberg
30 Stellmacherei Gehrmann
31 Haus Petersen (Holzschuhschnitzerei)
32 Tabakfabrik Herbermann
33 Haus Sümmern (Webtechnik)
34 Blaufärberei
35 Goldschmiedehaus
36 Weißgerberei
37 Dampfmahlmühle (vom Gut Reichsmark)
38 Royal-Reeperbahn Lefgen (aus Glandorf)

00 Toiletten

Jugendstil in Hagen

Weitere sehenswerte Jugendstil-Dokumente in Hagen sind z. B. die Glasfenster im Hauptbahnhof, der Hohenhof und die Häuser am Stirnband, die Villa Cuno (Haßleyer Straße) sowie das Krematorium auf dem Friedhof im Stadtteil Delstern (an der B 54, Richtung Siegen). Es war das erste Krematorium in Preußen, erbaut 1906/08 von Peter Behrens. Auf dem Friedhof befindet sich das Urnengrab des Malers Christian Rohlfs (1849–1938) mit der Barlach-Plastik „Lehrender Christus".
Ein besonders gut erhaltener Baukomplex der Jugendstilarchitektur ist die Siedlung „Wasserloses Tal" an der Walddorfstraße. Die Sozialsiedlung wurde 1908 errichtet.

*Schloß Hohenlimburg

Anschrift
Hagen-Hohenlimburg
(an der B 7 nach Iserlohn)
Alter Schloßweg 30

S-Bahn
Linie 50 (ab Hagen Hbf) bis Bahnhof Hohenlimburg

Buslinien
505, 508, 518, 525 bis Hohenlimburg-Mitte

Die Burg war das Zentrum der kleinen Grafschaft Limburg, die sich im jahrhundertelangen Kampf mit der umliegenden größeren Grafschaft Mark ihre Selbständigkeit erhalten konnte, ehe sie Ende des 16. Jh.s an die Fürsten von Bentheim-Tecklenburg fiel.
Hoch über dem Ort Hohenlimburg – im Mittelalter schon ein wichtiger Standort für das eisenverarbeitende Handwerk – wurde die Burg 1230 von Graf Dietrich von Isenburg erbaut. Der streitbare Ritter, dessen Vater Friedrich 1226 wegen des Mordes am Kölner Erzbischof Engelbert hingerichtet worden war, hatte zuvor 800 m weiter südlich eine ältere Burg des Grafen Adolf von der Mark zerstört; Teile dieser Befestigungsanlage sind heute noch sichtbar. Im Kampf gegen die Marker erhielt Dietrich Unterstützung von seinem Oheim, dem holländischen Herzog Heinrich von Limburg; daher der Name.

Schloß Hohenlimburg: Vorburg

Die alte Burg ist in vielen Teilen erhalten und in ihrem ursprünglichen Grundriß erkennbar geblieben, obwohl sie bis ins 18./19. Jh. hinein mehrfach umgebaut wurde. Die Vorburg stammt aus dem 18. Jh. Beachtenswert sind die schönen Fachwerkerker und das schmiedeeiserne Brunnenhaus.

Heimatmuseum

Im Innern des Schlosses ist heute auch das Heimatmuseum Hohenlimburg untergebracht, das viele schöne alte Einrichtungsgegenstände zeigt.

Fachwerkhäuser

Im Ort Hohenlimburg selbst gibt es noch eine Reihe gut erhaltener Fachwerkhäuser, z. B. „Die sieben Kurfürsten", die Wohnungen für die ehemaligen Burgdiener.

Naturschutzgebiet Weißenstein

Vor dem Ortseingang liegt zu beiden Seiten der Bundesstraße B 7 (aus Richtung Hagen) das Naturschutzgebiet Weißenstein. Um die hochaufragenden hellen Kalkfelsen (daher der Name) herum bietet ein lichter Buchenwald die botanische Heimstatt für einige seltene Pflanzen. Auch der danebenliegende Weiher ist noch ein Stück lebendige Natur mit seltenen Tieren und Pflanzen.

Lennepark

Der kleine, aber reizvolle Lennepark ermöglicht schöne Ausblicke auf das Rathaus (mit Glockenspiel) und bis zum Schloß hinauf.

Wasserburg Werdringen

Lage
Hagen-Vorhalle

Zwischen Kaisberg und Harkortsee liegt dieses älteste Baudenkmal auf Hagener Gebiet, das von der Stadt zu einem Freizeitzentrum ausgebaut wird. Die Burg stammt im wesentlichen aus dem 13. Jh. Sie war ein riesiger Herrensitz, der 1332 in einem Dokument des Stiftes Essen als „Hof to Werderynck" erstmals urkundlich genannt wird und zu dem Zugbrücke, flankierende Wehrtürme und eine Kapelle gehörten. 1840 wurden Herrenhaus und Brücke im neugotischen Stil – angepaßt an die landschaftliche Romantik, die von den Wassergräben, den efeubewachsenen Mauern und dem großen Park ausstrahlt – umfangreich restauriert.

Hamm (Westfalen)

Praktische Informationen →S. 201/202

Einwohnerzahl: 180000
Fläche: 226 qkm
Höchster Geländepunkt: 102 m
Tiefster Geländepunkt: 50 m

Lage

Gelegen in der Nordostecke des Ruhrgebiets, an den Ufern von Ahse und Lippe, wurde Hamm durch zahlreiche Eingemeindungen während der kommunalen Neugliederung 1975 zu einer der flächengrößten Großstädte im Bundesgebiet. Dadurch wurde Hamms Bedeutung als Mittelzentrum zwischen Münsterland und Hellweg entscheidend gestärkt.

Geschichte

Die Stadt wird 1226 erstmals urkundlich erwähnt. Damals siedelte Adolf von der Mark hier die aus Nienbrügge vertriebenen Bürger an. Doch die Ursprünge der Besiedlung dürften bis in

Geschichte (Fortsetzung)

die Zeit der sächsischen Kaiser (um 1000 n. Chr.) zurückreichen. Im frühen 14. Jh. galt das damals schon 3000 Einwohner zählende Hamm als leistungsfähigste der märkischen Städte, die es bei Bündnissen und (zusammen mit Unna) seit dem 15. Jh. auch bei der Hanse vertrat. Das 16. Jh. und vor allem der Dreißigjährige Krieg brachten jedoch einen erheblichen Niedergang; nach dem Westfälischen Frieden (1648) sorgte die preußische Verwaltung in der seit 1609 brandenburgischen Stadt für neue Impulse vor allem im kirchlichen und schulischen Bereich (‚Gymnasium illustre', gegr. 1657). Friedrich II. ließ die Festung schleifen, aber die Einrichtung von Ämtern und einer Garnison leitete die Erholung ein, die im 19. Jh. durch Schiffbarmachung der Lippe (1820) und Anschluß der Stadt an die Eisenbahn (1848) wesentlich verstärkt wurde. Erst als in der zweiten Jahrhunderthälfte der Bergbau vor den Toren der Stadt haltmachte, geriet Hamm ins Abseits. Durch die Gebietsreformen von 1969 und 1975 wuchs die Einwohnerzahl auf über 100000 an.

Wirtschaft

Hamm ist seit der Kommunalreform von 1975 eines der bedeutendsten Zentren der Montanindustrie im Ruhrgebiet; zwei Kohlenzechen fördern noch im Stadtbereich. Doch die Metallindustrie (Draht- und Röhrenwerke u. a.) wie die chemische und die Textilindustrie sind von der gegenwärtigen Wirtschaftskrise besonders betroffen.

Verkehr

Hamm liegt im nördlichen Schnittfeld des Autobahnkreuzes Kamen (A 1 / A 2) und ist damit hervorragend an das Fernstraßennetz angebunden. In der Innenstadt kreuzen sich die Bundesstraßen B 61 (Lünen–Wiedenbrück) und B 63 (Werl–Drensteinfurt). Der Bahnhof Hamm ist eine wichtige Drehscheibe des Personenverkehrs und einer der größten Verschiebebahnhöfe Europas. Der Hafen Hamm ist Endpunkt des Lippe-Seitenkanals (auch Hamm-Datteln-Kanal). Vom Flugplatz auf den Lippewiesen Rundflüge.

Kultur

Hamm besitzt u. a. eine Musikschule, eine Volkshochschule und eine Bücherei. Im Kurhaus Bad Hamm finden Theater- und Konzertgastspiele statt; der städtische Musikverein kooperiert mit Gesangssolisten namhafter Opernhäuser. In kirchlichen (Max-Reger-Tage) und städtischen Konzertreihen wird die Oratorienmusik gepflegt. Auf der Waldbühne Hamm-Heessen werden seit 60 Jahren die westfälischen Freilichtspiele veranstaltet.

Landesgartenschau 1984

Für die erste nordrhein-westfälische Landesgartenschau (1984) wird das Gelände der ehemaligen Zeche Maximilian zum Freizeitpark umgestaltet. In der einstigen Kohlenwäsche errichten der Stuttgarter Horst Rellecke einen gläsernen Elefanten (mit Aussichtsplattform) und der Wiener Friedensreich Hundertwasser ein ‚Ökohaus'.

Altstadt

Die ältesten Bürgerhäuser des im Zweiten Weltkrieg stark beschädigten Stadtkerns stammen aus dem 17. Jahrhundert.

Stuniken-Haus

Das in der Antonistraße stehende spätbarocke Kaufmannswohnhaus wurde 1978–1981 instandgesetzt; es beherbergt heute ein Restaurant.

Rathaus von Hamm

Vorschulze-Haus

In der Südstraße steht das gleichfalls spätbarocke Vorschulze-Haus (1744), heute Sitz der städtischen Kulturverwaltung (mit Ausstellungsräumen).

*Gustav-Lübcke-Museum

Anschrift
Museumstr. 2

Öffnungszeiten
Di.–Sa. 10–16,
So. 10–13

Das Museum ist nach dem Kunsthändler Gustav Lübcke benannt, der im Jahre 1917 seine reichen Privatsammlungen seiner Vaterstadt Hamm stiftete. Die vor- und frühgeschichtliche Abteilung zeigt Werkzeuge und Gerät von der Stein- bis zur Eisenzeit. Die ägyptische Sammlung enthält u. a. Mumienporträts, Kleinplastiken und koptische Textilien. Auch Kleinkunst der griechischen und römischen Antike ist zu sehen.
Den weitaus größten Teil der Bestände bilden Mobiliar, Plastiken, Keramik, Gläser, Buchmalerei und Graphik seit der Gotik, vieles davon aus der näheren und weiteren Umgebung. Bemerkenswert ist auch das etwa 18000 Stücke umfassende Münzkabinett.

Haus Uentrop

Lage
Hamm-Uentrop

Auf der Wallruine eines römischen Kastells entstand zunächst 1022 ein Grenzbollwerk der Cappenberger Grafen. 1265 unterstellte Graf Adolf von der Mark – 30 Jahre vor Gründung der Stadt Hamm – das Burghaus der Ritterfamilie von der Recke. Weil die Burg so groß war, wohnten hier zeitweise zwei märkische Adelsfamilien schiedlich-friedlich miteinander. Nachdem die Gebäude 1679 durch einen Großbrand weitgehend vernich-

Haus Uentrop (Fortsetzung)

tet worden waren, wurde 1720 der jetzige Bau im schlichten Stil des Klassizismus neu errichtet.

St. Pankratius (ev. Pfarrkirche Mark)

Lage
Hamm-Mark

Die ursprünglich um das Jahr 1000 erbaute Kirche enthält im Westturm und in der Südwand romanische Baureste. Der Raumeindruck wird jedoch von dem gotischen Querhaus und Chor geprägt. Der Taufstein stammt aus dem 13. Jh.; die um 1330–1340 entstandenen Fresken im Chor wurden 1908 wiederentdeckt.

St. Paulus

Lage
Am Markt

Im Gründungsjahrhundert der Stadt wurde die Pauluskirche errichtet. Mehrfach, zuletzt im Jahre 1945, wurde sie stark beschädigt, aber stets erneuert. Noch aus der Romanik stammen Querschiff und Chorjoch; das Langhaus und der quadratische Turm entstanden um 1330.

St. Regina (kath. Pfarrkirche)

Lage
Hamm-Rhynern

St. Regina ist wohl die älteste Kirche im Stadtgebiet; sie dürfte im späten 12. Jh. entstanden sein und zeigt hochromanische Bauformen. An den quadratischen Westturm schließt das dreischiffige Langhaus an. Im durchgehend überwölbten Inneren ein romanischer Taufstein, der Reginenschrein von 1457 und ein in Antwerpen gefertigter Hochaltar (16. Jh.).

Wasserschloß Heessen

Lage
Hamm-Heessen

Die dreieckige Wasserburg (heute Internat) liegt an einem Nebenarm der Lippe, etwa 500 m östlich des allerersten Burghügels. Am heutigen Standort bauten die Ritter von der Recke in der Zeit der Gotik eine Burg zum Schutze der Handelsstraße von Soest nach Münster. Die Anlage wurde später durch barokke und klassizistische Erweiterungen und Erneuerungen verändert. 1905 restaurierte man den Bau nach alten Vorlagen in der originalen Form des 16. Jahrhunderts. Gut erhalten sind das Torhaus (1590) und der Giebelturm über der Hochtreppe. Die neugotische Schloßkapelle ist ein Werk des englischen Architekten Sidney Tugwell.

Wasserschloß Oberwerries

Lage
Hamm-Werries

Das Haupthaus des barocken Wasserschlosses wurde 1684–1692 durch den Kapuziner-Baumeister Ambrosius von Oelde errichtet, der fast gleichzeitig das Schloß von Ahaus im nördlichen Münsterland baute. Das seit 1781 unbewohnte Schloß kam 1944 als Ruine in den Besitz der Stadt, die 1972 und 1975 am Haupthaus umfangreiche Sanierungsarbeiten durchführen ließ. Den zum Schloß gehörenden Marstall (1730–1735) erbaute Johann Conrad Schlaun, der bekannteste münstersche Baumeister des 18. Jahrhunderts.

Hattingen

Praktische Informationen →S. 202/203

Einwohnerzahl: 61 000
Fläche: 71,34 qkm
Höchster Geländepunkt: 309 m
Tiefster Geländepunkt: 60 m

Lage

Die zum Ennepe-Ruhr-Kreis gehörende Stadt Hattingen liegt am südlichen Rande des Ruhrgebiets, im Niederbergischen Hügelland an der Ruhr. Das Altstadtbild hat heute noch mittelalterliche Prägung.

Geschichte

Das Dorf Hattingen, das sich um einen Königshof gebildet hatte, wird erstmals 990 urkundlich genannt. Vom 13. Jh. an gehörte es zur Grafschaft Mark und erhielt um 1350 Markt- und Stadtrechte. Seit dem 17. Jh. waren in Hattingen Eisenverarbeitung und Textilherstellung zu Hause.

Wirtschaft

Der eigentliche Aufschwung begann erst 1850 mit dem Erzabbau, dem sich Kohlenhandel und Eisenindustrie angliederten. Die wirtschaftliche Struktur hat sich bis heute kaum verändert, wenngleich Kleingewerbe und Dienstleistungsbetriebe immer wichtiger geworden sind.

Verkehr

Verkehrsmäßig liegt Hattingen an der Revier-Randzone etwas abseits, hat aber über die Bundesstraßen B 51 (Richtung Bochum) und B 227 (Richtung Essen) gute Anschlüsse an das Fernstraßennetz.

Freizeit

Die Grenzlandschaft zwischen Ruhrtal und Bergischem Land bietet eine Reihe naturschöner Erholungs- und Ausflugsziele. Zu nennen ist besonders (neben den im einzelnen beschriebenen Orten und Sehenswürdigkeiten) die Elfringhauser Schweiz zwischen Nierenhof und Langenberg (ca. 5 km südlich), eine hügelige Waldlandschaft, die vor rund 1200 Jahren Teil des Grenzwaldes zwischen Franken und Sachsen war.

*Altstadt

Kaum anderswo im Ruhrgebiet hat sich das mittelalterliche Stadtbild so dicht bis in die heutige Zeit bewahren können wie in der Altstadt von Hattingen (alljährlich im Sommer Altstadtfest). Vor allem um die Georgskirche (Baukern aus dem 13. Jh., aber durchgreifende Umbauten um 1535 und um 1800) reihen sich die schmucken Fachwerkhäuser auf; sie stammen meist aus dem 16.–18. Jahrhundert.

Rathaus

Gegenüber liegt das Alte Rathaus, ein stattlicher Renaissancebau aus dem Jahre 1576. Der steinerne Grundbau war früher ein mittelalterliches Handwerkshaus; darüber liegen Fachwerk-Geschosse; im Inneren das Heimatmuseum.

Burg Blankenstein

Lage
Hattingen-Blankenstein
Burgstr. 16

Hoch über dem Ruhrtal – nördlich der Stadt, im Grenzbereich zu Bochum – errichtete Graf Adolf I. von der Mark im 13. Jh. eine Festung, von der heute nur noch das Burgtor und der

Alte Stadtmauer von Hattingen

Burg Blankenstein
(Fortsetzung)

Buslinien
350 (ab Witten Hbf),
352 (ab Bochum Hbf) und
591 (ab Bahnhof Hattingen bzw. ab Witten Hbf) bis Burg Blankenstein

Richtung
Wanderweg zur Wasserburg Haus Kemnade und (ab Blankenstein) Wanderweg XR zum südlichen Ruhrhöhenweg

Bergfried (30 m hoch, gute Aussicht) erhalten sind. Auf Burg Blankenstein wurden Bochum, einer alten Überlieferung zufolge, im Jahre 1321 durch den Grafen Engelbert II. von der Mark die Stadtrechte verliehen.
Die Burg Blankenstein wurde aus den Steinen der zerstörten Isenburg (bei Hattingen) erbaut, dann aber Mitte des 17. Jh.s abgetragen (da sie militärisch wertlos geworden war), und ihre Steine dienten zum Ausbau der Wasserburg Haus Kemnade (→Bochum).
In der Burgruine, heute ein beliebtes Ausflugsziel, befindet sich ein Restaurant. Unweit der Burg liegt der 1807 eingerichtete ‚Irrgarten', ein ehemaliger bürgerlicher Privatpark.

Horkenstein

Lage
Bahnhofstr. 48 (im Hof)

Der Horkenstein ist ein alter germanischer Opferstein, 3 × 1 × 1 m groß. Er lag ursprünglich auf einer Anhöhe der anderen Ruhr-Seite (heute Horkensteinweg, Stadt Bochum). Eine Blutrinne auf dem Stein erinnert an die Opferfeste zu Ehren der heidnischen Götter.

Museumszug im Ruhrtal

→Praktische Informationen,
Allgemeine Verkehrseinrichtungen

Wasserburg Haus Kemnade

→Bochum: Wasserburg Haus Kemnade

Herdecke

Praktische Informationen →S. 203

Einwohnerzahl: 24000
Fläche: 22,34 qkm
Höchster Geländepunkt: 240 m
Tiefster Geländepunkt: 90 m

Lage

Herdecke im Ennepe-Ruhr-Kreis am Fuße des Ardeygebirges ist sozusagen der Grenzposten des Ruhrgebietes zu Hagen und dem Sauerland. Das Stadtbild ist heute noch maßgeblich von Fachwerkhäusern bestimmt.

Geschichte

Die Siedlung, die um das 810 gegründete Kanonissenstift gruppiert war und um 1100 selbst in den historischen Akten auftaucht, gehörte zur Grafschaft Mark. 1355 erhielt Herdecke Marktrecht und entwickelte sich zu einem kleinen Zentrum für den heimischen Kornhandel. 1739 ist Herdecke zur Stadt erhoben worden.

Bildung

Im Mai 1983 wurde mit der Universität Witten-Herdecke die erste Privatuniversität der Bundesrepublik Deutschland eröffnet. Als Ausbildungsstätte für Mediziner dient zunächst das anthroposophisch ausgerichtete Gemeinschaftskrankenhaus Herdecke.

Wirtschaft

Seit dem späten Mittelalter lebt der Ort von der Textilindustrie, zu der sich im 20. Jh. noch eine kleine metallverarbeitende und chemische Industrie gesellten sowie ein Wärmekraftwerk.

Verkehr

Herdecke hat Anschluß an die Autobahn A 1 (Dortmund–Wuppertal). Im Ort kreuzen sich die Bundesstraßen B 54 (Hagen–Dortmund) und B 234 (Dortmund–Düsseldorf).

Freizeit

Das Freizeit- und Erholungsangebot ist geradezu ideal, da das Städtchen mitten im grünen Grenzbereich zwischen Ruhrtal (mit Harkort- und Hengsteysee) und Sauerland unweit vom →Bergischen Land liegt.

Evangelische Pfarrkirche

Die ehemalige Stiftskirche gilt als eine der ältesten Kirchen Deutschlands. Sie wurde von einer Tochter Karls d. Gr. gegründet. Die ursprüngliche karolingische Kapelle ist allerdings in der Folgezeit (v. a. im 13. Jh.) erheblich erweitert worden.

*Harkortsee / Hengsteysee

Lage
südwestlich bzw. östlich vom Zentrum

Der südwestlich vom Zentrum gelegene Harkortsee entstand 1930 durch Aufstauen der Ruhr. Bei etwa 3 km Länge und bis zu 600 m Breite faßt er 3,3 Mio. cbm Wasser.
Etwas weiter flußaufwärts, östlich des Stadtgebietes, wurde 1928 der Hengsteysee angelegt, der erste Stausee der Ruhr.
Beide Seen, von den bewaldeten Sandsteinhöhen des Ardeygebirges überragt, bieten abwechslungsreiche Freizeit- und Wassersportmöglichkeiten und spielen daher als Naherholungsgebiet besonders für den Raum Dortmund–Hagen eine wichtige Rolle.

Herne

Praktische Informationen →S. 203/204

Einwohnerzahl: 185000
Fläche: 51,38 qkm
Höchster Geländepunkt: 130 m
Tiefster Geländepunkt: 34 m

Lage

Die Stadt Herne – zu der seit der kommunalen Neugliederung 1975 auch die 1926 gebildete Stadt Wanne-Eickel gehört – liegt im geographischen Mittelpunkt des Reviers, zwischen Recklinghausen, Castrop-Rauxel, Dortmund, Bochum und Gelsenkirchen.

Geschichte

Schon im 9. Jh. tauchte der Name ‚Haranni' in den Heberegistern der Werdener Benediktinerabtei auf. Um 1142 ließ sich im Gebiet der früheren Stadt Herne das Rittergeschlecht derer von Strünkede nieder, die über Jahrhunderte hin das Leben hier bestimmten. Beim vergeblichen Versuch, 1426 die Klever Lehnshoheit abzuschütteln, verlor Herne allerdings die Gerichtsherrschaft. Später, als es in brandenburgischem Besitz war (1614–1806), bekam es sie wieder.

Wanne-Eickel

Älter noch als Herne ist in schriftlichen Zeugnissen der Name Eickel. Aus dem Jahre 774 gibt es, auf Baumrinde notiert, Hinweise über die Burg Eclo (Eichenwald). In dieser Zeit soll dort der mächtige Tabo geherrscht und auch über die Gegend von Gelsenkirchen verfügt haben. In Schriften aus dem 12. Jh. wird zum erstenmal Bickern erwähnt, das erst Ende des 19. Jh.s in Wanne umgetauft wurde.

Industrialisierung

Der Einflußbereich aller Stadtteile war früher auf die bäuerlichen Gemeinschaften in der engeren Nachbarschaft beschränkt. Die kommunalen Grenzen wurden im 19. und 20. Jh. geändert, aufgelöst, neu gebildet; zunächst auch noch, als durch die Industrialisierung die regionale Bedeutung von Herne wuchs: 1847 Anschluß an die Eisenbahnstrecke Köln–Minden, 1856 Bau der ersten Zeche. Lange Jahre lebte Herne fast ausschließlich vom Kohlenbergbau und einigen Zulieferbetrieben. Noch um 1955 waren auf Herner Zechen rund 30000 Menschen beschäftigt. So wurde die Stadt besonders schmerzlich von der ersten Bergbaukrise getroffen.

Wirtschaft

Inzwischen ist die wirtschaftliche Monostruktur abgebaut worden, durch zahlreiche neue Betriebe aus verschiedenen Industriebereichen konnte Hernes Wirtschaft krisenfester gemacht werden. So z. B. wurde das Gelände der 1978 stillgelegten Schachtanlage ‚Friedrich der Große' (im Kumpeljargon ‚Piepenfritz') in kürzester Zeit zu einem Industriepark umgestaltet, mit dessen neuer Bebauung Anfang 1982 begonnen wurde. Die übermächtige Kohlevergangenheit ist freilich dennoch überall deutlich: Allein 34 Arbeiterkolonien in Herne und Wanne-Eickel zeigen die unterschiedlichen architektonischen Phasen des Industriezeitalters.

Verkehr

Mitten im Stadtgebiet kreuzen sich die Autobahnen A 42 (Duisburg–Dortmund) und A 43 (Münster–Wuppertal). Durch die Stadt führen die Bundesstraßen B 51 und B 226 von Bochum nach Dorsten und Recklinghausen. Der Rhein-Herne-Kanal zählt zu den meistfrequentierten deutschen Wasserstraßen.

Bundesbahn (mit den beiden Bahnhöfen Herne und Wanne-Eickel), S-Bahn und U-Bahn ergänzen die gute lokale und überregionale Verkehrsanbindung.

Kultur

Das lange Zeit stiefmütterlich behandelte kulturelle Leben hat sich in den letzten Jahren stark entwickelt. Dazu gehören heute vor allem das Emschertalmuseum, die Bühnen im Saalbau und im Kulturzentrum, die Volkshochschule; sie alle melden von Saison zu Saison steigende Besucher- und Teilnehmerzahlen.

Freizeit

Wenn es um Sport- oder Parkanlagen geht, um Kleingärten, Spazierwege, Bäume oder Gewässer, dann ist Herne eine Stadt wie die meisten anderen. Die Besonderheit: Als erste Stadt richtete Herne einen Revierpark ein (am Gysenberg). Und weil dies ein großer Erfolg war, gibt es inzwischen fünf Revierparks.

Solebad

Zu erwähnen ist das Solebad mit Rheumaklinik in Wanne-Eickel. Die Sole aus der Wilhelmsquelle, aus dem Steinkohlengebirge tief unter Tage, ist so heilwirksam, daß immer mehr Anmeldungen (auch zur ambulanten Behandlung) kommen.

Emschertalmuseum

Anschrift
Schloß-Strünkede-Str. 80

Öffnungszeiten
Di.–So. 10–13 und 14–17

Das Emschertalmuseum, eines der reichhaltigsten westfälischen Regionalmuseen, präsentiert sich in drei Häusern:

Kulturgeschichte

Schloß Strünkede (→dort): Das herrschaftliche Haus ist für die Kulturgeschichte reserviert – mit den Abteilungen für Volkskunde, Schloßdokumentation, regionale Kulturgeschichte, Stadtgeschichte, Vor- und Frühgeschichte sowie Spezialsammlungen zu Glas, Keramik und anderen Bereichen des Kunstgewerbes. Angeschlossen ist eine Öffentliche Museumsbibliothek.

Moderne Kunst

Städtische Galerie im Schloßpark Strünkede: Im Erdgeschoß finden Wechselausstellungen zur zeitgenössischen Kunst und zur Kulturgeschichte statt. Im Obergeschoß befindet sich eine Sammlung mit Bildern, Grafiken und Skulpturen des 20. Jh.s. Im Dachgeschoß ist ein Studio eingerichtet für kleinere Sonderausstellungen, Film- und Diaschauen u. a.

Heimatmuseum

Heimat- und Naturkundemuseum Wanne-Eickel (Unser-Fritz-Straße 108): Dieses 1925 gegründete Museum beherbergt Ausstellungsstücke zur Lokalgeschichte mit Schwerpunkt auf verschiedenen industriellen Arbeitsbereichen (z. B. Bergbau, Backofen/Brotfabrikation, Verkauf/Handel). Zu sehen ist auch eine komplette Drogerie im Jugendstil sowie eine spezielle Fotoapparatesammlung.
Im Obergeschoß wird die Naturkunde des Emscherraumes gezeigt. Vor dem Heimatmuseum stehen drei Figuren – Eisenbahner, Bergmann und Schiffer –, die vom Glückaufplatz hierher versetzt worden sind.

Künstlerzeche „Unser Fritz"

Lage
Unser-Fritz-Straße

Die alte Zeche im Herner Nordwesten fördert zwar nicht mehr, ist aber dennoch in zweifacher Hinsicht funktionstüchtig: Ein Teil der Schachtanlage wird von dem benachbarten Kohleberg-

Künstlerzeche „Unser Fritz“
(Fortsetzung)

werk ‚Consolidation‘ benutzt (u. a. Bewetterung, Materiallager); in dem anderen Teil hat sich eine zehnköpfige Künstlergemeinschaft heimisch gemacht.
Die Künstler malen, modellieren, fotografieren oder musizieren in der ehemaligen Kaue (Umkleide- und Waschräume der Bergleute).

*Revierpark Gysenberg

Anschrift
Herne-Sodingen
Am Ruhmbach
nahe B 51 / Richtung Bochum

Dieser Freizeit- und Erholungspark war der erste, der im Revier angelegt wurde. Er gilt heute noch als mustergültig ausgestattet.
Zum Revierpark Gysenberg gehören u. a.: Eissporthalle (ganzjährig geöffnet, täglich Laufzeiten), Aktivarium (ganzjährig geöffnet) mit Sole-, Sprudel- und Wellenbädern (Halle und Freiluft) sowie mit Familiensauna und Solarium, Kleinspielfelder, Tennisplätze (mit Übungswänden), Spielplätze und -wiesen, Grilltische.
Ferner: Freizeithaus (großer Saal, Diskothek, Tischtennishalle, Gymnastikraum, Werkräume), Ruderteiche, Kindereisenbahn, Reiterhof, Go-Kart-Bahn und Kleingolf.
In dem ausgedehnten Waldgebiet wurde auch ein kleiner Tierpark eingerichtet (800 Tiere aus 95 Arten auf 9 ha Fläche) sowie ein 1,7 km langer Naturlehrpfad. Auf der Höhe des Gysenbergs liegen etwas abseits der Wege mehrere altgermanische Steingräber.
Diese runden, leicht gewölbten Hünengräber sind etwa 4000 Jahre alt. Sie ragen ungefähr einen Meter hoch und haben einen Durchmesser bis zu 10 m.

Aktivarium im Revierpark Gysenberg

*Schloß Strünkede

Das Schloß (vgl. →Emschertalmuseum) liegt im Norden der Stadt, auf der südlichen Niederterrasse der Emscher, wo früher der Ost- und der Westbach zusammenflossen. So ergab sich eine natürliche Bedingung für die Anlage eines kunstvollen Gräftensystems, das dem Wasserschloß einen im Mittelalter sicheren Schutz bot.
Die Ritter von Strünkede sind seit 1142 schriftlich bekannt (aus einer Essener Urkunde). Mit dem Dorf Herne waren sie jahrhundertelang durch ihre Gerichtsbarkeit eng verbunden. Ihre erste (gotische) Burg ersetzten sie im 16./17. Jh. durch den heute noch erhaltenen barocken Neubau (fertiggestellt 1664; Außenrenovierung 1975–1980).

Anschrift
Schloß-Strünkede-Str. 80

Buslinie
343 (Richtung Castrop-Habinghorst)

Straßenbahnlinie
305 (Richtung Recklinghausen)

Schloßkapelle

Im Schloßpark ist das älteste noch erhaltene Bauwerk in Herne zu sehen: die 1272 gegründete Schloßkapelle. Im Innern steht der obere Teil des wiederaufgefundenen Barockaltars aus der Dionysiuskirche vom Jahre 1700. Erhalten sind einige mittelalterliche Grabplatten.

Städtische Galerie

Neben der Kapelle steht eine Villa im englischen Landhausstil, der typisch war für das Großbürgertum im Ruhrgebiet; mitgebracht worden war er von den englischen Ingenieuren, die das Revier bergbautechnisch erschlossen hatten. Gebaut wurde die Villa um die Jahrhundertwende von der Adelsfamilie Forell, die das Herrenhaus wenig später der Harpener Bergbau AG (als Direktionssitz) verkaufte.
Heute ist in der Villa die Städtische Galerie untergebracht (vgl. →Emschertalmuseum).

Herten

Praktische Informationen →S. 204

Einwohnerzahl: 70500
Fläche: 37,31 qkm
Höchster Geländepunkt: 110 m
Tiefster Geländepunkt: 40 m

Lage

Die Mittelstadt Herten liegt in der Übergangszone zwischen Ruhrgebiet und Münsterland; sie gehört zum Kreis Recklinghausen. Die 1961 begonnene Sanierung der Innenstadt gilt als vorbildlich.

Geschichte

Der Name ‚Herthene' wird erstmals um 900 in einem im Heberegister der Abtei Werden genannt. Erster nachweisbarer Träger des Namens ist 1286 Gerlach von Herten. 1376 wird erstmals das Haus Herten urkundlich erwähnt; es befand sich im Besitz der Herren von Galen. Bis zur Säkularisierung Anfang des 19. Jh.s gehörte Herten ebenso wie der Ort Westerholt (1193 erstmals als Burgsitz genannt, seit 1975 Teil der Stadt Herten) und das umgrenzende Vest Recklinghausen zum Kurfürstentum Köln. Schloß Herten diente fast 300 Jahre als Residenz der Statthalter für das kurkölnische Vest Recklinghausen. 1844 wurde Herten selbständige Landgemeinde, 1856 erfolgte die Abtrennung vom Amtsverband Recklinghausen. Erst 1936 wurden die Stadtrechte an Herten verliehen, das 1926 bei der damaligen kommunalen Neuordnung beträchtlich vergrößert worden war.

Herten

Kohlenbergbau

Der Steinkohlenbergbau, der erst 1870 begann, gab den Anstoß zu einer sprunghaften industriellen Entwicklung. Bei den Schachtanlagen entstanden Bergarbeitersiedlungen. 1872, beim Abteufen des ersten Schachtes, hatte Herten 935 Einwohner; um 1900 waren es bereits 12200 Einwohner.

Wirtschaft

In der heutigen Wirtschaftsstruktur dominiert nach wie vor der Bergbau, obwohl nach der ersten Bergbaukrise 1957/1958 rund 80 neue Betriebe mit fast 3000 bergbau-unabhängigen Arbeitsplätzen angesiedelt werden konnten; das sind etwa 15% der gesamten Arbeitsplätze in Herten. Dennoch ist Herten die größte Bergbaustadt der Bundesrepublik Deutschland: Die drei Schachtanlagen (‚Ewald', ‚Schlägel und Eisen', ‚Westerholt') beschäftigen 12000 Menschen, die täglich mehr als 28000 t Kohle fördern. Wirtschaftliche Bedeutung hat auch die Fleischwarenindustrie.

Verkehr

Am südöstlichen Stadtrand schneiden sich die Autobahnen A 2 (Hannover–Oberhausen) und A 43 (Münster–Wuppertal); nahe der südlichen Stadtgrenze verläuft der Emscherschnellweg (A 42). Dort bildet auch der Rhein-Herne-Kanal (zusammen mit der Emscher) die natürliche Grenze zur Stadt Herne. Mit den beiden Bahnhöfen Herten und Westerholt liegt die Stadt an der Bundesbahnstrecke Recklinghausen–Oberhausen. Der internationale Flughafen Düsseldorf-Lohausen ist in 45 Autominuten zu erreichen.

Kultur

Träger des kulturellen Lebens in Herten sind die Volkshochschule mit einem breiten Programmangebot und der Städtische Kulturring (mehr als 30 Veranstaltungen pro Jahr). Die Kunst- und Dokumentarausstellungen im Rathaus wechseln monatlich.

Freizeit

Mehr als die Hälfte des Stadtgebietes sind Grün- und Freiflächen. Besondere Anziehungspunkte für Freizeitfans und Erholungsuchende sind der citynahe Schloßpark (30 ha groß), Schloßwald, Telgenbusch, Ewaldsee (10 ha), der Erholungspark Katzenbusch und die Grüngürtel Paschenberg, Backumer Tal und Ried.

Kinderfreundliche Stadt

Besonders erwähnenswert ist die Aktion ‚Kinderfreundliche Stadt', das Leitmotiv für eine auf fünf bis zehn Jahre angelegte Gemeinschaftsaktion der Stadt Herten, des ADAC und des Vereins ‚Mehr Platz für Kinder': Unter Mitwirkung der Hertener Öffentlichkeit sollen in allen Lebensbereichen die bestmöglichen Umweltbedingungen für Kinder erforscht und modellhaft verwirklicht werden.

*Alte Freiheit Westerholt

Lage
westlich der Innenstadt

Buslinien
219 (ab Herten-Mitte),
247 (ab GE-Buer),
398 (ab Wanne-Eickel Hbf und GE-Buer)

Der geschlossene alte Ortskern von Westerholt bietet eine einzigartige Dichte an jahrhundertealten Fachwerkhäusern. Seit 1975 ist Westerholt, selbst seit 1939 mit Stadtrechten ausgestattet, ein Stadtteil von Herten. Erstmals erwähnt wird der Ort um 800; die Burgherren von Westerholt waren Erbvögte von Recklinghausen. Das heutige Schloß Westerholt, in unmittelbarer Nähe des alten Dorfkerns gelegen, entstand in den wesentlichen Bauteilen erst 1830, nachdem die mittelalterliche Burg durch einen Brand zerstört worden war.

Das Heimatkabinett (Freiheit 1) ist sonntags von 11 bis 12 Uhr geöffnet; Führungen finden nach Vereinbarung statt. Die Sammlung enthält Gerät und Mobiliar aus der Vergangenheit von Herten.

Heimatkabinett

Siebenbürger Sammlung

Die Sammlung ‚Siebenbürger Volksgut' ist in ihrem Grundbestand ein Geschenk der im Stadtteil Langenbochum ansässigen Siebenbürger Sachsen, die während des Zweiten Weltkrieges aus ihrer Heimat geflohen und 1953 nach Herten gekommen sind. Zu den Beständen der Sammlung gehören Trachtenstücke, bäuerliches Gerät, Schmuck und Münzen – anschauliche Details aus der mehr als 800 Jahre alten Geschichte der Siebenbürger Sachsen. Die Sammlung ist im Rathaus untergebracht, wo seit 1960 auch eine städtische Kunstsammlung aufgebaut wird.

Anschrift
Rathaus

*Wasserschloß

Die ursprünglich mittelalterliche Wehranlage wurde 1530–1560 zu einer spätgotischen Wasserburg umgebaut und 1650 erheblich erweitert. Nach einem Brand 1687 wurde das Wasserschloß beim Wiederaufbau z.T. mit barocken Stilelementen zur Wohnanlage umgestaltet, so wie es heute noch zu sehen ist. Die Vorburg stammt noch ganz aus dem 16. Jahrhundert.
1968 begannen umfangreiche Restaurierungsarbeiten. Das bereits renovierte Erdgeschoß, das für die Öffentlichkeit zugäng-

Lage
im Schloßpark

Buslinien
249 (ab Recklinghausen Hbf und Bottrop, über GE-Buer-Nord) und
398 (Wanne-Eickel Hbf) bis Resser Weg

Wasserschloß Herten

Herten, Wasserschloß (Fortsetzung)

lich ist, umfaßt jetzt ein Schloßcafé, einen Konzertsaal sowie Ausstellungsräume mit z.T. bemerkenswerten Stuckarbeiten. Der andere Teil der Hauptburg wird vom Landschaftsverband Westfalen-Lippe, der in unmittelbarer Nähe das Westfälische Landeskrankenhaus für Geriatrie und Psychiatrie errichtet, zum Rehabilitationszentrum ausgebaut.

Schloßkapelle

Die Kapelle an der Nordseite der Vorburg stammt aus dem frühen 16. Jh., gehörte aber ursprünglich zum Gelsenkirchener Stadtschloß Grimberg. Dort wurde die dreischiffige spätgotische Kirche allerdings 1908 abgetragen und nach Herten versetzt. Die Restaurierungsarbeiten an der Schloßkapelle sind 1980 beendet worden.

Orangerie

Als Ruine erhalten ist die Orangerie von 1725 – ein langgestreckter eingeschossiger Bau mit einer Balustrade und nachgebildeten antiken Standfiguren auf dem Dach.

Schloßpark

Der Schloßpark wurde gegen Ende des 17. Jh.s als Barockgarten angelegt mit leicht terrassierten Parterreflächen, seitlichen Bosketten und sternförmig angelegten Alleen in holländisch-französischer Manier. Um 1815 gestaltete man den Garten dann in eine englische Parkanlage um. Der 30 ha große Park, der in unmittelbarer Nachbarschaft zur Innenstadt liegt, geht nach Süden hin nahtlos in den rund 150 ha großen Schloßwald über – mit einer Fülle an botanischen und dendrologischen Kostbarkeiten.

Informationstelle im Tabakhaus

Das sogenannte Tabakhaus, das schon zum Barockgarten gehörte und später zum Raucherkabinett umgestaltet wurde, ist heute eine Informationsstelle für Besucher, die mehr über die Geschichte des Schlosses und des Schloßparks wissen wollen.

Kamen

Praktische Informationen →S. 204/205

Einwohnerzahl: 46000
Fläche: 40,93 qkm
Höchster Geländepunkt: 89,5 m
Tiefster Geländepunkt: 55 m

Lage

Kamen liegt im geographischen Mittelpunkt des Kreises Unna. Man verstand es besonders geschickt, bei der Sanierung der Innenstadt eine liebenswerte Verbindung zwischen Tradition und Moderne zu finden.

Geschichte

Zwei der zahlreichen Deutungen des Namens ‚Kamen' sind historischer Art. Ein Forscher nimmt an, daß hier in vorchristlicher Zeit bereits eine Siedlung bestand mit einem Häuptling, der in einer festen steinernen Burg (‚Caminata') wohnte. Ein anderer Wissenschaftler erklärt den Stadtnamen damit, daß hier früher der germanische Volksstamm der Chamanen ansässig war.
Sicher ist, daß Kamen erstmals 793 im Propsteiregister der Abtei Werden genannt ist. Ebenfalls um 800 sind Kirchen in Kamen und Methler in christlichen Urkundenrollen aufgeführt. Oberster Landesherr (bis Ende des 12. Jh.s) war der Erzbischof von Köln, zugleich Herzog von Westfalen. In vielen erbitterten Kämpfen gelang es dem Grafen von der Mark, die fürstbischöf-

Rathaus und alte Apotheke in Kamen

liche Macht zu brechen. Kamen wurde 1248 mit den Stadtrechten ausgestattet und als zeitweilige Residenz der Grafschaft Mark befestigt. Im frühen Mittelalter gehörte Kamen wie auch Hamm, Unna und Iserlohn zu den ‚landtagsfähigen' Städten und wurde Mitglied der Hanse.

Industrialisierung

Erst als die französischen Besatzer nach 1800 die starre Zunftverfassung aufgehoben und die Gewerbefreiheit eingeführt hatten, begann zusammen mit der Industrialisierung ein neues Aufleben der Kamener Wirtschaft: 1847 Bau der Köln-Mindener Eisenbahn, 1873 Abteufen des ersten Zechenschachtes. Kamen wurde zur Bergbaustadt. In den letzten Jahrzehnten ist die Monostruktur der Kohlewirtschaft jedoch zurückgedrängt worden, da eine leistungsfähige mittelständische Wirtschaft angesiedelt werden konnte.

Verkehr

Im ‚Kamener Kreuz' schneiden sich die Autobahnen A 1 und A 2. Durch das Stadtgebiet führen die B 233 (Unna–Werne) und B 61 (Lünen–Hamm). Der Bahnhof Kamen ist sowohl an den Nahverkehr Ruhrgebiet wie auch (z. T. über Dortmund) an den Schienenfernverkehr angeschlossen. In der Nähe der Stadt liegt der Regionalflughafen Wickede.

Haus Heeren

Anschrift
Kamen-Heeren,
Heerener Str. 177

Das Haus Heeren besteht aus Herrenhaus, Vorburg und südlich anschließenden Wirtschaftsgebäuden. Die Gräfte umgibt von allen vier Seiten das Herrenhaus, das über eine Steinbrücke mit den Wirtschaftsgebäuden in Verbindung steht.

Kamen (Fortsetzung)

St.-Margarethen-Kirche

Lage
Kamen-Methler, Lutherplatz

Die St.-Margarethen-Kirche, eine westfälische Hallenkirche, wurde Mitte des 13. Jh.s errichtet. Der fünfgeschossige Westturm stammt noch von einer älteren Kirche des 12. Jh.s. Bedeutende Wand- und Gewölbemalereien aus der Erbauungszeit, die – 1851 unter einer Übertünchung entdeckt – vollständig freigelegt und restauriert worden sind, gehören ebenso zu den Sehenswürdigkeiten wie Sakramentshäuschen, Kanzel, Taufstein und Heiligenfiguren aus dem 13.–15. Jahrhundert.

Lünen

Praktische Informationen →S. 205

Einwohnerzahl: 88500
Fläche: 59,07 qkm
Höchster Geländepunkt: 100 m
Tiefster Geländepunkt: 47 m

Lage

Am nördlichen Rand des Reviers und am Mittellauf der Lippe gelegen, ist Lünen, die größte Stadt im Kreis Unna, eine Klammer zwischen dem Ballungsraum Ruhrgebiet und der Parklandschaft Münsterland.

Geschichte

‚Liunon' im Lippebogen wird im 9. Jh. erstmals beurkundet. 1262 erhielt Lünen einen Jahrmarkt, wurde alsbald ‚Stadt' genannt und befestigt. Nachdem die Stadt mehrmals durch Hochwasser schwer beschädigt worden war, ließen die Grafen von der Mark die Nordsiedlung kurzerhand abreißen und am gegenüberliegenden Südufer neu aufbauen (1336). Dieses neue Lünen erhielt bereits 1341 das Märkische Stadtrecht. Mittelpunkt der Stadt war der Marktplatz mit dem massiven Rathaus. Kriege, Feuersbrünste und Seuchen ließen die Einwohnerzahl bis ins 18. Jh. nicht weit über 1000 ansteigen. Mit der Industrialisierung (1839 Eisenindustrie, 1895 Kohlebergbau) begann der Aufschwung zum modernen Mittelzentrum.

Wirtschaft

Der Bergbau hat inzwischen seine dominierende Rolle für die Lüner Wirtschaft verloren. Die Industriebereiche weiteten sich aus: Kupfer- und Aluminiumverhüttung, Elektrotechnik, Lederwaren, chemisch-pharmazeutische Industrie.

Verkehr

Im Schnittpunkt der Bundesstraßen B 54, B 61 und B 236 gelegen, mit Anschlüssen zu den Autobahnen Oberhausen–Hannover, Hansalinie, Sauerlandlinie und Wuppertal–Köln–Aachen, ist die Stadt leicht mit dem Auto zu erreichen. Der Datteln-Hamm-Kanal mit vier Häfen im Stadtgebiet verbindet Lünen mit dem europäischen Wasserstraßennetz.

Kultur

Mittelpunkt des kulturellen Lebens ist das neue Heinz-Hilpert-Theater mit Gastspielen internationaler Tournee-Ensembles. Lünen – im Einzugsbereich der drei Universitäten Münster, Dortmund und Bochum – hat überdies eine geschätzte Volkshochschule mit vielseitigen Veranstaltungen.

Freizeit

Mehr als 60% des Stadtgebietes sind Erholungs- und Freizeitanlagen (Parks, Grünanlagen, Spiel- und Sportplätze, Gartenanlagen, Wälder, Wasserflächen). Von besonderer Bedeutung dabei ist die Freizeitanlage am Cappenberger See.

Schloßmühle Lippholthausen

Die Stadt Lünen betreibt seit Jahren eine ideenreiche Politik, ‚damit Lünen noch grüner wird'. Einige Beispiele: Geranienmarkt für die ganze Stadt, Baumpflanztage, Aktion ‚Schönste Kleinsiedlung', ‚Goldenes Kleeblatt' für Kleingärtner, kostenlose Baumbepflanzung von Grundstücksrändern u. a.

*Parkanlagen

Über das ganze Stadtgebiet verteilt sind zudem gepflegte Parkanlagen der Naherholung; im einzelnen:
Volkspark Schwansbell (192800 qm) zwischen Kamener Straße und Datteln-Hamm-Kanal, u. a. Schloß Schwansbell (erbaut 1875), Teich- und Sumpfanlagen, Winterrodelbahn.
Stadtpark Lünen-Mitte (33000 qm) an der Kurt-Schumacher-Straße Nähe Sporthalle und Theater, u. a. mit besonderem Baumbestand, Liegewiesen, Lesegarten.
Nordpark Lünen-Brambauer (67700 qm), Nähe Freibad und Stadion.
Volkspark Lünen-Brambauer (57700 qm) an der Brechtener Straße gegenüber dem Krankenhaus.
Alte Mühle Lippholthausen (24300 qm) an der Brunnenstraße.
Parkanlage in der Geist (91600 qm) an der Moltkestraße, u. a. mit Sportanlagen.
Südpark Lünen-Süd (96300 qm) zwischen Jäger- und Derner Straße.

Cappenberger See

Lage
Lünen-Altlünen
Wehrenboldstraße

Der Cappenberger See entstand 1919 durch Ausbaggerung und wurde 1955 zu einer Freizeitanlage ausgebaut. Direkt gegenüber dem See liegen ein großes Freibad, Tennisplätze,

Lünen, Cappenberger See (Fortsetzung)

Buslinien
31, 537

Spielpark und Fußballfeld. Um das Gelände schließt sich ein riesiges Waldgebiet an.
Das Freibadgelände (Mai–Sept. 8–20 Uhr) wurde 1982 großzügig renoviert. Vor allem bei Kindern beliebt sind u. a. der Wasserspielgarten, der Matschplatz und die 75 m lange Rutsche.

Schloß Cappenberg →Selm: Schloß Cappenberg

Schloß Schwansbell

Lage
Schwansbeller Weg

Das im 19. Jh. in einem Waldgebiet errichtete Schloß Schwansbell ist in englischer Neugotik gestaltet und hat besonders reizvolle zinnenbekrönte Türme. Es wurde 1982 nach historischen Vorbildern gründlich renoviert. Auf der romantischen Gräfteninsel sind heute noch die Mauerreste einer mittelalterlichen Wasserburg zu sehen, die von den Grafen von der Mark errichtet worden war.

Stadtmuseum

Das im ehem. Gesindehaus des Schlosses untergebrachte Stadtmuseum zeigt vor allem regionale Wohnkultur bis etwa 1900, ferner Handwerksgerät, Gußeisengegenstände und Dokumente zur Stadtgeschichte sowie eine Petrefaktensammlung.

Stadtpfarrkirche St. Georg

Lage
Lange Straße
(Fußgängerzone)

Der vierteilige Flügelaltar in der gotischen Stadtpfarrkirche St. Georg aus der Schule des Liesborner Meisters (1470) gehört zu den interessantesten Kunstwerken Westfalens. Die dreischiffige Hallenkirche selbst wurde Mitte des 14. Jh.s erbaut.

Marl

Praktische Informationen →S. 205/206

Einwohnerzahl: 90500
Fläche: 87,36 qkm
Höchster Geländepunkt: 92 m
Tiefster Geländepunkt: 30 m

Lage

Die junge Industriestadt Marl liegt an der Lippe am Nordwestrand des Ruhrgebiets im Übergangsbereich von Münsterland und Niederrheinischem Tiefland.

Geschichte

Bis 1900 war Marl ein unbedeutendes Dorf. Der Kohlebergbau, der 1905 mit der Abteufung zweier Schachtanlagen begann, besorgte dann den wirtschaftlichen Aufschwung. 1938 wurden die Chemischen Werke Hüls gegründet, die mit der (kriegswichtigen) Bunaproduktion rasch an Bedeutung gewannen.

Wirtschaft

Heute trägt die chemische Großindustrie immer noch gut die Hälfte der gesamten Wirtschaftsleistung (14000 Beschäftigte). Der Steinkohlenbergbau ist mit 6000 Beschäftigten, trotz rückläufiger Tendenz, weiterhin die zweite große Wirtschaftsstütze Marls. In kleinerem Ausmaß konnten Betriebe der kunststoffverarbeitenden Industrie sowie Unternehmen des Maschinen- und Fahrzeugbaus in Marl angesiedelt werden.

Zwei Autobahnen (A 43, A 41) und zwei Bundesstraßen (B 51, B 225) berühren Marl, im Norden der Stadt auch die B 58. Mit vier Bahnhöfen (Mitte, Drewer, Hamm, Sinsen) ist die Stadt an die Strecke Ruhrgebiet–Münster angebunden. Am Wesel-Datteln-Kanal hat Marl drei Häfen. Flugplatz im Ortsteil Loemühle.

Verkehr

Das Kulturleben ist von drei weithin bekannten Institutionen geprägt: Das Sinfonieorchester ‚Philharmonica Hungarica' ist seit 1958 in Marl ansässig; das Adolf-Grimme-Institut vergibt alljährlich den bekanntesten deutschen Fernsehpreis (seit 1964); und die 1953 gegründete ‚insel' ist eine der ältesten deutschen Volkshochschulen. 1968 wurde in Citynähe das erste Marler Hügelhaus (terrassenförmiger ‚Wohnhügel') erbaut; inzwischen gibt es vier.

Kultur

Marl liegt direkt am Naturpark Hohe Mark, ein Teilstück (Waldgebiet Haard) reicht weit in das nordöstliche Stadtgebiet hinein. Im Osten der Stadt liegt der Burgforst (mit Resten mittelalterlicher Erdwallanlagen), im Westen der Arenbergische Forst. Von den Freizeit- und Erholungsanlagen innerhalb des engeren Stadtgebiets sind zu nennen: der City-See, der Volkspark in Alt-Marl sowie der Gänsebrink mit den Freizeitanlagen Loemühle im Stadtteil Hüls. Der Ballonstartplatz Nonnenbusch ist der größte seiner Art in Westdeutschland.

Freizeit

Loemühle

Die Loemühle (sprich ‚Loomühle'), eine noch in Betrieb befindliche Wassermühle, wurde 1230 errichtet und gehört zu den ältesten Mühlen Deutschlands. Um die alten Gebäude ist in den letzten Jahren ein beachtliches Erholungs- und Freizeitgebiet entstanden: Golf- und Kleingolfanlagen, Tennisplätze, Hallenbad, Reithalle und der Flugplatz Marl-Loemühle (Rund- und Kurzflüge über das Ruhrgebiet).

Lage
Marl-Hüls

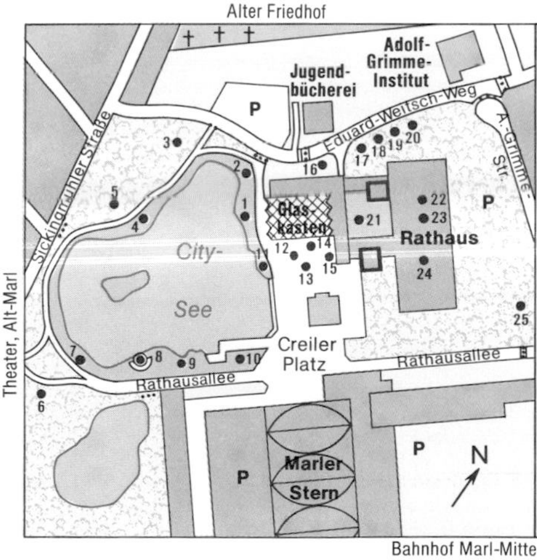

Zentrum Marl

● AUSSENSKULPTUREN

1 H. Arp: Das ruhende Blatt
2 G. Manzù: Spielende Frau
3 A. Volten: Zylinder
4 R. Butler: Girl
5 O. Zadkine: Orpheus
6 A. Lechner: 3/72
7 B. Heiliger: Nike
8 M. Bill: Säule
9 K. Schwitters: Merz-Säule
10 W. Graeff: Marlsku
11 M. Mascherini: Cantico dei cantici
12 M. Ernst: Habakuk
13 Matschinsky-Denninghoff: Naturmaschine
14 O. Baerting: YZI
15 R. Serra (o. Titel)
16 M. Schoenholz: Sich Entkleidende II.
17 J. Avramidis: Figur I
18 Ö. Koch: Skulptur 1965–66
19 L. Fischer: Großer gehörnter Tierschädel
20 A. Debska: Byczek
21 A. Volten: Kubus und Schale
22 B. Lardera: Unterredung III
23 S. Buri: Zwei Burgunder Kühe
24 M. Marini: Juggler
25 W. Graeff: Polsku

Glaskasten: Kleinskulpturen

Marl (Fortsetzung)

Pfarrkirche St. Georg

Lage
Breite Straße

Die Kirche in der Marler Altstadt stammt ursprünglich aus dem 13. Jh. Von dem alten romanischen Bau ist allerdings nur noch das Untergeschoß des Turms erhalten. Das Kirchenschiff wurde 1869 im neugotischen Stil völlig neu errichtet. Im Innern der Kirche befindet sich ein romanischer Taufstein.

*Skulpturenmuseum

Anschrift
Rathausallee

Lageplan
→Seite 141

Seit 1969/1970, als unter der künstlerischen Beratung des Bochumer Museumsdirektors Peter Leo die erste Ausstellung ‚Marl – Stadt und Skulptur' durchgeführt wurde, konzentrierte man sich in der Stadt beim Sammeln von Kunstwerken endgültig auf Skulpturen.

Glaskasten

Heute stellt sich das Skulpturenmuseum Glaskasten in Marl als eigenständige Sammlung moderner Plastiken dar. Großskulpturen werden öffentlich im neuen Stadtzentrum gezeigt – zwischen Theater und Rundsporthalle mit Schwerpunkt um den City-See und das Rathaus. Inmitten dieses Bereichs liegt auch der Glaskasten, ein 500 qm großer Ausstellungsraum für die Kleinskulpturensammlung.

Mülheim an der Ruhr

Praktische Informationen →S. 206/207

Einwohnerzahl: 178000
Fläche: 91,26 qkm
Höchster Geländepunkt: 152 m
Tiefster Geländepunkt: 26 m

Lage

Mülheim, gelegen am Übergang zwischen Rheinischem Schiefergebirge und Niederrheinischer Tiefebene, ist in eine ebenso abwechslungsreiche wie reizvolle Landschaft eingebettet. Die Ruhr durchzieht die Innenstadt.

Geschichte

Zum historischen Mülheim gehört die Schloßburg Broich, die schon im 9. Jh. errichtet worden ist. Mülheim selbst wird in alten Dokumenten 1093 als Gerichtsstätte zum erstenmal erwähnt. 1214 wurde das Kloster Saarn gegründet. Das Kirchdorf Mülheim, das weiterhin zur Herrschaft Broich gehörte, kam dadurch 1511 zum Herzogtum Berg (bis 1806). 1808 wurde Mülheim zur Stadt erhoben, 1908 zur Großstadt. Der Aufschwung begann im Jahr der Stadterhebung, als die Firma Stinnes gegründet wurde. Später kamen dazu: Friedrich-Wilhelm-Hütte (1811), Mülheimer Bergwerksverein August Thyssen (1898) und Kohlekontor (1904).

Wirtschaft

Heute ist der Kohlebergbau in Mülheim – er wurde vermutlich schon im Mittelalter betrieben – eingestellt; die Stadt stützt sich wirtschaftlich auf die Schwerindustrie (Mannesmann Röhren, Maschinenfabrik Clark, Kraftwerkunion, Stinnes, Thyssen) und auf den Großhandel.

Verkehr

Die direkte Anbindung an den Fernstraßenverkehr besorgen die Autobahnen A 2, A 3, A 44, A 53, A 430 sowie die Bundesstraßen B 1 und B 233. Der Großflughafen Düsseldorf liegt 15

Autominuten entfernt, der Regionalflughafen Essen–Mülheim gehört zum Stadtgebiet. Der Hauptbahnhof bildet einen Verkehrsknotenpunkt für Bundesbahn, S-Bahn, Stadtbahn, Bus und Straßenbahn. Der Rhein-Ruhr-Hafen Mülheim liegt nur 12 km vom Rhein entfernt.

Kultur

Kulturelles Zentrum ist die Stadthalle, wo alle wichtigen Theater- und Konzertgastspiele (u. a. die ‚Mülheimer Theatertage') und gesellschaftliche Großveranstaltungen stattfinden.

Freizeit

Die Galopprennbahn in Raffelberg ist der wichtigste sportliche Anziehungspunkt von Mülheim, das zudem über große Freizeit- und Erholungsanlagen verfügt.

*Altstadt

In der Mülheimer Altstadt mit engen Sträßchen und alten Häusern stehen sogenannte ‚Ensembles' (kleine Gruppen von Fachwerkhäusern) unter Denkmalschutz: typisch bergische Stadthäuser mit Steinsockel, geteerten Balken, gekälkten Gefachen, vorkragenden Obergeschossen und viel Schiefer. Der schönste Zugang zur Altstadt führt von der Bachstraße unter den beiden Brückenköpfen (aus Ruhrsandstein) zum Kirchenhügel. Das markanteste Haus in der Altstadt ist das →Tersteegenhaus.

Bismarckturm

Lage
auf dem Kahlenberg

Der 1909 eingeweihte Turm auf dem Kahlenberg ist wegen seiner exponierten Lage weithin zu sehen. Er ist 27 m hoch, seine Aussichtsplattform erhebt sich deshalb fast 60 m hoch über dem Ruhrtal und bietet eine ausgezeichnete Fernsicht.

Freilichtbühne

Lage
Kettwiger Straße

Eine 38 m breite und 41 m tiefe Bühnenfläche vor einer wildromantisch bewachsenen, elf Meter hohen Felswandkulisse bildet das Zentrum der Freilichtbühne Mülheim – einer offenen Naturbühne in einer rund 35000 qm großen Parkanlage nahe der Altstadt. Wie in einer antiken Arena steigen die halbrund angeordneten Sitzreihen vor der Bühne an; auf den Bänken ist Platz für mehr als 2300 Besucher.
Das Freilichttheater und seine Umgebung sind im Jahre 1933 aus einem ehemaligen Steinbruch entstanden. Es wird für die verschiedensten Musik-, Kultur-, Jugend- und Sportveranstaltungen genutzt.

Kloster Saarn

Lage
Mülheim-Saarn

Das ehemalige Zisterzienserinnenkloster erhielt seine heutige Gestalt weitgehend in einer barocken Umbauphase zwischen 1729 und 1783. Dabei wurden Bauteile der vorbarocken Anlage einbezogen. Aus der Zeit der Klostergründung (13. Jh.) stammt das spätromanische Langhaus der Kirche, das bei dem umfangreichen Erweiterungsbau von 1895 den Charakter der Saalkirche behielt. Besonders schön ist der Kreuzgang.

Kunstmuseum

Anschrift
Leineweberstr. 1

Öffnungszeiten
Di.–Sa. 10–12.30 und 15–18 (Do. bis 21.00),
So. 10–12.30

Eine bedeutende Sammlung zur deutschen Kunst des 20. Jh.s ist der wichtigste Bestandteil des Kunstmuseums Mülheim. Hierzu gehört auch die wertvolle Privatsammlung von Karl Ziegler (Chemie-Nobelpreisträger 1963), die dem Museum 1981 übergeben wurde. Einen Schwerpunkt bilden auch internationale grafische Serien. Außerdem sammelt und fördert das Kunstmuseum besonders einheimische Künstler. Seit 1970 finden regelmäßig Wechselausstellungen statt. Führungen für Gruppen nach telefonischer Anmeldung.

Schloßbrücke

Untergebracht ist die Sammlung am östlichen Brückenkopf der Schloßbrücke, die den Stadtteil Broich mit der City verbindet. Die erste Brücke an dieser Stelle war eine Kettenbrücke, 1842–1844 für 80000 Taler gebaut. 1909–1911 wurde sie durch eine steinerne Bogenbrücke ersetzt. Diese mußte 1960 wegen zu geringer Breite und Tragfähigkeit durch die heutige Schloßbrücke ersetzt werden. Hierbei handelt es sich um eine Verbundkonstruktion: Stahlhohlkästen mit Betonfahrbahn. Die Brücke ist 146,54 m lang und 24,60 m breit; die größte Stützweite beträgt 44,40 m.

Petrikirche

Lage
Bachstraße

Den Altstadtbereich bezeichnen die Bürger oft als ‚Kirchenhügel'. Auf einer leichten Anhöhe stehen die 1929 erbaute katholische Pfarrkirche St. Mariä Geburt und die alte evangelische Petrikirche, deren Geschichte sich bis ins 11. Jh. zurückverfolgen läßt.
Einst befand sich hier auf dem ‚Altenhof' der Herren von Mulinhem, 1093 erstmals erwähnt, eine kleine Kirche. Baureste einer spätromanischen Kirche aus der Zeit um 1200 sind nachweisbar. Ein mächtiger, die Stadt beherrschender Westturm ist um die Mitte des 13. Jh.s angefügt worden. Wegen der starken Neigung seines Helms nannte man ihn den ‚schiefen Turm'. 1870–1872 ist unter Verwendung eines gotischen Chorjoches und zweier Seitenschiffe eine dreischiffige neugotische Basilika aus Bruchsteinen errichtet worden. Nach der Zerstörung im Zweiten Weltkrieg wurde sie 1949–1958 „im überlieferten Geist eines schlichten reformierten Gotteshauses" neu aufgebaut. Der Turm mit dem vergoldeten Hahn (1581) ist 70 m hoch.

Rathaus

Anschrift
Rathausplatz

Öffnungszeiten
jeden ersten Di. im Monat 8–13 und 14–16

Der Rathausturm ist ein Wahrzeichen Mülheims. Er ist 57 m hoch. Das Zifferblatt der Turmuhr hat einen Durchmesser von 2,80 m. Vom Umgang auf dem Rathausturm hat man einen eindrucksvollen Rundblick über die Stadt.
Der ältere Teil des Rathauses – zwei durch eine Straßenüberbrückung miteinander verbundene Gebäudegruppen mit Turm – wurde in den Jahren 1913 bis 1915 errichtet. Bemerkenswert sind die Arkaden und Balustraden am Rathausmarkt. In der Muschelkalkfassade befinden sich zahlreiche Figuren, Reliefs und Friese. Der Neubau an das Rathaus (Ruhrstraße) wurde auf Pfeiler gestellt, was die Einbeziehung der Ruhranlagen in den Innenstadtbereich ermöglichte. Die Motive der Reliefs auf den Pfeilern versinnbildlichen die Jahreszeiten. Die Fassade des

Rathausneubaus besteht aus Muschelkalk, Marmor und Glas. Harmonisch vervollständigt wurde der Gesamtbereich des Rathauses durch die neue Stadtbücherei (erbaut 1965–1969).

Büromuseum

Das Büromuseum wurde im obersten Geschoß des Rathausturmes eingerichtet. Es enthält eine Vielzahl von Büromaschinen und Utensilien, wie sie in den Amtsstuben von der Jahrhundertwende bis zu den sechziger Jahren verwendet wurden. Auch ein typischer Arbeitsplatz Anno 1900 ist zu sehen.

*Rhein-Ruhr-Zentrum

Lage
an der B 1 zwischen Mülheim und Essen

Auf einem Gelände, auf dem früher eine Zeche stand, wurde 1973 Deutschlands größtes Einkaufszentrum unter einem Dach eröffnet. Es umfaßt mehrere Warenhäuser, eine große Anzahl Einzelhandelsfachgeschäfte, eine Reihe gastronomischer Betriebe sowie riesige Parkflächen. Eine Ringstraße umgibt das Zentrum. Die Innenarchitektur ist einfallsreich, in die breiten Ladenstraßen sind Grün- und Ruhezonen einbezogen.

St. Laurentius

Lage
Mülheim-Mintard

Mintard ist ein idyllisches Dorf am Fuß des Aubergs. Hier in einer der frühesten bäuerlichen Ansiedlungen im Stadtgebiet Mülheim, steht eine der ältesten Kirchen des rheinischen Ruhrtals. Der Turm der Pfarrkirche St. Laurentius stammt aus dem 11. Jh.; darin hängt eine rund 800 Jahre alte Glocke. Der romanische Taufstein ist in einem Stück aus Namurer Basalt gehauen. Das Langhaus der Kirche entstand um 1660. Der Innenraum mit zahlreichen schönen Bildwerken, Bildhauerarbeiten und Kultgegenständen wurde vor kurzem renoviert.

*Schloß Broich

Anschrift
Am Schloß Broich

Straßenbahnlinien
108 (ab Mülheim Hbf) und 901 (ab Duisburg Hbf) bis Stadthalle

Öffnungszeiten
Mo., Di., Do., Fr. 9.30–13; Mi., Sa. 9.30–19; So. 9.30–13 und 15–19

Die Geschichte von Schloß Broich (sprich ‚Brooch') läßt sich bis in die Karolingerzeit zurückverfolgen, seitdem bei Ausgrabungen (1965–1969) innerhalb der Ringmauer Fundamente und Mauerreste einer ausgedehnten Befestigungsanlage entdeckt worden sind. Die erste Burg zu Broich wurde vermutlich im Winter 883/884 am linken Ruhrufer auf einer kleinen Anhöhe, 13 m über dem Tal, als Bollwerk gegen die bei Duisburg lagernden Normannen errichtet. Die Furten durch die Ruhr (u. a. der Hellweg) lassen annehmen, daß das Gebiet schon früher besiedelt war.
Es ist die einzige spätkarolingische Profananlage, die in dieser Vollständigkeit bisher in Europa zu finden war. Die Ergebnisse von Ausgrabungen erlaubten die Rekonstruktion der Burg: Das Modell wird neben den anderen Funden heute in einem Ausstellungsraum des Schlosses gezeigt. Die wetterfest gemachten Mauerreste können bei einem Gang auf der Ringmauer besichtigt werden.
Die Herrschaft derer zu Broich ist für das Jahr 1093 erstmals urkundlich gesichert. Die Besitzer wechselten mehrmals. Das Broicher Schloß wurde im Laufe der Jahrhunderte mehrmals zerstört, erweitert und umgebaut; seit 1938 gehört es der Stadt Mülheim.
Im Zuge der umfangreichen Ausgrabungen hat man zugleich bis

Schloß Broich: Torhaus und alte Fundamente

Schloß Broich
(Fortsetzung)

1975 die Gesamtanlage gründlich restauriert. Das innerhalb der Ringmauer gelegene Hochschloß wurde in dem Zustand wiederhergestellt, den ihm Graf Wilhelm Wirich 1648 gegeben hatte. Im Palas ist ein hochgotischer Rittersaal – ein für die Zeit seiner Entstehung (1400) ungewöhnlich qualitätvoller Bau – von den späteren baulichen Überlagerungen befreit worden. Noch ältere Bauteile sind der Viereckturm (11./12. Jh.) und die Ringmauer (um 1200). Der Rittersaal wird heute, ebenso wie das Wappen- und das Kaminzimmer, von der Stadt für Feierstunden, festliche Empfänge und sonstige Repräsentationen benutzt.
Die unter dem Saal liegenden Tecklenburger Kammern, in denen sich einst die Kapelle befand, werden als Cafeteria auch von der Volkshochschule gebraucht, wie überhaupt das restaurierte Schloß weitgehend für deren Zwecke eingerichtet wurde.

Schloß Styrum

Lage
Mülheim-Styrum

Vermutlich geht das Schloß in der Ruhrniederung auf einen fränkischen Oberhof zurück, der zu einem mittelalterlichen Herrensitz befestigt wurde. Der erste große Ausbau erfolgte im 13. Jh. Nach vielen Umbauten und Veränderungen entspricht der vielfältig gegliederte Bau mit sechseckigem Treppenturm und geschweiftem Turmhelm nur noch in wenigen Einzelheiten dem Schloß früherer Jahre. Ältester original erhaltener Bauteil ist der eingeschossige Torbau (1658) an der Burgstraße.

Altentagesstätte

Schloß Styrum – 1959 von Thyssen der Stadt Mülheim geschenkt – ist inzwischen zu einer vorbildlichen Altentagesstätte umgestaltet worden.

Solbad Raffelberg

Lage
Mülheim-Raffelberg
(3 km westlich)

Das Heilbad liegt in einem fast 80 ha großen Park mit Teich und altem Baumbestand. Die bei den Bädern verwendete Natursole stammt aus einem Schacht der stillgelegten Zeche ‚Concordia'; sie wird aus 854 m Tiefe heraufgeholt.
Solbad und Kurhaus stammen aus dem Jahre 1909 und haben noch viele Jugendstilelemente. Beachtung verdienen auch die Dianaplastik in der Halle des Bäderhauses sowie die Malereien in der Hallenkuppel. Das Kurhaus wird auch für Musik, Theater- und gesellschaftliche Veranstaltungen genutzt.

Tersteegenhaus

Anschrift
Teinerstr. 1

Öffnungszeiten
Di.–Sa. 15–18, So. 10–12.30

Das Tersteegenhaus ist das bekannteste Haus in der →Altstadt. Der pietistische Liederdichter und Prediger Gerhard Tersteegen hat darin 1745–1769 gelebt und seine Anhänger um sich versammelt. Ursprünglich war das Fachwerkhaus eine Schenke; die genaue Bauzeit ist unbekannt.

Heimatmuseum

Die Stadt Mülheim hat in dem Haus ein Heimatmuseum eingerichtet, mit folgenden Themen: Erinnerungen an Tersteegen, an den in Mülheim geborenen Arzt und Dichter Carl Arnold Kortum („Jobsiade") und an die preußische Königin Luise, die sich mehrmals auf Schloß Broich aufgehalten hat; Möbel und Hausrat sowie Ansichten des Dorfes Mülheim (bis 1808).

Viktoriaplatz

Der ehemalige Parkplatz wurde 1977 architektonisch in die Fußgängerzone der Innenstadt integriert. Otto Hajek gestaltete den 95 m langen und 32 m breiten Viktoriaplatz: Der Platz selbst soll als Kunstwerk wirken. In diesem Sinne wurden Plastiken und Pflanzbereiche plaziert, die Farbgebung getroffen, der breitgelagerte Brunnen mit großer Wasserfläche angelegt und eine Stele aus Edelstahl erstellt, in der Hajek ein Stadtzeichen sieht.

Hauptpost

Dominante Abgrenzung des Viktoriaplatzes ist die Fassade des Hauptpostgebäudes. Der zweieinhalbgeschossige Bau stammt aus den Jahren 1895/1896. Die Schalterhalle von 1930 wurde zwar 1963 umgebaut, bildet aber mit ihren kachelverkleideten Säulen ein typisches Beispiel für die Innenarchitektur ihrer Entstehungszeit. Das Treppengeländer des Treppenturms an der Ostseite und die Ausstattung der Posträume stammen aus der Bauzeit vor der Jahrhundertwende

Wasserbahnhof

Weil die Schiffe der ‚Weißen Flotte', der Personenschiffahrt auf der Ruhr, hier an- und ablegen, heißt die Gaststätte auf der Schleuseninsel ‚Wasserbahnhof'. Originell ist das Zeltdach auf dem dreigeschossigen Gebäude.
Der Wasserbahnhof besteht seit 1924, aber sein heutiges Aussehen hat er in den Jahren 1928/1929 bekommen. Er ist eines der beliebtesten Ausflugsziele, auch wegen seiner reizvollen Lage in den großen Parkanlagen am Fluß.

Mülheim, Wasserbahnhof (Fortsetzung)
Blumenuhr

Die flach in Blüten und Pflanzen eingebettete Blumenuhr auf der Schleuseninsel vor dem Wasserbahnhof wurde 1952/1953 gebaut. Die Zahlen des Zifferblattes (5,40 m Durchmesser) bestehen aus Blumen, die der Jahreszeit entsprechend angepflanzt werden.

Münsterland

Praktische Informationen →S. 207

Lage

Das Münsterland, Teil des Norddeutschen Tieflandes, ist eine weite, leicht gewellte Ebene. Es liegt zwischen Teutoburger Wald und Lippe. Das Steinkohlengebiet greift schon in das Münsterland hinein (Zechen in Bockum-Hövel, heute zu Hamm gehörend, und Ahlen), aber die Flöze liegen hier mehr als 1000 Meter tief.

Bocholt

Bocholt, das Kultur- und Wirtschaftszentrum des westlichen Münsterlandes, besitzt ein schönes Renaissancerathaus (17. Jh.) mit reichverzierter Arkadenhalle im Erdgeschoß.

Borken

Die Kreisstadt Borken liegt nahe der deutsch-niederländischen Grenze. Beachtenswert ist die Burg Gemen, die an der Stelle eines frühgeschichtlichen Ringwalles entstand und 1683 barock verändert wurde.

Dülmen

Das alte Städtchen Dülmen liegt an der A 43 von Münster in das Ruhrgebiet. Beachtenswert sind das Lüdinghauser Tor sowie das Hochwildgehege Granat und das Wildpferdegestüt im Merfelder Bruch.

***Münster**

Die ehemalige westfälische Provinzhauptstadt liegt an der Münsterschen Aa und am Dortmund-Ems-Kanal. Sie ist der geographische, wirtschaftliche und kulturelle Mittelpunkt des Münsterlandes.

Das Bibelmuseum (Georgskommende 7) gehört zur theologischen Fakultät der Universität Münster. Es zeigt Dokumente zur Entwicklung und Überlieferung des Bibeltextes, insbesondere Papyri und Handschriften, aber auch Drucke bis zu den Computerausgaben der Gegenwart.

Im Kern der alten Bischofsstadt erhebt sich der Dom. Er wurde in den Jahren 1225–1265 im Übergangsstil von der Romanik zur Gotik errichtet und ist die größte Kirche Westfalens. An der Südseite in der Vorhalle (Paradies) des westlichen Querschiffes dreizehn Statuen von Aposteln u. a. (nach 1230); im Inneren beachtenswerte Grabmäler von Bischöfen und Domherren sowie an der Ostwand eine astronomische Uhr von 1542; im Kapitelsaal prächtige Wandtäfelung.

Am Prinzipalmarkt steht die Lambertikirche, ein prächtiger gotischer Bau aus dem 14. und 15. Jh. An dem 1887–1898 unter freier Verwendung gotischer Formen neu erbauten Westturm befinden sich an der Südseite über der Uhr die drei eisernen Käfige, in denen 1536 die Leichen der Wiedertäufer zur Schau gestellt wurden; allnächtlich traditionelles Hornblasen.

Nahebei befindet sich auch das im 14. Jh. erbaute Rathaus mit seiner charakteristischen Fassade. Im Erdgeschoß der sehenswerte Friedenssaal, wo am 16. Mai 1648 der Teilfriede zwischen Spanien und den Niederlanden unterzeichnet wurde.

Das von dem großen westfälischen Barockbaumeister J. C. Schlaun erbaute Schloß ist heute Sitz der Westfälischen

Landesuniversität; dahinter der prächtige Schloßgarten (Botan. Garten); das Areal ist von einem Wassergraben umzogen.
An die Dichterin Annette von Droste-Hülshoff (1797–1848) erinnern das im Nordwesten des Stadtgebietes gelegene Droste-Museum Rüschhaus (Bilder, Handschriften u. a.) und die 10 km westlich (bei Roxel) befindliche Wasserburg Haus Hülshoff, die Geburtsstätte der Droste.
Am Nordwestufer des Aasees, auf der Sentruper Höhe, wurde das Mühlenhof-Freilichtmuseum angelegt. Man hat hier alte Bauten aus dem Münsterland neu aufgestellt, u. a. eine Bockwindmühle, ein Göpelwerk, Back- und Bienenhaus, Speichergebäude und einen Gräftenhof von 1720.
Weitere sehenswerte Museen sind das Westfälische Landesmuseum für Kunst und Kulturgeschichte (Domplatz) mit mittelalterlichen Bildwerken, Gemälden des deutschen Impressionismus u. a. sowie das Westfälische Museum für Archäologie (Rothenburg 30), mit Exponaten zur Vor- und Frühgeschichte Westfalens.

Naturpark Hohe Mark

→Dorsten

***Raesfeld**

Südlich von Borken liegt Raesfeld (sprich ‚Raasfeld') mit seinem Wasserschloß. Der von Wassergräben umgebene vierflügelige Renaissancebau wirkt auch heute noch imposant, obwohl er nicht in allen Teilen vollständig erhalten ist. Besonders markant wirkt der mächtige, von einer Haube gekrönte Eckturm.
Die alte, um 1170 errichtete Burg war bis 1600 weitgehend zerfallen; Graf Alexander Velen, der ‚westfälische Wallenstein', ließ um 1650 das neue Wasserschloß errichten. Wie sein Vorbild Wallenstein beschäftigte auch er einen Astrologen, dem er im Schloß einen Beobachtungsturm (im Südostflügel) einrichtete.
Heute beherbergt Schloß Raesfeld das Bildungszentrum ‚Akademie des Handwerks' und ein Restaurant.

Niederrheinisches Tiefland

Praktische Informationen →S. 207/208

Lage

Das Niederrheinische Tiefland ist eine Ebene, die sich westlich vom Bergischen Land zu beiden Seiten des Rheins erstreckt. Von zahlreichen Altwässern des Rheins durchzogen, wird die Gegend vor allem für Vieh- und Landwirtschaft genutzt. Im Westen geht das Niederrheinische Tiefland in die Holländische Tiefebene um Arnhem, Nijmegen und Venlo über.

Emmerich

Die Grenzstadt Emmerich liegt am rechten Rheinufer. Nahe am Fluß die gotische Aldegundiskirche (15. Jh.); weiter stromabwärts die Kirche St. Martin (11.–15. u. 17. Jh.), mit dem Schrein des hl. Willibrord (10. Jh.) und Krypta aus dem 11. Jh. Den Rhein überspannt eine 1228 m lange Hängebrücke. Die Geschichte der Rheinschiffahrt wird im Rheinmuseum erzählt.

Isselburg

Die 1975 aus verschiedenen Städten und Gemeinden gebildete Stadt Isselburg liegt im äußersten Westzipfel des Münsterlandes und unmittelbar an der deutsch-niederländischen Grenze. Die Hauptsehenswürdigkeit bildet das im Stadtteil Anholt gelegene Wasserschloß (urspr. 19. Jh.; Museum, Restaurant), mit schönem Park. Sehenswert sind auch die ‚Anholter Schweiz',

Isselburg (Fortsetzung)

eine Nachbildung von Teilen des Vierwaldstätter Sees, die mittelalterlichen Rathäuser in Anholt und Werth, die alten Festungsanlagen in Isselburg und der Stadtwall in Anholt sowie die Windmühle in Werth. Golfplatz (9 Löcher) in Anholt.

Kalkar

Der südöstlich von Kleve gelegene Ort Kalkar wurde als Standort des umstrittenen Kernreaktors ‚Schneller Brüter' bundesweit bekannt. Im 15./16. Jh. war Kalkar Sitz einer bedeutenden Bildschnitzerschule, wovon die Plastiken in der Nikolaikirche Zeugnis ablegen. Am Markt das wuchtige Rathaus (15. Jh.) sowie mehrere guterhaltene Backsteinhäuser aus dem 16. und 17. Jahrhundert.

Kevelaer

Der berühmte Wallfahrtsort Kevelaer (sprich ‚Keevelaar') liegt abseits vom Niederrhein, ca. 20 km südwestlich von Xanten. Alljährlich pilgern zahllose Gläubige zu dem Madonnenbild von 1642, das in der 1654 errichteten Gnadenkapelle aufgestellt ist. Die 1858–1864 erbaute neugotische Marienbasilika faßt etwa 5000 Menschen; die gotische Pfarrkirche St. Antonius stammt aus dem Jahre 1472. Lohnend ist ein Besuch des Museums für niederrheinische Volkskunst. Am Ort gibt es zahlreiche interessante Handwerksstätten (Glasmalerei, Mosaikkunst, Bronzeguß; Gold- und Silberschmiede, Wachszieher).

Kleve

Die etwas abseits vom linken Rheinufer gelegene einstige Hauptstadt des gleichnamigen Herzogtums ist bekannt durch das ehem. Herzogsschloß Schwanenburg (15.–17. Jh.), die nördlichste Höhenburg am Rhein. Der nahe Reichswald gilt als beliebtes Naherholungsgebiet.

Rees

Die als Fischersiedlung im 11. Jh. gegründete Stadt Rees liegt am rechten Ufer des Niederrheins. Sie besitzt etliche historische Bauten: neoklassizistische Kollegiatkirche (1828), evangelische Saalkirche (1623), gotische Kirchen in mehreren Ortsteilen; Burg Aspel (um 1000 erbaut, seit 1720 Kloster), Schloß Bellinghoven (urspr. 16. Jh.), Haus Sonsfeld (urspr. 13. Jh.), Stadtbefestigung (13. Jh.). Große Teile der urwüchsigen Landschaft im Bereich der Altrheinarme (seltene Fauna und Flora) stehen unter Naturschutz.

Wesel

Die Kreisstadt Wesel, im Mittelalter Mitglied der Hanse, liegt an der Mündung der Lippe in den Rhein. Beachtenswert ist die Willibrordikirche (15. Jh.), die im 19. Jh. in historisierenden Formen erweitert wurde. Nach den Zerstörungen des Zweiten Weltkrieges bemühte man sich um eine kunsthistorisch korrekte Wiederherstellung. Der markanteste Teil der barocken Befestigungsanlagen ist das 1718–1722 von Jean de Bodt erbaute Berliner Tor; in der Zitadelle (1718) befindet sich ein Schill-Museum.

***Xanten**

In der Zeit der Römerherrschaft zählte Xanten zu den wichtigsten Siedlungen Niedergermaniens; der Name leitet sich vom lateinischen ‚ad sanctos' (= ‚bei den Heiligen'; 833 erstmals erwähnt) her. Das Nibelungenlied nennt die Stadt als Heimat Siegfrieds. Besonders sehenswert sind der nach schwersten Zerstörungen zu Ende des Zweiten Weltkrieges wiederaufgebaute mittelalterliche Altstadtkern mit dem gotischen Dom St. Viktor (Viktorschrein von 1129, flämische Gobelins u. a.) sowie der Archäologische Park mit den freigelegten Resten der Römerstadt Colonia Ulpia Traiana; dabei ein modernes Freizeitzentrum mit dem ‚Nibelungenbad'.

Wasserburg Vondern in Oberhausen

Oberhausen

Praktische Informationen →S. 208

Einwohnerzahl: 230640
Fläche: 77,02 qkm
Höchster Geländepunkt: 78 m
Tiefster Geländepunkt: 25 m

Lage

Eigentlich am westlichen Rand des Ruhrgebiets gelegen, gehört Oberhausen noch zum Kernraum des Reviers. Die ‚Wiege der Ruhrindustrie' ist heute eine der modernen Großstädte, die von der inneren Struktur her zwar immer noch von Kohle und Stahl geprägt sind, die aber völlig zu Unrecht bisweilen noch als häßlich abgetan werden.

Geschichte

Die mittelalterlichen Dörfer und Weiler träumten lange Jahre unter der Schutzhoheit ihrer geistlichen und weltlichen Herrschaften (Abtei Werden, Kloster Sterkrade, Grafen von der Mark u. a.) vor sich hin. Zeugen dieser ruhig-bedächtigen Vergangenheit sind das Kastell Holten (12. Jh.) und die Wasserburg Vondern (16. Jh.).

Industrialisierung

Die eigentliche Stadtgeschichte begann, als 1758 am Elpenbach in Osterfeld die St.-Antony-Hütte gebaut wurde, die erste moderne Eisenschmelze im Ruhrgebiet, Stammhaus der Gutehoffnungshütte (gegründet 1782). 1850 begann die erste Zeche in Oberhausen mit der Förderung von Kohle. 1862 wurde die Landgemeinde Oberhausen gebildet, der man 1874 die Stadtrechte verlieh. Das moderne Oberhausen entstand 1929 durch die Eingemeindung von Osterfeld und Sterkrade.

Wirtschaft

Die Stadt ist heute ein leistungsfähiges Mittelzentrum mit oberzentralen Teilfunktionen. Auch wenn hier inzwischen alle Branchen arbeiten, ist die Schwerindustrie das Rückgrat der Wirtschaft. Die bekanntesten Firmen, die aus Oberhausen stammen, sind Gutehoffnungshütte, Thyssen und Ruhrchemie. Das produzierende Gewerbe insgesamt trägt 58% der Oberhausener Wirtschaftsleistung.

Verkehr

Mehrere Autobahnen und Bundesstraßen führen durch Oberhausen: die A 2 (E 3; Dortmund–Venlo), die A 42 (Emscherschnellweg), die A 430 (Ruhrschnellweg) und die A 3 (E 36; Köln–Amsterdam), die Bundesstraßen B 223 (Mülheim–Dorsten) und B 231 (Duisburg–Essen). Neben vier Personenbahnhöfen hat Oberhausen auch zwei große Güterbahnhöfe und ist über den Rhein-Herne-Kanal mit Binnen- und Seehäfen verbunden. Zum Verkehrsflughafen Düsseldorf sind es etwa 30, zum Regionalflughafen Essen–Mülheim etwa 20 Autominuten.

Kultur

Kulturell ist der Name Oberhausen verbunden mit den Begriffen ‚Westdeutsche Kurzfilmtage' und ‚Sportfilmtage', internationale Cineastentreffs. Der künstlerische Ruf der Stadt wurde gefestigt durch das Film- und Bildzentrum und das 1975 eingerichtete alternative Stadtkino. International anerkannt sind auch die um 1920 gegründeten Städtischen Bühnen.

Freizeit

Insgesamt hat die Stadt Oberhausen rund 1900 ha Park-, Grün- und Waldflächen. Mit dem Nachbarn Bottrop teilt man sich den Revierpark Vonderort. Weitere Erholungs- und Freizeitmöglichkeiten bieten der Sterkrader Wald, der Ruhrpark Alstade, die Hühnerheide oder der Antony-Park.

*Revierpark Vonderort

Lage
nordwestlich vom Zentrum

Der 32 ha große Revierpark Vonderort liegt an der Grenze zum Stadtgebiet Bottrop und bildet auch für diese Nachbargemeinde ein geschätztes Naherholungsgebiet. Auf dem Parkgelände steht eine reiche Auswahl an Freizeiteinrichtungen zur Verfügung, u. a. ein heizbares Frei- und Wellenbad mit ‚Aktivarium' (Sauna, Solarium, Fitnessraum); ferner Sportplätze (Rollschuhbahn, Tennis- und Bocciaanlage, Tischtennisplatten), Wasserspielplatz und Veranstaltungsplatz. Im Freizeithaus befinden sich ein Restaurant und Mehrzwecksäle.
An den Revierpark grenzt der Waldpark Osterfeld an.

Schloß Oberhausen (Städtische Galerie)

Anschrift
Sterkrader Str. 46

Das Schloß wurde Anfang des 19. Jh.s in eine Grünanlage (Kaisergarten) hineingebaut. Das Hauptgebäude ist nach schweren Kriegszerstörungen entsprechend den alten Vorlagen praktisch völlig neu erbaut worden. Im Inneren befindet sich die Städtische Galerie (Kunst des 20. Jh.s, u. a. aus der DDR).

Wasserburg Vondern

Lage
Oberhausen-Osterfeld

Die ältesten erhaltenen Bauteile der Wasserburg Vondern sind im 16. Jh. errichtet worden. Vor allem das Herrenhaus erhielt bei späteren Umbauten eine schöne Barockausstattung.

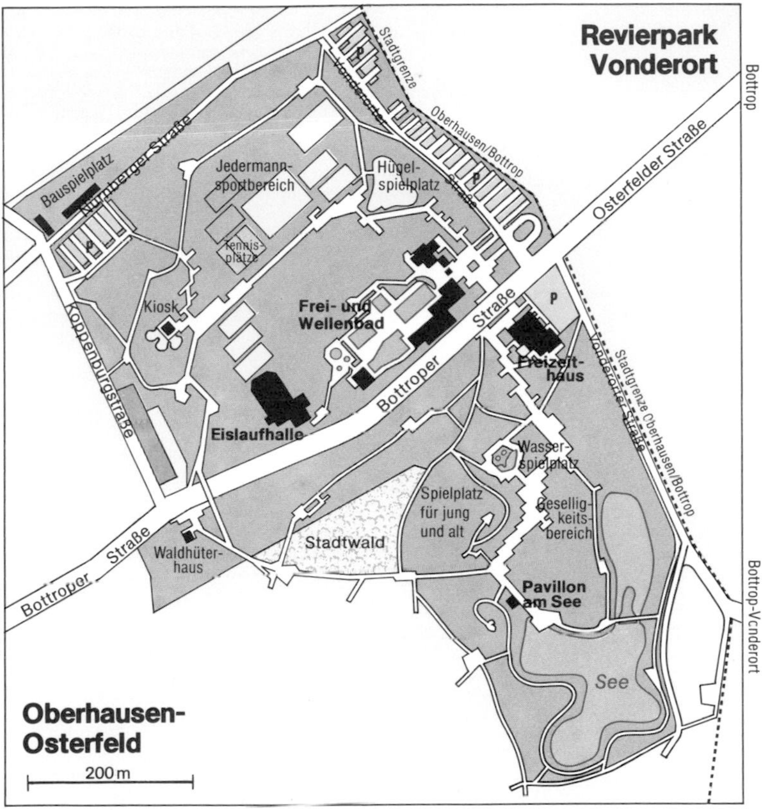

Recklinghausen

Praktische Informationen →S. 208/209

Einwohnerzahl: 120000
Fläche: 66,36 qkm
Höchster Geländepunkt: 124 m
Tiefster Geländepunkt: 43 m

Lage

Die ehemalige Hansestadt, historischer Verwaltungs- und Gerichtssitz in Westfalen, ist heute Hauptstadt des Kreises Recklinghausen, des bevölkerungsreichsten Kreises der Bundesrepublik Deutschland. Mit einem Einzugsgebiet von rund 650000 Menschen ist Recklinghausen der wirtschaftliche und kulturelle Mittelpunkt an der Schwelle des nördlichen Ruhrgebiets zum südlichen Münsterland.

Geschichte

Gründer der Stadt war Karl d. Gr. Aus einem karolingischen Königshof entstand der Markt ‚Ricoldinchuson' (1017 erstmals

Geschichte (Fortsetzung)

urkundlich erwähnt), der bereits um 1100 eigene Münzen prägte. Von 1150 bis 1802 gehörte die Stadt zum Herrschaftsbereich des Erzbistums Köln, ebenso wie das heutige Umland, der historische Gerichtsbezirk Vest Recklinghausen. Die Kurkölner gewährten viele Freiheiten, so daß Recklinghausen im Mittelalter einen bedeutenden Aufschwung erlebte: 1179 erste Stadtbefestigung, 1236 volle Stadtrechte, 1253 ältestes erhaltenes Stadtsiegel, 1256 Rathaus, 1316–1618 Mitglied der Hanse.

Industrialisierung

Nach kurzem Zwischenspiel als Teil des Herzogtums Arenberg (1803–1811) und des Großherzogtums Berg (1811–1813) begann 1816 mit der Gründung des preußischen Kreises Recklinghausen, unterstützt von Industrialisierung und verkehrstechnischer Erschließung, die erste Entwicklungsphase zur modernen Großstadt: 1869 Abteufung des ersten Schachtes für die Kohlenzeche ‚Clerget', 1870 Eisenbahn, 1914 Rhein-Herne-Kanal, 1926 erste Eingemeindungen als inzwischen kreisfreie Stadt (seit 1901), 1949 Großstadt.

Stadtbild

Heute noch ist die Stadt bestimmt von dem Kontrast zwischen historischer und moderner Entwicklung: hektische Betriebsamkeit und ländliche Beschaulichkeit, Fachwerk- und Betonfassaden, Wehr- und Fördertürme, Zechenkolonien und Villenviertel, Wiesen und Wälder, Autobahnen und Wanderwege.

Wirtschaft

Die wirtschaftliche Struktur ist heute mit 53,6% Anteil beherrscht vom produzierenden Gewerbe (Bergbau, Metallindustrie, Textilien und Kunststoffe). Der Handels-, Verwaltungs- und Dienstleistungsbereich hat erheblich zugenommen.

Verkehr

Im Stadtgebiet liegt der Schnittpunkt der beiden Autobahnen A 2 (Hannover–Köln) und A 43 (Münster–Wuppertal). Südlich, in unmittelbarer Nähe von Recklinghausen, kreuzen sich A 43 und A 42 (Emscherschnellweg). Durch den Stadthafen am Rhein-Herne-Kanal ist Recklinghausen an das mittelländische Kanalsystem angebunden. Zu Recklinghausen gehört auch der regionale Flugplatz Loemühle.

Kultur

Zu einem kulturellen Begriff sind die Ruhrfestspiele geworden. Auch das Westfälische Sinfonie-Orchester und das Ikonenmuseum sind international bekannt. Institut der Erwachsenenbildung ist die Westfälische Volkssternwarte (mit Planetarium).

Freizeit

Ein Drittel des Stadtgebiets ist bebaut; die übrigen Flächen bilden Stadtforsten, Äcker, Felder und Weiden, Parks und öffentliche Grünanlagen. Glanzpunkt der Sport- und Freizeiteinrichtungen ist die international renommierte Trabrennbahn Hillerheide. Zudem ist Recklinghausen Ausgangspunkt zu Touren in den Naturpark Hohe Mark und zu den westfälischen Wasserburgen im Münsterland.

Engelsburg

Anschrift
Augustinessenstr. 10

Die Engelsburg wurde um 1700 als münsterländischer Adelssitz errichtet und war später Verwaltungssitz des Herzogs von Arenberg. Der dreiflügelige Bau umschließt einen Ehrenhof. Sehenswert ist vor allem die barocke Stuckdecke im reich ausgestatteten Festsaal. Im Inneren der Burg befindet sich heute ein Hotel-Restaurant.

Heiligendarstellungen... ...aus dem Ikonenmuseum

**Ikonenmuseum

Das einzigartige Ikonenmuseum wurde 1956 eröffnet. Es vermittelt einen umfassenden Überblick über die Ikonenmalerei und die Kleinkunst der Ostkirche. Die Malschulen Rußlands sind mit hervorragenden Meisterwerken vom frühen 14. bis in das 18. Jh. vertreten. Aus Griechenland und den Balkanstaaten werden charakteristische Bildgruppen verschiedener Epochen gezeigt. Über die Anordnung der Bilder in der Kirche informiert eine Ikonostase (Bilderwand) aus Griechenland. Mehr als 600 Ausstellungsstücke – Ikonen, Stickereien, Miniaturen, Holz- und Metallarbeiten – veranschaulichen die stilistische Entwicklung und die thematische Vielfalt.
Die frühchristlich-koptische Abteilung mit mehr als 100 Objekten dokumentiert den Übergang von der heidnischen Spätantike zum frühen Christentum in Ägypten. Grabstelen, Reliefplatten mit hellenistischen und biblischen Motiven, Kapitelle und Pilasterkapitelle aus dem 3. Jh. bis in das frühe Mittelalter hinein bilden den Kern dieser Spezialsammlung. Gewebe aus verschiedenen Werkstätten, Gläser, Bronzen und Kreuze sowie einige Mumienporträts zeugen von der Vielfalt künstlerischer Tätigkeit am unteren Nil.

Anschrift
Kirchplatz 2a

Öffnungszeiten
Di.–Fr. 10–18;
Sa., So., Fei. 11–17
Geschlossen: 1. Mai

Rathaus

In sieben Jahrhunderten hat sich die Stadt Recklinghausen vier Rathäuser erbaut. Das vierte, das heutige Rathaus, steht am Kaiserwall, am Rande des Erlbruchparks. Es wurde 1905–1908 im historisierenden Stil der deutschen Renaissance erbaut; ein

Anschrift
Rathausplatz

Rathaus
(Fortsetzung)

schöner abgestuft-runder Turm mit Uhr krönt das Gebäude. Die reich gegliederte Fassade personifiziert durch Figurenreliefs und Steinplastiken wichtige Daten aus der westfälischen und städtischen Geschichte.
Sehr schön und abwechslungsreich gestaltet sind die Eingangshalle und die Treppenaufgänge des fünfstöckigen Gebäudes.

*Ruhrfestspielhaus

Anschrift
Otto-Burrmeister-Allee

Die Ruhrfestspiele, die 1948 gemeinsam von der Stadt Recklinghausen und dem Deutschen Gewerkschaftsbund gegründet worden sind, erhielten 1965 ein eigenes Festspielhaus; vorher fanden die Veranstaltungen im Städtischen Saalbau statt.

Ruhrfestspiele Recklinghausen

FESTSPIELHAUS
1 Haupteingang
2 Eingangshalle
3 Kohlebrocken
4 Kartenstelle
5 Treppe zum Parkett
6 Zugang zum Werkstatt-Theater
7 Erfrischungsraum
8 Werkstatt-Theater
9 Presseraum
10 Wandelgang
11 Kleiner Festsaal
12 Rangfoyer
13 Regiezone
14 Oberrangfoyer
15 Zuschauerraum
16 Hauptbühne
17 Beleuchterbrücken (Zuschauerraum)
18 Kostümwerkstätten
19 Geschäftsführung und Verwaltung (hinter der Bühne)
20 Bühnendekoration (Schnürboden)
21 Arbeitsgalerien
22 Rechte Seitenbühne
23 Schreinerei
24 Bühnenturm
25 Park
26 Rundweg
27 "Die Liegende Nr. 5" (Plastik von Henry Moore)
28 Bühnenbetriebshof

Besondere Ausstattungsstücke sind die Monumentalplastik „Große Liegende Nr. 5“ des britischen Künstlers Henry Moore (vor dem Festspielhaus) und der aus der Zeche ‚König Ludwig‘ stammende 1,5 Tonnen schwere Kohlebrocken (im Foyer).
Die Ruhrfestspiele – ein ‚Kulturvolksfest' mit Theater, Konzerten, Musikshows, Ausstellungen, Tagungen und Diskussionen – finden alljährlich (1. Mai bis Anfang Juli) statt. 1980 wurde ein eigenes Ruhrfestspiel-Ensemble gegründet.

St. Petruskirche

Lage
Am Kirchplatz

Erzbischof Konrad von Hochstaden, der mit dem Bau des Kölner Doms begann, gründete auch die Propsteikirche St. Petrus in Recklinghausen. Sie ist heute das älteste Baudenkmal der Stadt. Architektur und Ausstattung bilden keine Einheit: Durch Neu-, Aus- und Umbauten im Laufe der Jahrhunderte bedingt, finden sich in der Petruskirche z.T. übergangslos romanische, gotische und barocke Stilformen und -elemente. Aus der romanischen Epoche, als hier schon eine Kirche stand, stammt z. B. das Südportal. Die weitgehend spätgotische dreischiffige Hallenkirche wurde 1520 erheblich erweitert und erhielt (nach einem Einsturz) um 1700 ihre mächtigen Rundpfeiler. Erwähnenswert sind ferner der spätromanische Baumeisterkopf (13. Jh.), das gotische Sakramentshäuschen (1520) und der Hochaltar mit Gemälden aus der Rubensschule.

Stadtgarten

Lage
Dorstener Straße / Cäcilienhöhe

In dem 1904–1907 angelegten Stadtgarten befinden sich heute das →Ruhrfestspielhaus, ein Tiergarten (600 Tiere, 15 Arten; 1,5 ha Fläche) sowie die Volkssternwarte mit Planetarium. Es gibt botanische Attraktionen und eine interessante eiszeitliche Rinne.

Städtische Kunsthalle

Anschrift
Große Pferdekampstraße, gegenüber dem Hbf

Öffnungszeiten
Di.–Fr. 10–18, Sa., So., Fei. (außer 1. Feiertage) 11–17; am 1. Mai geschlossen

Die Städtische Kunsthalle wurde errichtet, um der reproduzierenden Kunst der Ruhrfestspiele in Gestalt von Werken der bildenden Künste ein Pendant zur Seite zu stellen. Das Museum ist ausschließlich der Kunst im 20. Jh. gewidmet; während bei den Gemälden die Kunst des deutschsprachigen Raumes überwiegt, ist die graphische Abteilung stärker am internationalen Kunstgeschehen orientiert.

Ruhrtal

→Museumszug im Ruhrtal (S. 184)

Sauerland

Praktische Informationen →S. 209/210

Lage

Das Sauerland, nördlicher Teil des Rheinischen Schiefergebirges, wird eingegrenzt durch die Sieg, die Möhne und die Ruhr und geht im Westen in das Bergische Land bzw. im Südwesten in das Siegerland über.

Lage
(Fortsetzung)

Die romantische und abwechslungsreiche Mittelgebirgslandschaft mit ihren tief eingekerbten Flußtälern (Ruhr, Bigge, Lenne, Eder), ihren Talsperren und Stauseen, Höhlen und Hochebenen, Naturparks und Freizeitanlagen ist eines der bevorzugten Erholungs- und Ausflugsgebiete für die Bewohner des Ballungsraumes an Rhein und Ruhr.

Sauerlandlinie

Von der Sauerlandlinie, der Bundesautobahn A 45 (Dortmund–Hagen–Siegen), führen zahlreiche Bundesstraßen in das verkehrsmäßig maßvoll erschlossene Touristengebiet.

Wintersport

Der Wintersport konzentriert sich auf die Gebiete um Meinerzhagen und Winterberg, die in der Nähe des Kahlen Asten (841 m; Aussichtsturm), der höchsten Erhebung in Nordrhein-Westfalen, liegen.

*Attahöhle

Lage
D-5952 Attendorn

Am Rande des hübschen Städtchens Attendorn – mit der als ‚Sauerländer Dom' bezeichneten Johanneskirche aus dem 14. Jh. – liegt die Attahöhle, eine der schönsten deutschen Tropfsteinhöhlen. Sie wurde 1907 freigelegt; der Hauptgang ist 1,8 km lang. Die Höhle ist täglich geöffnet (Besichtigungsdauer ca. 45 Minuten).

Balve

Balver Höhle

Die Balver Höhle (nahe der B 229) ist seit 1690 bekannt und seit dem 19. Jh. erschlossen. In der eiszeitlichen Wohnhöhle (90 m lang, 18 m breit, 12 m hoch), die heute rund 3000 Personen Platz bietet, finden alljährlich Volksfeste und ein Jazzfestival statt. Die frühgeschichtlichen Funde sind im angeschlossenen Museum zu besichtigen.

Blasiuskirche

Die Blasiuskirche, eine der ältesten westfälischen Hallenkirchen im romanischen Stil, stammt in einigen Bauteilen noch aus dem 12. Jh. Sehr schön sind die Wandgemälde (um 1250). Die Säulen, die das Kirchengewölbe tragen, haben sogenannte Knollenkapitelle, die für das Sauerland typisch sind.

Luisenhütte

Im Ortsteil Wocklum steht die 1733 gegründete Luisenhütte, die älteste Hochofenanlage Deutschlands.

Hönnetal

Das Hönnetal bei Balve (an der B 515, zwischen Burg Klusenstein und Sanssouci) weist in dichter Folge zahlreiche Naturschönheiten auf: romantische Felspartien wie die ‚Sieben Jungfrauen' oder Tropfsteinhöhlen wie die (begehbare) Rekkenhöhle. Die Felshänge und Schluchten sowie die Uferböschungen der Hönne sind ideale Standorte und Lebensräume für seltene Pflanzen und Tiere.

Burg Altena

Lage
D-5990 Altena

Öffnungszeiten
Di.–So. 9.30–17

Die Burg hoch über der Stadt wurde um 1120 erstmals erbaut und nach der letzten Jahrhundertwende alten Vorbildern getreu neu errichtet. Hier gründete Richard Schirrmann 1912 die erste Jugendherberge der Welt (im unteren Teil der Burg). Heute

Tropfsteine in der Attahöhle

beherbergt die Burg Altena nicht nur das Jugendherbergsmuseum, sondern auch das Museum der Grafschaft Mark, das Märkische Schmiedemuseum und das Deutsche Drahtmuseum.

*Dechenhöhle

Die an der B 7 gelegene Dechenhöhle, eine 400 m lange Tropfsteinhöhle, in der Knochenreste eiszeitlicher Tiere gefunden wurden, wurde 1868 beim Bau einer Eisenbahnlinie entdeckt und ist heute im Besitz der Deutschen Bundesbahn.

Lage
D-5860 Iserlohn-Letmathe

Öffnungszeiten
tgl. 9–17 (März bis November)

*Freizeitzentrum „Fort Fun"

Eine Westernstadt mit Cowboy-Saloon ist Mittelpunkt des Freizeitparks, zu dem u. a. eine 780 m lange Rutschbahn gehört. Von Fort Fun aus kann man einen Ranger-Urlaub im Planwagen durch das Sauerland antreten.

Lage
D-5787 Olsberg-Gevelinghausen, nahe der B 7

Bergbaumuseum Ramsbeck

3 km südlich liegt das Bergbaumuseum Ramsbeck, in dem früher Erz gefördert wurde. Einfahrten zur Besichtigung sind täglich 9–16 Uhr; zwischen dem 15. Oktober und dem 15. März ist das Museum allerdings nur montags geöffnet, vom 1. Adventssonntag bis zum 2. Weihnachtsfeiertag ständig geschlossen.

Bruchhauser Steine

Nahe Fort Fun an der B 251 auf den Höhen des Isenbergs ist ein prähistorisches Denkmal zu bewundern: vier hochaufragende Felsen, die Bruchhauser Steine – vermutlich Reste einer vorgeschichtlichen Wallburg und einer vorchristlichen Kultstätte.

Heinrichshöhle

Lage
D-5870 Hemer

Öffnungszeiten
März–Nov.: tgl. 10–18
Jan.–Febr.: Sa.–So. 10–17

Diese wildromantische Tropfsteinhöhle ist seit 1812 bekannt und wurde 1906 zum Besuch freigegeben. Die begehbaren Wege sind insgesamt 350 m lang. In der Höhle fand man u. a. Skelette von Höhlenbären sowie Knochen von urzeitlichen Wisenten und Rhinozerossen.
Die Höhle befindet sich am Eingang zum Felsenmeer. Diese zerklüftete Urweltlandschaft – große und kleine Felsschluchten unter hohen Buchenstämmen – ist durch den Einsturz mehrerer nebeneinanderliegender Höhlen entstanden. Das bizarre Kalkfelsendenkmal (800 m lang, 200 m breit) steht unter Naturschutz.

Iserlohn

Das Städtchen Iserlohn war schon im Mittelalter wegen seines Schmiedehandwerks weithin bekannt und berühmt (Schwerter, Panzerhemden). Eines der schönen Iserlohner Kettenhemden für die märkischen und rheinischen Ritter ist heute sogar im Londoner Tower zu sehen.

Kirchen

Die Bauernkirche (Inselstraße 3) wurde um 1000 im romanischen Stil erbaut (später gotisch erweitert) und ist eine der ältesten Kirchen Westfalens. Der geschnitzte Flügelaltar stammt aus dem 15. Jahrhundert.
In der Obersten Stadtkirche ist vor allem der flandrische Flügelaltar (um 1450) zu beachten. Acht meisterhafte Bildtafeln an der Rückwand des Chorgestühls stellen das Marienleben dar.

* Karl-May-Festspiele Elspe

Anschrift
D-5940 Lennestadt 12 (Elspe), an der B 55

Die Karl-May-Festspiele auf der sauerländischen Freilichtbühne im Naturschutzgebiet Rübenkamp sind inzwischen international bekannt. Jedes Jahr von Anfang Juni bis Ende August wird ein neues Schauspiel um den Indianerhäuptling Winnetou und seinen weißen Freund Old Shatterhand von mehr als 100 Profi- und Laiendarstellern in Szene gesetzt. Die 4000 Zuschauerplätze sind überdacht.

*Kluterthöhle

Anschrift
D-5828 Ennepetal-Altenförde
Höhlenstr. 20

Richtung
Halver / Hasper Talsperre

Die Kluterthöhle – im Landschaftsdreieck zwischen Ruhrgebiet, Sauerland und Bergischem Land – gehört zu den größten unterirdischen Naturschönheiten im Bundesgebiet. Das ausgebaute Wegesystem in dieser Höhle ist zwischen 5 und 6 km lang. 750 m der Gänge, die für Besucher zugänglich sind, haben eine elektrische Beleuchtung. Die Kluterthöhle ist eine Naturheilstätte für Asthmakranke.

Lüdenscheid

Die Industriestadt Lüdenscheid liegt zwischen Volme- und Lennetal auf mehreren waldumgebenen Anhöhen. Der 1067 erstmals urkundlich erwähnte Ort wurde 1268 mit Stadtrechten ausgestattet und war zeitweilig Mitglied der Hanse.

Stadtmuseum

Das Stadtmuseum zeigt historische Dokumente, Erzeugnisse der vielseitigen, traditionsreichen Industrie, eine Feuerwehrsammlung und als Rarität eine umfangreiche Knopfsammlung.

Wasserschloß Neuenhof

Das im Süden der Stadt gelegene Wasserschloß Neuenhof, 1694 erbaut, ist der Stammsitz des Abenteurers Theodor Baron Neuhof, der 1736–1738 König von Korsika war und 1756 verarmt in London starb.

*Naturparks

Überwiegend ist das Sauerland in den letzten Jahrzehnten zu Naturparks umgestaltet, d. h. mit Wanderwegen und Wildgehegen, mit Freizeiteinrichtungen und Erholungsstätten ausgestattet worden. Dadurch entstanden viele abwechslungsreiche Ausflugsziele zwischen den großen Verdichtungsräumen Ruhrgebiet, Rhein/Main und Hannover/Braunschweig.

Arnsberger Wald

Der Naturpark Arnsberger Wald (448 qkm) beginnt am nördlichen Rand des Sauerlands, in der Nähe des attraktiven Möhnesees (→Stauseen). Von der grünen Ebene der Soester Börde reicht er über den Haarstrang in das bewaldete Mittelgebirge. In einem riesigen zusammenhängenden Waldgebiet (360 qkm) wurde der größte Rotwildbestand im Bundesgebiet registriert. Zur Erhaltung der vielen (auch seltenen) Fisch- und Vogelarten ist zusätzlich der Heve-Arm des Möhnesees vor zehn Jahren zum Naturschutzgebiet erklärt worden.

Diemelsee

Der Naturpark Diemelsee (334 qkm) erfaßt den östlichen Teil des westfälischen Sauerlands (Brilon) und reicht mit seinen geschlossenen Waldungen weit in das Hessische Bergland (Willingen).

Ebbegebirge

Naturpark Ebbegebirge (658 qkm) heißt der Teil des Sauerlandes um Plettenberg/Drolshagen, der an den Naturpark Bergisches Land anknüpft und bis auf die Märkische Hochebene (ca. 600 m) ansteigt. Dazu gehören auch u. a. der Biggesee (→Stauseen) und der Aggersee.

Homert

Der Naturpark Homert (400 qkm) schiebt sich zwischen Arnsberger Wald und Ebbegebirge. Markiert ist er durch die Orte Meschede, Werdohl und Lennestadt. 58% seiner Fläche sind Wald (meist Fichten), die Ufer der Stauseen (u. a. Sorpesee und Hennesee) sind insgesamt 35 km lang.

Rothaargebirge

Der Naturpark Rothaargebirge (1133 qkm) umschließt das Tal der Lenne bis zur Hochebene um Winterberg. Er ist geprägt durch Gebirgsbäche und langgezogene Wiesentäler. Die Quellgebiete von Ruhr, Lenne, Sieg, Lahn und Eder sind gut ausgestattete Ausflugsziele.

*Stauseen

Die zahlreichen Talsperren und Stauseen im Sauerland dienen in erster Linie der Wasser- und Stromversorgung des Ruhrgebiets. Sie sind aber auch erstklassige Ausflugsziele und Freizeitstätten für erholungsuchende Revierbewohner. Nur wenige Stauseen sind für Badefreunde und Wassersportler gesperrt.

Biggesee von Süden

Biggesee

Der Biggesee zwischen Attendorn und Olpe (Abfahrt von der A45, Kreuzung der Bundesstraßen B 54/B 55) wurde 1957–1966 angelegt. Mit 175 Mio. cbm Wasser ist er – bei 8,75 qkm Fläche – die größte Talsperre Westfalens, gemessen am Fassungsvermögen. Wahrzeichen des Sees ist (bei Olpe) eine 16 m hohe Fontäne (im Sommer ‚Biggesee in Flammen'). Über den Biggesee führen zwei Brücken: Listertal 314 m und Dumickeltal 283 m. Neben Wassersportarten und Angeln werden auch Rundfahrten mit Fahrgastschiffen angeboten.

Möhnesee

Der Möhnesee am Nordrand des Sauerlandes (zu erreichen über die B 229 und die B 516) ist mit 1037 ha zwar von der Oberfläche her größer als der Biggesee, faßt aber mit 135 Mio. cbm Inhalt weniger Wasser. Die Sperrmauer ist bei Günne 650 m lang und 6,25 m stark. Nach großem Niederschlag läuft das Wasser über die Sperrmauer und ergießt sich als 40 m hoher Wasserfall in den See. Motorboote sind nicht erlaubt, sonst aber alle Arten von Wassersport. Veranstaltet werden Rund- und Sonderfahrten. Segelschulen gibt es in Körbecke und Stockum, eine Schule für Windsurfing hat ihren Sitz im Künstlerdorf Wamel. In Echtrop, wo sich auch ein Eissportzentrum befindet, können Reitstunden und Kutschfahrten gebucht werden; ebenso in Günne und Wamel. Außerdem: Wildpark Völlinghausen und Naturlehrpfad Delecke.

Sorpesee

Der Sorpesee zwischen Langscheid (am Nordende) und Amecke ist langgestreckt und 330 ha groß. Angelegt wurde er 1928–1935. Um den See herum bietet der Naturpark Homert (400 qkm) auch für wasserscheue Freizeitfans jede Art von Erholung.

Schwerte

Praktische Informationen→S. 211

Einwohnerzahl: 50000
Fläche: 56,19 qkm
Höchster Geländepunkt: 260 m
Tiefster Geländepunkt: 98 m

Lage

Die Ruhrstadt Schwerte, im Südosten des Reviers vom bewohnten Gebiet her beinahe ‚hauteng' mit Dortmund verbunden, gehört zum Kreis Unna. Die reizvolle Lage im grünen Ruhrtal und die umliegenden Wald- und Wiesenflächen prägen das Gesicht der Stadt.

Geschichte

Vor- und frühgeschichtliche Funde beweisen eine schon recht frühe Besiedlung in diesem Raum. So wurde nach der Eroberung der Syburg durch Karl d. Gr. im Jahre 775 am Nordrand des Rehberges in Schwerte-Westhofen eine Handwerkersiedlung gegründet, in der kunstvolle Gebrauchsgüter aus Bronze gefertigt wurden.
Urkundlich erwähnt wird der Ort Schwerte 962, als der Werdener Abt Engelbert in Lichtendorf und Beisecke ein Jahresgedächtnis stiftete. Im 11. Jh. wird in alten Dokumenten erstmals Ergste (‚Argeste') genannt. Die ältesten Zeugnisse über den in karolingischer Zeit gegründeten Reichshof Westhofen stammen aus der Zeit um 1250. Während Schwerte und Westhofen seit 1232 unter landesherrlicher Gewalt der Grafen von Altena-Mark standen, gehörten Ergste und Villigst bis 1815 zur Grafschaft Limburg. Im 15./16. Jh. begann der wirtschaftliche Aufschwung, als Schwerte und Westhofen zur Hanse gehörten. Nachweis für die Entfaltung einer städtischen Kultur ist die Gründung von sechs Handwerkergilden. Damals war das metallverarbeitende Gewerbe, das in Schwerte vor allem Brustpanzer und Schwerter produzierte, weithin bekannt.

‚Schichte'

Im späten Mittelalter hat sich auch eine in Westfalen einzigartige Form kommunaler Selbstorganisation aufgebaut: Die Bürger organisierten sich in ‚Schichte' und Nachbarschaften. Diesen Organen oblag bis Ende des 19. Jh.s die Brandbekämpfung, die Straßenreinigung, die Einhaltung nachbarlicher Pflichten u. a. Von zahlreichen Vereinen werden heute noch die alten Gebräuche und Lieder gepflegt.

Wirtschaft

Begünstigt durch die zahlreichen kleinen Wasserläufe gab es in früheren Zeiten viele Schmiede in Schwerte. Die heutige Wirtschaftsstruktur wird von den Nachfolgern dieses Handwerks bestimmt wie Kettenschmieden, Gießereien, Maschinen- und Apparatebau. Die Verflechtung mit dem angrenzenden Wirtschaftsraum hat die typische Struktur allerdings etwas aufgelockert.

Verkehr

Die Autobahnen A 1 und A 45 durchqueren das Stadtgebiet, die Bundesstraße B 236 führt direkt ins Hochsauerland. Gute Bahn- und Busverbindungen verknüpfen Schwerte mit dem regionalen und weiter entfernten Raum.

Kultur

Traditionell gehören in Schwerte Kultur und Geselligkeit eng zusammen. So gibt es heute ein intensives Vereinsleben (ca. 150 Vereine) und überregionale kulturelle Einrichtungen (Katholische Akademie, Haus Villigst, Jugendbildungsstätten).

Freizeit

Olympiasieger und Weltmeister haben die Stadt Schwerte bekannt gemacht als Hochburg des Kanusports, des Volleyballs und der Wettkampfgymnastik. Auch die Freizeitsportler kommen voll auf ihre Kosten: Drei Viertel des Stadtgebiets sind Grün- und Erholungsgebiete; allein der Baumbestand umfaßt 14 qkm (= 25% der gesamten Stadtfläche). Daher ist Schwerte als waldreichste Stadt im Kreis Unna ein beliebtes Naherholungsziel.

Haus Ruhr

Lage
Schwerte-Wandhofen
Hagener Straße

Das ehemalige Wasserschloß an der Ruhr geht in seinen Ursprüngen vermutlich auf das 12./13. Jh. zurück. Durch Heiraten und Erbschaften wechselten die Besitzer relativ häufig.
Das weiträumige Burgplateau verrät noch das einstige Verteidigungsprinzip, durch Anlage einer starken Vorbefestigung (Vorburg) den Weg zur Hauptburg zu erschweren. Der Zugang führte durch einen zweigeschossigen Torbau (15. Jh.) in einen langgestreckten, fast rechteckigen Innenhof mit der Bastion (15. Jh.) an der südlichen Schloßmauer.
Ältester Bauteil und Kern der späteren Anbauten ist der stattliche zweigeschossige Baukörper aus dem Jahr 1455 mit der klaren Gliederung seiner westlichen Außenfront, die von der Parkseite her voll in Erscheinung tritt. Das weit über die dort noch vorhandenen Gräftesicherungen herausragende Kellergeschoß läßt durch seine starken Umfassungen mit den tiefen Schießscharten noch deutlich den Wehrcharakter des Hauses erkennen.

Haus Steinhausen

Lage
Schwerte-Holzen
Syburger Straße / Unnaer Straße

Das ehemalige Wasserschloß war auf einem engbegrenzten Burgplateau angelegt, dessen Ringgräben von einem Seitenarm des Wannebaches gespeist wurden. Die Anlage ist 1480 erstmals urkundlich erwähnt, bestand aber vermutlich schon seit dem 12. Jh. Wichtigster Bauteil ist der Turm mit seinen beidseitigen Treppengiebeln, an dessen Fuß sich die noch heute erkennbaren Gräften hinzogen. Einen besonderen baulichen Akzent erfährt die Hoffront durch den wappengeschmückten Portal- und Treppenaufgang.

Haus Villigst

Lage
Schwerte-Villigst

Die Geschichte des alten westfälischen Adelssitzes läßt sich bis ins Mittelalter zurückverfolgen: Urkundlich wird der Ritterbesitz erstmals im Jahre 1170 genannt. Besitzer waren im Laufe der Jahrhunderte fast alle wichtigen Familien des märkisch-westfälischen Landadels – zunächst die Familie von Sobbe, 1423 von der Recke, 1461 von der Mark, 1749 von Elverfeldt, 1889 von Rheinbaben, 1919 von Gemmingen.
Vom alten Baubestand aus der Zeit zwischen dem 15. und 18. Jh. ist nichts mehr vorhanden. Auf den alten Grundmauern sind im Jahre 1819 im klassizistischen Stil durch Ludewig von Elverfeldt die Gebäude der heutigen symmetrischen Anlage errichtet worden.
Seit 1948 sind die ehemaligen Schloßbauten und der Park an die Evangelische Kirche von Westfalen verpachtet, die seither

ihre verschiedenen Einrichtungen und Institutionen (Sozialamt, Pastoralkolleg, Amt für Jugendarbeit, Pädagogikinstitut, Studienkolleg) hier untergebracht hat.

Rathäuser

Neues Rathaus

Das Neue Rathaus entstand um 1915, nachdem in einem Architektenwettbewerb der damals völlig unbekannte Student Carl H. J. Schmitz unter rund 200 Einsendungen den ersten Preis gewonnen hatte. Der Entwurf verzichtete auf den architektonischen Historismus der wilhelminischen Ära und auf die damals obligatorischen preußisch-reichsdeutschen Bausymbole. Es entstand ein funktionales Repräsentationsgebäude aus heimischen Werkstoffen (Schiefer, Sandstein, relativ sparsame Verwendung von Putz), ohne Schnörkel und ohne Anlehnung an historische Baustile. Praktisch der einzige Bauschmuck sind die allegorischen Darstellungen der bürgerlichen Stände (in Form von Säulenfiguren) im Bereich des Portals.
Preisträger Schmitz, bis zu seinem Tod 1963 Bürger von Schwerte, erlebte daraufhin eine große Karriere als Architekt und Städteplaner: Er gewann 67 Wettbewerbe und erhielt zahlreiche Auszeichnungen.

Altes Rathaus

Das Alte Rathaus aus der Renaissancezeit (mit zwei bemerkenswerten Treppengiebeln) ist heute Sitz des →Ruhrtalmuseums.

*Ruhrtalmuseum

Anschrift
Brückstr. 14

Öffnungszeiten
Mi., Fr., Sa. 14–18,
Do. 8–12 und 14–18;
So. 10–12 und 14–18;
während der Schulferien
zusätzlich Mi., Fr. 10–12

Untergebracht ist das Ruhrtalmuseum im alten Schwerter Rathaus, einem 1547 erbauten Renaissancegebäude. Gegliedert ist das Museum in folgende Abteilungen:
– Urgeschichte ‚Vom Sammler und Jäger zum Ackerbauern'; wichtigste Ausstellungsstücke: Mittelsteinzeitlicher Jäger (Rötelzeichnung auf Fels aus Ostspanien, etwa 6000 v. Chr.) und Feuersteinpfeilspitze aus der Jungsteinzeit (ca. 4000 Jahre alt).
– Stadtgeschichte ‚Von den Anfängen der Besiedlung bis zur Gegenwart'; wichtigste Ausstellungsstücke: Silbermünze ‚Schwerter Pfennig' (um 1400) und Radierung ‚Gefecht bei Westhofen 1761' aus dem Siebenjährigen Krieg.
– Geologie ‚Erdgeschichte Westfalens / Stammbaum der Pflanzen'; wichtigste Ausstellungsstücke: Ammonit und Auster (jeweils ca. 100 Mio. Jahre alt).
– Postgeschichte ‚Vom Altertum bis zur Gegenwart' mit Raritäten für Postgeschichtler und Briefmarkensammler.

St.-Viktor-Kirche

Der schiefe Turm der St.-Viktor-Kirche ist das Wahrzeichen der alten Stadt Schwerte. Die genaue Bauzeit der gotischen Hallenkirche ist nicht bekannt. Sehenswert von der Innenausstattung sind der große Schnitzaltar (15 Schnitzgruppen, 72 Gemälde auf den vier Seiten der doppelten Altarflügel), der vermutlich um 1520 von dem Antwerpener Meister Adrian van Overbecke gefertigt wurde, sowie die Kruzifixe aus dem 14./15. Jh. und die aus der Zeit um 1320 stammenden Fresken in einer Nische des Querschiffes, die erst nach 1955 freigelegt wurden und wahrscheinlich aus der Kölner Schule stammen.

Selm

Praktische Informationen →S. 211

Einwohnerzahl: 48000
Fläche: 60,4 qkm
Höchster Geländepunkt: 100 m
Tiefster Geländepunkt: 60 m

Lage

Obwohl seit der kommunalen Neugliederung 1975 zum ‚Revierkreis' Unna und zum Regierungsbezirk Arnsberg gehörig, ist Selm landschaftlich ganz zum Münsterland zu zählen. Für das Ruhrgebiet ist die Mittelstadt mit ihrer ländlichen Umgebung (Cappenberger Landrücken) ein auch kulturhistorisch interessantes Naherholungsziel.

Geschichte

Ältester Stadtteil ist Cappenberg: 1122 wandelten die Cappenberger Grafen ihre Burg zu einer Prämonstratenserabtei um. Graf Gottfried, durch dessen Verschulden beim Kampf um Münster der dortige Dom gebrandschatzt wurde, wollte durch die Errichtung der Propstei Buße tun. Er wurde später heiliggesprochen – ebenso wie der Gründer des Ordens und erste Propst von Cappenberg, Norbert von Xanten (später Erzbischof von Magdeburg).

Wirtschaft

Selm, seit 1977 Stadt, ist Standort für eine lebhafte Kleinindustrie (Papiererzeugung, Magnettechnik u. a. m.).

Verkehr

Durch Selm führt die B 236 (Lünen–Olfen). An dieser Bundesstraße liegen zwei Freizeit- und Erholungsgebiete mit viel Wald und Wasser: der Ternscher See (3 km nordöstlich von Selm) und der Cappenberger See (5 km südlich von Selm).

*Burg Vischering (Heimatmuseum)

Lage
in Lüdinghausen
(10 km nördlich);
Auskunft beim Verkehrsamt,
Steverstr. 15,
D-4710 Lüdinghausen,
Tel. 02591/20-0

Die runde Wasserburg Vischering wurde auf zwei Inseln, umflossen von der Stever, gebaut. Von der architektonischen Struktur her ist Burg Vischering überaus kompliziert angelegt, da sie ständig umgebaut und erweitert wurde. Von der ursprünglichen Hauptburg (13. Jh.) sind nur Reste erhalten geblieben. Ein Großbrand 1521 vernichtete fast die ganze alte Anlage; lediglich die Oberburg (auf einer eigenen Insel) blieb weitgehend verschont.
Im Halbrundbau, der einen Binnenhof mit schlankem Turm umschließt, ist heute das Heimatmuseum zur Geschichte der Stadt und des ehemaligen Kreises Lüdinghausen untergebracht.

Friedenskirche

Lage
Altstadt

Bei einem verheerenden Feuer brannte die ursprünglich romanische Kirche (ca. 10. Jh.) im alten Dorfkern von Selm bis auf die Grundmauern nieder. An ihrer Stelle wurde eine gotische Hallenkirche errichtet und bis 1490 vollendet. Der Kirchturm, der noch weitgehend aus der romanischen Zeit stammt, bekam im Jahre 1878 einen neuen spitzen Helm im damaligen Zeitgeschmack. Bei einer umfangreichen Restaurierung (1962–1965) wurden im Innenraum sehr schöne spätgotische Fresken freigelegt. Dabei erhielt dann auch der Kirchturm wieder seine ursprüngliche niedrige Form.

Wasserburg Vischering in Lüdinghausen

**Schloß Cappenberg

Lage
Selm-Cappenberg;
7 km südöstlich von Selm,
4 km nördlich von Lünen

Der bewaldete Höhenrücken, auf dem das dreiflügelige Schloß inmitten eines herrlichen Parks liegt, beherrscht das Lippetal. Bereits in der karolingischen Zeit stand hier eine Wehrburg, die später als Propstei dem Prämonstratenserorden gestiftet wurde. Nach der Säkularisierung 1803 wurde das Kloster preußische Staatsdomäne. Der Reichsfreiherr Karl vom und zum Stein tauschte das westfälische Gut 1816 gegen seine Besitztümer in Posen und machte Cappenberg zu seinem Alterssitz. Dem preußischen Verwaltungsreformer, der 1831 auf Schloß Cappenberg starb, ist die gründliche Restaurierung und damit die Erhaltung der Anlage zu verdanken. Deshalb auch beherbergen die historischen Schloßräume heute ein umfangreiches Freiherr-vom-Stein-Archiv.

Klosterkirche
(nur nach Voranmeldung zugänglich;
Tel. 02306/50511)

Die ehemaligen Klostergebäude stammen im wesentlichen aus dem frühen 18. Jh. Sie umschließen das Prunkstück, die romanische Klosterkirche, die um 1125 eingerichtet und im 14./15. Jh. im gotischen Stil umgestaltet wurde; auf kreuzförmigem Grundriß entstand eine dreischiffige Basilika mit gotischem Pfeilergewölbe.

** Barbarossakopf

Besonders sehenswert von der reichen Innenausstattung sind das Cappenberger Kruzifix (um 1225), das holzgeschnitzte Chorgestühl (um 1520), das gotische Doppelgrabmal (um 1330) der Klostergründer Gottfried und Otto von Cappenberg. Im Kirchenschatz befindet sich eine der bedeutendsten Arbeiten der Aachener Goldschmiedekunst des 12. Jh.s: der Cappenberger Barbarossakopf, der als älteste abendländische Porträtplastik nach der Antike gilt und in dem die Reliquien des Kirchenpatrons Johannes aufbewahrt wurden.

Selm, Schloß Cappenberg (Fortsetzung)
Wildpark

Der Wildpark (nachmittags zugänglich), der zu Schloß Cappenberg gehört, wurde durch den Reichsfreiherrn vom und zum Stein eingerichtet. In dem weitläufigen Eichenhain (35 ha) leben Rot-, Dam- und Schwarzwild sowie Wildpferde, Wasserwild, Ponys und Esel. Miteinbezogen wurden die alten Fischteiche der Mönche. In der englischen Parkanlage stehen auch Bäume, die aus den Samen gewachsen sind, welche Alexander von Humboldt von seinen Weltreisen mitgebracht hatte.

**Schloß Nordkirchen

Lage
D-4717 Nordkirchen

Führungen
So. nachmittags stündlich

Am Ortsausgang von Nordkirchen (Richtung Südkirchen) steht auf einer fast quadratischen Burginsel eines der imposantesten deutschen Wasserschlösser aus der Barockzeit, auch ‚das westfälische Versailles' genannt. Es war ursprünglich eine mittelalterliche Burg, ein befestigter Schulzenhof des Klosters Werden, zu dem 33 Unterhöfe gehörten. Der prunkvolle Um- und Ausbau, wie er heute noch zu sehen ist, stammt im wesentlichen aus dem frühen 18. Jh.: rote Backsteinwände mit hellem Sandstein, geplant und begonnen von Pictorius, vollendet 1735 von Schlaun, der auch den riesigen Parkgarten um das Schloß anlegte.
Bemerkenswert im Innern sind vor allem die schönen Stuckdecken und im Festsaal zwei figurenreiche Kamine.
Seit 1950 ist im Schloß Nordkirchen die Fachhochschule für Finanzen des Landes Nordrhein-Westfalen untergebracht.

Unna

Praktische Informationen →S. 211/212

Einwohnerzahl: 58000
Fläche: 88,43 qkm
Höchster Geländepunkt: 220 m
Tiefster Geländepunkt: 65 m

Lage

Die Kreisstadt Unna bildet am Ostrand des Ruhrgebiets den Übergang zur Soester Börde und zum Sauerland (über Fröndenberg). Sie ist heute eine kleine Industriestadt mit grünem Umland.

Geschichte

Der ehemalige Königshof wurde 1032 erstmals in einem alten Dokument des Klosters Deutz aufgeführt, kam 1243 an die Grafschaft Mark und erhielt bereits vor 1290 das Stadtrecht. Neben der Landwirtschaft waren Bierbrauerei und Branntweinbrennerei sowie die seit 1384 nachweisbare Salzgewinnung die wichtigsten Erwerbszweige der Hansestadt am Hellweg.
Im Jahre 1799 wurde auf der Saline Königsborn die erste Dampfmaschine des Ruhrgebiets in Betrieb genommen. Der Ortsteil Königsborn war von 1818 bis 1941 anerkanntes Heilbad.
Den eigentlichen Aufschwung erlebte Unna nach dem Anschluß an das Eisenbahnnetz im Jahre 1855. Die erste Zeche wurde im gleichen Jahr abgeteuft. Seit 1930 ist Unna Kreisstadt.

Wirtschaft

Die wirtschaftliche Struktur ist heute recht vielseitig. In dem 1,2 qkm großen Industriepark an der B 1 konnten z. B. in den letzten Jahren 88 Firmen angesiedelt und damit rund 1800 Arbeitsplätze gesichert werden.

Unna liegt am Schnittpunkt der beiden Autobahnen A 1 (Bremen–Köln) und A 44 (Dortmund–Kassel). Im Stadtgebiet kreuzen sich die Bundesstraßen B 1 (Ruhrschnellweg) und B 233 (Werne–Iserlohn). Verkehr

Als eine der ersten Städte in Nordrhein-Westfalen hatte Unna eine Fußgängerzone (heute ca. 10000 qm), die von Anfang an in die vielfältigen kulturellen Aktivitäten einbezogen wurde. Kultur

Innerhalb der teilweise noch erhaltenen mittelalterlichen Stadtbefestigung stehen mehrere sehenswerte Fachwerkhäuser (16. bis 18. Jh.). Fachwerkhäuser

Evangelische Stadtkirche

Die große gotische Kirche ist der Nachfolgebau für die Urpfarrkirche der ersten Missionstätigkeit um 800. Das 1322–1467 errichtete Gotteshaus ist eine langgestreckte, dreischiffige Halle mit der für Westfalen seltenen Eigenart, daß die Seitenschiffe als Umgang um den Chorschluß herumgeführt sind. Der ganze Bau liegt unter einem gemeinsamen Satteldach, das im Westteil von einem mächtigen Turm durchstoßen wird.
Von der einstmals reichen Ausstattung ist nicht mehr alles in der Kirche zu sehen. Sieben Kunstwerke aus Unna, so z. B. ein thronender Christus (um 1400) und eine kostbare Marienstatue, sind in das Landesmuseum Münster gelangt. In der Kirche befinden sich u. a. noch ein sehenswerter Altaraufsatz, ein gotisches Sakramentshäuschen (um 1450) und eine Barockkanzel (um 1660) sowie mehrere alte Grabsteine im Chorumgang.

Münzschatz im Hellwegmuseum

Unna (Fortsetzung)

Haus Westhemmerde

Lage
Unna-Hemmerde
(9 km östlich)

Ein gewisser Ritter von dem Bröhl hat das Wasserschloß im 16. Jh. erbauen lassen; es bestand damals nur aus einem rechteckigen zweigeschossigen Gebäude. In der zweiten Hälfte des 16. Jh.s und in der ersten Hälfte des 18. Jh.s wurde es durch einen rechtwinkligen Anbau eines Südflügels erweitert. In dieser Form ist es heute noch zu sehen.

*Hellwegmuseum

Anschrift
Burgstr. 8

Öffnungszeiten
Di.–Fr. 10–12.30 und 15–17, Sa./So. 11–13, So. 15–17

Das 1982 nach umfangreichen Umbauarbeiten wieder eröffnete Museum ist gegliedert in die Abteilungen ‚Vor- und Frühgeschichte' und ‚Unna im Mittelalter bis zur Industrialisierung'. Es sind interessante heimatkundliche Sammlungen zu sehen (u. a. Schatz von Unna: mittelalterliche Goldmünzen aus dem 13. Jh.). Daneben gibt es eine vortreffliche technische Abteilung mit (meist beweglichen) Modellen aus Kohle- und Salzbergbau. Untergebracht ist das Heimatmuseum in der ehemaligen Burg, die im Baukern Ende des 17. Jh.s entstand und durch die Grafen von der Mark im 19./20. Jh. erweitert worden ist.

Waltrop

Praktische Informationen →S. 212

Einwohnerzahl: 28500
Fläche: 47 qkm
Höchster Geländepunkt: 83 m
Tiefster Geländepunkt: 45 m

Lage

Die zum Kreis Recklinghausen gehörende Mittelstadt Waltrop liegt am Nordrand des Ruhrgebiets, sozusagen als Brücke zwischen der Kernzone des dicht besiedelten Industriegebietes und des ländlichen Raumes des Münsterlandes.

Geschichte

Die ersten Ansiedlungen im Waltroper Raum lassen sich bis in die Zeit um 2000 v. Chr. zurückverfolgen, während das ‚Dorf im Walde' selbst in der Zeit Karls d. Gr. entstanden ist. Das Gebiet um die beiden Reichshöfe Elmenhorst und Abdinghof, das 1032 als ‚Walltorpe' erstmals erwähnt wird, gehörte 1181–1802 zu Kurköln. Es blieb all die Jahrhunderte hindurch ein kleiner Marktplatz für die umliegende Landwirtschaft. Erst als der Bergbau nach Norden wanderte, begann mit der Abteufung der Zeche 1903 die industrielle Entwicklung Waltrops, das 1938 zur Stadt erklärt wurde.

Wirtschaft

Nachdem die Zeche 1979 geschlossen wurde, übernahmen einige kleinere Industrie- und Gewerbebetriebe die wirtschaftliche Leitfunktion (u. a. Holz-, Textil-, Metall-, Arzneimittelindustrie sowie Fahrzeugbau). Die Landwirtschaft wird heute auf den Rieselfeldern (1892–1898 von der Stadt Dortmund angelegt) im Osten des Stadtgebiets Waltrop betrieben. Die Rieselfelder sind eines der größten geschlossenen Gemüseanbaugebiete (rund 4000 Morgen Land), die wesentlich zur Versorgung der Revierbevölkerung mit Frischgemüse beitragen.

Verkehr

Zugehörig zum regionalen Aktionsprogramm ‚Nördliches Ruhrgebiet' (ein zu fördernder Wirtschaftsraum) und in unmittel-

Henrichenburg: Altes ... ... und neues Schiffshebewerk

barer Nachbarschaft der Städte Dortmund und Recklinghausen, ist Waltrop an das Fernstraßen- und Bahnnetz angeschlossen. Im Dreieck zwischen Rhein-Herne-Kanal, Dortmund-Ems-Kanal (mit Hafen Waltrop) und Hamm-Datteln-Kanal (mit zwei Industriehäfen und dem Industriegebiet Wirrigen) ist Waltrop ein wichtiger Standort im mitteleuropäischen Wasserstraßennetz.

Kultur und Freizeit

Das kulturelle Leben, das als festen innerstädtischen Platz die moderne Stadthalle hat, wird geprägt von den kulturellen Einrichtungen der Umgebung. Ähnlich ist es mit dem Angebot für sportliche Freizeit und Erholung: Neben dem innerstädtischen Bereich (Moselbachtal, ferner das 1981 eröffnete hochmoderne Allwetterbad) haben die zahlreichen Naherholungsgebiete (Naturpark Hohe Mark, Westfalenpark, Gysenbergpark) eine wichtige Funktion für Waltrop.

St. Peter

Lage
im Stadtkern

In ihrem Baukern stammt die alte Kirche St. Peter noch aus der Zeit vor der Jahrtausendwende. Bei späteren Umbauten, Renovierungen und Erweiterung erhielt sie ihr heutiges spätgotisches Aussehen.
Der Taufstein im Innern der Kirche ist noch romanischen Ursprungs.
Die Peterskirche steht im sogenannten ‚malerischen Winkel', wie der historische Stadtkern in Waltrop heißt. Hier befindet sich auch der ‚Tempel' – ein Fachwerkhaus von 1499, das älteste ständig bewohnte Haus in Westfalen.

Waltrop (Fortsetzung)

Lage
8 km westlich

*Schiffshebewerk Henrichenburg

Die sogenannten Waltroper Abstiegsbauwerke bewältigen am Dortmund-Ems-Kanal einen Höhenunterschied von etwa 14 Metern. Zur Anpassung an größere Schiffe und mehr Durchfahrten wurden im Laufe der Jahre drei Hebewerke gebaut; ein viertes ist in der Planung.
Das alte Hebewerk, in den Jahren 1894–1899 als erstes Bauwerk dieser Art in Deutschland errichtet und von Kaiser Wilhelm II. eingeweiht, wurde 1962 stillgelegt und ist heute ein Zeugnis des technischen Könnens um die Jahrhundertwende. Nördlich von diesem ersten Hebewerk war 1908–1917 eine Schachtschleuse als Reservebauwerk angelegt worden. – Das neue Schiffshebewerk, das 1962 in Betrieb genommen worden ist, hat größere Ausmaße und eine moderne technische Ausstattung (größere Leistung, schnellerer Betrieb, von nur einem Mann zu bedienen), entspricht aber im physikalischen Prinzip dem alten Hebewerk von 1894: Die Schiffe fahren in einen riesigen Wassertrog (90 m lang, 12 m breit, 3 m tief; das alte Werk hatte die Maße 68 × 8,6 × 2,5 m); dann wird die gesamte Wasserlast (mehr als 5000 t) hydraulisch innerhalb von nur 90 Sekunden um rund 14 Meter gehoben bzw. gesenkt.

Wanne-Eickel

→Herne

Wattenscheid

→Bochum

Werne

Praktische Informationen →S. 212

Einwohnerzahl: 29000
Fläche: 75,75 qkm
Höchster Geländepunkt: 104 m
Tiefster Geländepunkt: 52 m

Lage

Der Gebietscharakter der nördlich der Lippe am Rande des Ruhrgebiets gelegenen Mittelstadt Werne war schon immer eher von der münsterländischen Parklandschaft geprägt als von der Industriezone. Erst seit der kommunalen Neugliederung 1975 gehört Werne zum Kreis Unna und zum Regierungsbezirk Arnsberg (vorher Münster).

Geschichte

Als traditioneller Übergang über die Lippe war das Gebiet schon frühzeitig besiedelt, die eigentliche Ortsgründung datiert aber aus der Zeit um 800. Damals errichtete der hl. Liudger, Bischof von Münster, in ‚Werinon' (834 erstmals urkundlich erwähnt) eine Holzkirche. Um diesen bischöflichen Haupthof ließen sich Bauern und Kleinhändler nieder. Die Bedeutung der Lippefurt für Handel und Verkehr im Mittelalter – im Stadtwappen wird seit 1428 der hl. Christophorus geführt – bekundete sich vor allem 1253: Auf der Christophorusbrücke wurde der ‚Werner Bund' geschlossen, ein Städtebündnis mit Münster, Dortmund, Soest und Lippstadt zur Erhaltung des Landfriedens. Es war eines der dauerhaftesten deutschen Städtebündnisse und gilt als ein Grundstein der deutschen Hanse, der auch Werne vom 15. bis zum 17. Jh. angehörte. Der Fürstbischof von Münster ließ das Städtchen schon frühzeitig befestigen – Anlaß für seinen Gegner, den Grafen von der Mark, zu ständigen Überfällen und Brandschatzungen.

Industrialisierung

Nach dem Dreißigjährigen Krieg sank Werne zu einem unbedeutenden, armen Ackerbürgerstädtchen herab. Die Industrialisierung begann relativ spät und zaghaft: 1899 wurde die Zeche ‚Werne' gegründet und 1975 wieder geschlossen.

Wirtschaft

Die in mehr als 1000 m Tiefe lagernden Kohlevorkommen werden heute von Nachbarzechen ausgebeutet. Neben einer kleinen verarbeitenden Industrie (42 Unternehmen, rund 2600 Arbeitsplätze) besitzt die Stadt Werne heute im Ortsteil Stockum (1975 eingemeindet) an der Grenze zur Stadt Hamm mit dem VEW-Kraftwerk ‚Gersteinwerk' eines der größten Kohle-Erdgas-Kraftwerke Europas.

Stadtkern

Eine umfassende Stadtkernsanierung, die 1967 begann und Mitte 1982 mit der Eröffnung der Fußgängerzone größtenteils abgeschlossen worden ist, verflocht das historische Stadtbild mit der funktionalen Modernität eines Mittelzentrums.

Verkehr

Eisenbahnlinie und Fernstraßen (A 1, B 54, B 233) binden Werne an die Hauptstrecke Dortmund–Münster an.

Kultur

Die Städtischen Bühnen und zahlreiche private Initiativen sorgen für ein attraktiv-vielfältiges kulturelles Leben, zu dem auch der Simon-Juda-Markt (im Volksmund ‚Sim-Jü' genannt) zu rechnen ist. Das traditionsreiche Volksfest wurde 1362 eingeführt, als Bischof Adolf von Münster der Siedlung das Marktrecht verlieh. Es findet alljährlich an vier Tagen Ende Oktober statt und ist heute Kirmes, Kram- und Vieh- sowie Verbraucher- und Fahrzeugmarkt.

Freizeit

Die waldreichen ländlichen Außenbezirke wie auch die bis in den Stadtkern hineinreichende Park- und Grünanlagen sorgen für ausreichende Freizeit- und Erholungsmöglichkeiten. Ein langer Grünzug entlang dem Hornebach führt direkt an der Altstadt vorbei; dazu gehören Badezentrum, Stadtpark mit Stadtsee und Freilichtbühne.

Altes Rathaus

Lage
Marktplatz

Mitte des 16. Jh.s erhielt das Alte Rathaus seine heutige Gestalt. Der gelbrote Backsteingiebel im schlichten westfälischen Renaissancestil überdacht den gotischen Laubengang; Baumaterial waren mächtige Sandsteinquader. Das Gebäude wurde 1966–1973 restauriert; im Erdgeschoß befindet sich heute ein Restaurant.
Das Alte Rathaus ist (mit der Kirche →St.-Christophorus) das bestimmende Gebäude am historischen Marktplatz mit Fachwerkhäusern (15./16. Jh.), stilvollen Giebelfronten und Bürgerhäusern aus der Gründerzeit.
Bemerkenswert ist auch das Alte Steinhaus Moormann (der 1725 in Werne gegründeten Brauerei und Brennerei), in dem seit der Renovierung 1983 die Stadtbücherei untergebracht ist.

Kapuzinerkloster

Lage
Altstadt

Ambrosius von Oelde, einer der bedeutendsten Baukünstler des westfälischen Sakralbarocks, ließ für seine Ordensbrüder, die 1659 nach Werne gekommen waren, Klostergebäude samt Kirche errichten und prunkvoll ausstatten.

St. Christophorus (Pfarrkirche)

Lage
Kirchplatz

Auf dem traditionsreichen Kirchplatz – hier hatte die hölzerne Bischofskapelle von 800 und die romanische Pfarrkirche von 1139 gestanden – wurde auch die gotische Hallenkirche erbaut (1450–1490). Bemerkenswert im Innern sind der achteckige romanische Taufstein, die spätgotische Doppelmadonna und die barocke Christophorusplastik.

Schloß Westerwinkel

Lage
D-4715 Ascheberg-Herbern
(9 km nördlich, über B 54)

Auf dem schon im frühen Mittelalter als Burgplatz ausgewählten Platz – 1225 wird die feste Burg Herbern erstmals urkundlich erwähnt – entstand hier um 1665 aus alten Bauresten ein frühbarockes Wasserschloß. Es liegt innerhalb eines ausgedehnten Gartens im englischen Stil.

Solebad

Lage
im Stadtpark

Das Werner Badezentrum wurde mit dem neuen Sole-Hallenbad neben dem schon lange bestehenden Sole-Freibad abgeschlossen. Es umfaßt jetzt acht Badebecken, Fitnessräume, Solarium, Sauna und medizinische Einrichtungen.
Die Solequelle sprudelte erstmals 1874 bei einer Kohlebohrung. Wegen der heilsamen Wirkung des warmen, salzhaltigen Wassers wurde das Kurbad Werne weithin bekannt, mußte aber schon nach 30 Jahren wieder geschlossen werden: Die Quelle versiegte beim Ausbau der Zeche. 1935 trat sie wieder zutage und wird seither in den öffentlichen Badeeinrichtungen genutzt. In einem monumentalen Wandrelief im Eingangsbereich des Sole-Hallenbades ist die Geschichte der Werner Sole grafisch nachempfunden.

Stadtmuseum

Anschrift
Kirchhof 13

Das 1980 wiedereröffnete Kunsthaus, nach dem Gründer ‚Karl-Pollender-Stadtmuseum' genannt, zeigt auf 800 qm Fläche Exponate von der frühesten Besiedlung des Werner Raums bis ins 20. Jahrhundert.
Der Gewölbekeller beherbergt Fossilien sowie vor- und frühgeschichtliche Fundstücke.
Das Erdgeschoß stellt die historische Entwicklung der Stadt dar sowie das Sonderthema ‚Rathäuser im Oberstift Münster' mit Modellen von Münster, Hamm, Bocholt und Werne.
Das 1. Obergeschoß veranschaulicht durch Fotos, Texte, Bauern- und Handwerksgerät die soziale und wirtschaftliche Geschichte Wernes im 19./20. Jahrhundert.
Der holzgetäfelte Speicher steht für Wechselausstellungen, Film- und Diavorführungen u. a. zur Verfügung.

Stadtpanorama von Wetter

Wetter

Praktische Informationen →S. 212/213

Einwohnerzahl: 30000
Fläche: 31,42 qkm
Höchster Geländepunkt: 257,5 m
Tiefster Geländepunkt: 82 m

Lage

In einer reizvollen Landschaft, am südlichen Rande des dichtbesiedelten Ruhrgebiets, liegt die Stadt Wetter. Im Nordosten begrenzt vom Harkortsee und dem bewaldeten Ardeygebirge, dehnt sich ihr Gebiet über die Ruhr nach Südwesten aus. Die geographischen Gegebenheiten standen einem unbegrenzten Wachstum entgegen. So blieb Wetter die ‚kleine Stadt' mit Industrie mitten im Grünen.

Geschichte

Die durch kommunale Neugliederung 1970 entstandene neue Stadt Wetter ist durch die Geschichte ihrer Ortsteile geprägt. Die Burg Volmarstein wurde bereits im Jahre 1100 durch den Erzbischof von Köln errichtet. Die älteste Urkunde über den Edelsitz Wetter stammt aus dem Jahre 1214. Um 1250 ließen die Grafen von der Mark die Burg Wetter erbauen – als Basis gegen den Kölner Erzbischof und damit gegen die Burg Volmarstein, die dann auch 1324 durch Graf Engelbert III. zerstört wurde. Alt-Wetter erhielt bereits 1355 die Stadtrechte. Der Ort Wetter bildete sich im 19. Jh. durch zwei Siedlungen um Kirche und Burg; er wurde 1909 zur Stadt erhoben.

Industrialisierung

Im heutigen Stadtgebiet lag auch die älteste zusammenhängende Kohlenabbauzone des Ruhrgebiets – Anlaß, 1780 das

Industrialisierung (Fortsetzung)

Oberbergamt nach Wetter zu legen: Der preußische Staatsreformer, Reichsfreiherr vom und zum Stein, war hier 1784–1793 als Oberbergrat tätig. Einen entscheidenden Beitrag zur Industrialisierung leistete Friedrich Harkort, der 1819 in der alten Burg Wetter die ‚Mechanischen Werkstätten' gründete, um hier nach englischem Vorbild Dampfmaschinen zu bauen. Später kam die Stahlproduktion dazu. Aus dem Unternehmen Harkort ging die weltbekannte Mannesmann Demag Fördertechnik hervor.

Wirtschaft

Heute hat sich eine vielschichtige Industrie in Wetter angesiedelt, sowohl hochspezialisierte Anlagen der Großindustrie als auch Betriebe mit traditionellen Fertigungsmethoden und Kleinbetriebe.

Verkehr

Durch die nahe Lage zum ‚Westhofener Kreuz', Schnittpunkt der Autobahnen A 1 und A 45, ist Wetter an das im Ruhrgebiet gut ausgebaute Fernstraßennetz angeschlossen. Die durch das Stadtgebiet verlaufenden Bundesstraßen B 234 und B 226 verbinden mit Witten und Hagen bzw. Dortmund und Wuppertal.

Kultur

Das kulturelle Geschehen um Wetter ist geprägt von den nahen Universitäten Bochum und Dortmund. Zentraler Ort für Gastspiele und größere Veranstaltungen ist der Stadtsaal.

Freizeit

Wetter an der Ruhr – der Fluß verläuft auf 5,8 km Länge durch das Stadtgebiet – hat auf zwei Dritteln seines Gebietes Grün- und Erholungsflächen: Ca. 660 ha davon sind Wald, ca. 67 ha Wasserfläche. Hauptattraktion ist der 1932 angelegte Harkortsee, ein 5 km langer und 600 m breiter Stausee, an dessen Ufer eine (beheizbare) Freibadanlage errichtet worden ist. Oberhalb, auf der Uferhöhe, liegt das Sportzentrum Harkortberg. Dort, im Waldstadion, findet alljährlich das traditionelle Harkortbergfest statt, auf dem sich alle Altersklassen im sportlichen Wettkampf messen. Die reizvollen Grün- und Flußbereiche (Ruhrauen, Harkortsee-Ufer, Elbschebach) sind durch Fuß-, Wander- und Radwege erschlossen, die auch von Körperbehinderten in Rollstühlen ohne fremde Hilfe befahren werden können.

Rehabilitationszentrum Volmarstein

Der Stadtteil Volmarstein ist durch das Rehabilitationszentrum (Orthopädische Heil-, Lehr- und Pflegeanstalten; 1904 von Pastor Franz Arndt gegründet) bekannt geworden. Hier werden mehr als 1000 Behinderte unter der Trägerschaft der Inneren Mission auf ein eigenständiges Leben vorbereitet.

Altstadt

Lage
Alt-Wetter

Die ‚Freiheit', das historische Stadtgebiet in Alt-Wetter, ist behutsam und geschickt saniert worden. Harmonisch fügen sich neue Wohnanlagen in die denkmalgeschützten Baubereiche ein. Dazu gehören viele alte Fachwerkhäuser, die Burgruine und die reformierte Kirche.

Burgruine Volmarstein

Lage
Wetter-Volmarstein
Am Vorberg

Die Burg Volmarstein wurde Anfang des 12. Jh.s erbaut und diente dem Kölner Erzbischof als vorgeschobene Festung gegen die Grafschaft Mark. Dadurch geriet Volmarstein immer

Wetter: Burgruine Volmarstein

wieder in den Brennpunkt erbitterter Kämpfe: So zerstörte Graf Engelbert von der Mark nach achtwöchiger Belagerung die Feste im Jahre 1324. Obwohl sie in den folgenden Jahren wiederaufgebaut wurde, erreichte die Burg nie mehr ihre frühere Bedeutung und verfiel seit dem 15./16. Jh. Außer einigen Fundamenten und Mauerrresten blieben bis heute der viereckige Torturm und zwei Rundtürme erhalten. – Heute ist die Burgruine ein beliebtes Ausflugsziel, da man von hier aus – rund 100 m über dem Ruhrtal – einen schönen Ausblick hat.

Buslinie
591 (ab Hagen Hbf, Bf Hattingen, Bf Oberwengern oder Witten Hbf) bis Volmarstein / Hagener Straße

Burgruine Wetter

Aus strategischen Gründen bauten Ritter vermutlich schon in früher Zeit an diesem Steilhang der Ruhr eine Burg. Von einer solchen mittelalterlichen Befestigungsanlage – die genaue Bauzeit ist nicht bekannt – sind ein runder Bergfried (26 m hoch), die Schutzmauer am Steilhang sowie Reste der eigentlichen Ritterburg (Palas) mit einem Eckturm erhalten geblieben. In der Burg hatte der Industriepionier Friedrich Harkort seine ‚Mechanische Werkstätte' eingerichtet (1819).

Lage
Alt-Wetter

Harkortsee →Herdecke: Harkortsee / Hengsteysee

Harkortturm

Der 1850 errichtete Turm auf dem Harkortberg bietet – 210 m über dem Ruhrtal – herrliche Ausblicke auf die reizvolle Land-

Lage
Alt-Wetter

Wetter, Harkortturm (Fortsetzung)

schaft. Auch der Ruhrhöhenweg, der in Wetter angelegt wurde, bietet abwechslungsreiche Eindrücke fürs Auge und ist ein ausgezeichnetes Terrain für Spaziergänger. Am Fuße des Harkortturms liegt das ‚Sportzentrum Harkortberg'.

Leimkasten

Lage
Wetter-Wengern

Der ‚Leimkasten', heute eine Gaststätte, ist das schönste Fachwerkhaus in der beschaulichen Ortschaft Wengern, die noch ein beinahe intaktes altes Stadtbild präsentiert. Von Wengern aus führen lange Spaziergänge durch das reizvolle Elbschetal bis nach Wetter-Esborn oder Witten-Bommern.

Museumszug im Ruhrtal

→Praktische Informationen,
Allgemeine Verkehrseinrichtungen

Witten

Praktische Informationen →S. 213

Einwohnerzahl: 107000
Fläche: 72 qkm
Höchster Geländepunkt: 268 m
Tiefster Geländepunkt: 72 m

Lage

Der Beiname ‚Ruhrstadt' bezeichnet die geographische Lage Wittens am südöstlichen Rand des Reviers (im Dreieck der Großstädte Bochum, Dortmund und Hagen). Es ist ein ‚harmonischer Kontrast': auf der einen Seite das Sauerland, auf der anderen das Ruhrgebiet.

Geschichte

Die aktenkundige Geschichte Wittens beginnt 1214, als der Ort erstmals in einer Urkunde erwähnt wird: Damals wurde Witten Sitz eines ‚Eigengerichts' der Adelsfamilie Witten-Steinhausen. 1516 erhielten die Herren von Witten die kaiserliche Lehenshoheit und 1675 erneut das Privileg, Wochenmärkte abzuhalten. Als Umschlagplatz für Getreide gewann Witten besondere Bedeutung.

Industrialisierung

Der unauffällige Weg der Stadt durch die Geschichte endete erst Ende des 18. Jh.s. Mit der Industrialisierung erlangte die Stadt durch Erfindungen in den Bereichen der Eisenverarbeitung und Glasherstellung eine gewisse wirtschaftliche Eigenständigkeit. 1825 erhielt Witten die Stadtrechte.
Obwohl der Ruhrbergbau der Sage nach hier seinen Ursprung hatte, ist Witten nie eine typische Zechenstadt gewesen. Trotzdem gehört die Kohle zur Stadtgeschichte, und der Bergbau wird museal weiter gepflegt, wenn auch seit 1925 in Witten keine nennenswerte Bergbautätigkeit mehr stattfand.

Wirtschaft

Heute hat die Stadt eine breitgefächerte Wirtschaftsstruktur: Stahlwerke, Maschinenbaubetriebe und andere eisenverarbeitende Industrien bilden die Basis für wirtschaftlichen Wohlstand; Glasfabrikation, Chemie und Elektrotechnik sichern ihre Entwicklung. Kleinere und mittlere Handwerks- und Dienstleistungsunternehmen unterstützen die gesunde Struktur der Wittener Wirtschaft.

Verkehrsmäßig ist Witten geradezu ideal gelegen – im Schnittpunkt der Autobahnen A 44, A 45, A 43 und der nahen A 1. Durch die Stadt verlaufen die Bundesstraßen B 226 und B 235.

Verkehr

Die breitgefächerte kulturelle Szene hat ihre Schwerpunkte in den beiden Museen und im nahe dem Bahnhof gelegenen Kultur- und Tagungszentrum (Städtischer Saalbau). Internationale Bedeutung haben die ‚Wittener Tage für neue Kammermusik'. – Im Mai 1983 wurde mit der Universität Witten-Herdecke die erste Privatuniversität der Bundesrepublik Deutschland eröffnet.

Kultur

Von überregionaler Bedeutung sind die Wittener Freizeit- und Naherholungsanlagen. Die Stadt nutzt ihre reizvolle Lage an der Ruhr und am Ardeygebirge: Fast 70% des Stadtgebietes sind mit Grünanlagen, Wäldern und Gewässern bedeckt. Die Ruhr ist ein reiches Revier für die Wassersportler. Der Kemnader See (→Bochum: Wasserburg Haus Kemnade) im Städtedreieck Witten/Bochum/Hattingen bietet ebenfalls ideale Sport- und Freizeitmöglichkeiten.

Freizeit

Vom Wittener Stadtteil Bommern (Uferstraße) fährt ein Motorschiff regelmäßig flußabwärts bis zur →Burgruine Hardenstein (ab ca. 1983/1984 sogar bis in den Kemnader Stausee) und zurück.

Ruhrfahrt

Burgruine Hardenstein

Lage
im Ruhrtal,
zwischen Witten-Bommern
und Witten-Herbede

Die erste urkundliche Erwähnung bezieht sich auf die einstmalige Antonkapelle (1363). Allem Anschein nach war jedoch schon viel früher eine Burganlage an dieser Stelle errichtet worden. Dafür sprechen Keramikfunde aus dem 12./13. Jh. sowie Baumerkmale, die auf mindestens zwei Arbeitsetappen deuten. Von der seit Ende des 18. Jh.s verfallenden Burganlage sind heute nur noch Ruinen zu sehen: wuchtige Mauern, ein Turm, Reste eines alten Kamins. Seit 1975 haben die Stadt Witten und der Verein ‚Burgfreunde Hardenstein' die wichtigsten Restaurierungsarbeiten durchgeführt. Wie die gesamte Anlage einmal aussah, läßt sich noch nicht in allen Einzelheiten rekonstruieren.
Der Sage nach soll hier im 14. Jh. als Berater des Burgherrn der Zwergenkönig Goldemar gelebt haben. Nachdem ein vorwitziger Küchenjunge versucht hatte, die unsichtbare Gestalt des Gnoms sichtbar zu machen, nahm dieser fürchterliche Rache, verfluchte die Burgbewohner und verschwand für immer.

Haus Herbede

Lage
Witten-Herbede

An dieser Stelle haben wahrscheinlich schon die Sachsen ein erstes befestigtes Haus errichtet. Urkundlich erwähnt wird Haus Herbede erstmals am 21. Dezember 1019: Damals schenkte Kaiser Heinrich II. den Äbtissinnen in Kaufungen (südöstlich von Kassel) das Gut Herbede. Die Äbtissinnen ihrerseits übertrugen die Schutzherrschaft über Herbede zunächst den Grafen von Isenburg (bei Hattingen), später den Grafen von der Mark. Von 1313 bis 1889 bewohnten in ununterbrochener Folge 16 Generationen der Familie von Elverfeldt das Haus Herbede, eine selbst für Fürstenhäuser ungewöhnlich lange Zeit.

Haus Herbede
(Fortsetzung)

Das heutige Aussehen erhielt die Anlage wesentlich in der Mitte des 16. Jh.s, als sie zu einem Wasserschloß im Renaissancestil umgebaut und erweitert wurde. Besonders interessant ist, daß der Bergfried, die Herrenwohnung und der Rittersaal auf einem freitragenden Kreuzgewölbe ruhen; eine solche Unterkellerung war im Ruhrtal zur damaligen Zeit ungewöhnlich.
Weitere sonst wenig gebräuchliche Bauelemente sind die beiden um 1630 entstandenen Erkerfenster und die prächtig bebilderte Innenhoffassade des Rittersaals. Für die Denkmalsschützer zählt Haus Herbede deshalb zu den wenigen ziemlich vollständig erhaltenen Renaissanceanlagen im westfälischen Ruhrgebiet. Dennoch ist die frühere Residenz der einstigen ‚Herrlichkeit zu Herbede' in den letzten Jahrzehnten arg verwahrlost und in keiner Weise mehr herrlich anzuschauen. Obwohl es inzwischen einen rührigen Förderverein gibt, ist eine notwendige Restaurierung mangels Geld noch nicht abzusehen.

Hohensteiner Spielwiesen

Lage
Witten-Hohenstein

Der Freizeit- und Erholungspark ist Hauptanziehungspunkt im Naherholungsgebiet Hohenstein. Angeboten sind Rasenplätze für Fußball, Federball oder Tischtennis, Trimmstrecke und Baumkundeweg, Wildgehege und Aussichtspunkte, Freiluftschach, Ruheplätze und lange Wanderwege, Ponyhof sowie ein Lehrbienenstand.

Märkisches Museum

Anschrift
Musemannstr. 12

Öffnungszeiten
Wechselausstellungen:
Di.–Sa. 10–13 und 14–17,
So. 11–13
Heimatmuseum:
Mi. und Sa. 10–13 und 15–17,
So. 11–13

Entstanden durch die Privatinitiative des Vereins für Orts- und Heimatkunde, ist das Museum heute durch regelmäßige Ausstellungen zeitgenössischer Künstler und durch die Sammlung moderner Malerei und Grafik des 20. Jh.s zu einem beachteten Kunstzentrum geworden. Mittelpunkt der Sammlung ist die Abteilung deutscher Gegenwartskunst.
Das Museum beherbergt auch die 30000 Bände umfassende Bibliothek mit Schriften zur Landeskunde und Geschichte Westfalens. Praktisches Anschauungsmaterial hierzu findet sich im benachbarten Heimatmuseum (Ruhrstr. 69), das sich auch mit der Stadtgeschichte befaßt.
Zwischen den beiden Museumshäusern ist eine weiträumige und monumentale Röhrenplastik aufgestellt.

Museumszug im Ruhrtal

→Praktische Informationen,
Allgemeine Verkehrseinrichtungen

**Muttental

Lage
zu erreichen aus Richtung Witten-Innenstadt über die Ruhrstraße, den Bodenborn und die Nachtigallenstraße; aus Richtung Witten-Herbede über die Vormholzer Straße und die Rauendahlstraße

Das Muttental südlich der Ruhr wird häufig als ‚Wiege des Ruhrbergbaus' bezeichnet, obwohl nicht genau feststeht, ob tatsächlich hier der historische Ausgangspunkt war. Fest steht jedenfalls, daß in dieser Region bereits nach Kohle gegraben wurde, lange bevor dieser Bodenschatz wirtschaftliche Bedeutung erlangte: Die Kohlenflöze gingen hier bis an die Erdoberfläche, hatten aber nur eine geringe Mächtigkeit und lagerten

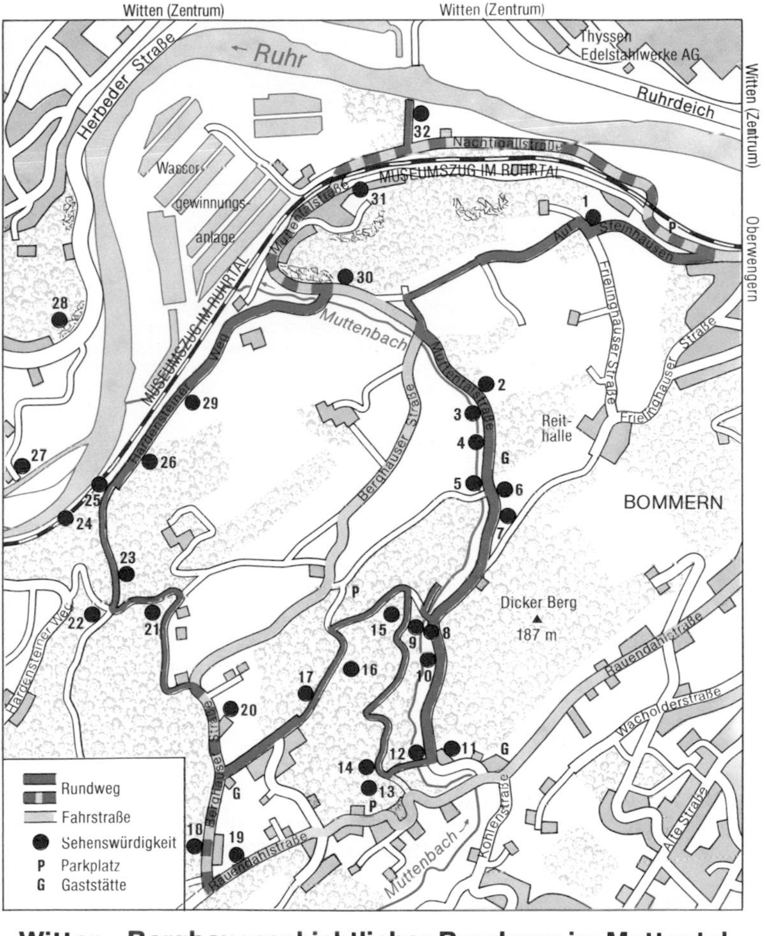

Witten · Bergbaugeschichtlicher Rundweg im Muttental

1 Schloß Steinhausen
2 Bethaus (Museum)
3 Abraumhalde der Zeche Herrmann
4 Steigerhaus
5 Zeche Herrmann
6 Haspelanlage
7 Stollen der Gewerkschaft Jupiter
8 Stollen der Gewerkschaft Stettin
9 Stollenzeche Maximus
10 Kohlenbahn (1829)
11 Stollen Jupiter
12 Schacht Juno/Renate
13 Dreibaum und Hakenschlag eines Flözes
14 Gedenktafel für Grubenunglücke
15 Geologischer Aufschluß des Flözes Finefrau
16 Göpelanlage
17 "Pirärrestall" (ehem. Pferdestall)
18 Pingen (Vertiefungen)
19 Zechengebäude Schacht Aurora (heute Wohnhaus)
20 Mulde des Steinkohlengebirges
21 Tagetrieb des Stollens Frielinghaus
22 Versickerung der Deipenbecke (Bach)
23 Zeche Orion
24 Erbstollen St. Johannes
25 Burgruine Hardenstein
26 Vereinigungsstollen
27 Herbeder Schleuse
28 Geologischer Aufschluß Steinbruch "Am Kleff"
29 Stollen (nach 1945)
30 Steinbruch Muttental mit geologischem Aufschluß
31 Zeche Nachtigall
32 Kohlenniederlage der Zeche Nachtigall

Muttental (Fortsetzung)

Buslinien
376, 378, 379

Schiffsanlegestelle
Motorfahrgastschiff „Schwalbe" von Bommern/Uferstraße bis Burgruine Hardenstein

Führungen
nach Vereinbarung gegen geringes Honorar durch den Knappenverein Herbede (Tel. 02302/75887)

z.T. sehr steil. Der Kohleabbau im Muttental ist ab 1559 nachweisbar; ab ca. 1850 wanderte der Bergbau aber Richtung Norden, weil große Wasserzuflüsse und nicht verkokbare Kohlesorten die Förderung in der Wittener Gegend unrentabel machten und die Absatzchancen einschränkten. Obwohl hier also seit 1920 kein nennenswerter Bergbaubetrieb mehr stattgefunden hat, sind Überreste des ehemaligen Bergbaugeschehens zu einem guten Teil erhalten geblieben.
Der bergbaugeschichtliche Rundwanderweg (Plan →S. 181) – durch ein landschaftlich schönes bewaldetes Erholungsgebiet – schließt alle wichtigen Entwicklungsstationen des Ruhrbergbaus zusammen. Zum Teil sind die historischen Kohledenkmäler restauriert oder durch Nachbauten ergänzt worden.

Bethaus

Dieses im Ruhrgebiet einzigartige Gebäude aus dem Jahre 1823 wurde nach Vorbildern aus dem sächsischen Erzgebirge errichtet. Die Schichtglocke versammelte die Bergleute vor Arbeitsbeginn zu einer kurzen Andacht; gleichzeitig war dadurch für einen kontrollierbaren Arbeitsantritt gesorgt. Im Bethaus ist ein Museum eingerichtet.

Zeche Herrmann

Die Tiefbauzeche Herrmann baute um die Jahrhundertwende Kohlen in den Flözen ‚Geitling' und ‚Kreftenscheer' ab. Die ehemaligen Zechengebäude, Fachwerkhäuser, sind bewohnt.

Haspelanlage

In den Anfängen des Bergbaus wurden die Kohlen in Kiepen von Bergleuten aus der Tiefe hochgetragen; die Haspel erleichterte die Arbeit: Zwei Haspelknechte kurbelten die Förderkörbe über eine Seiltrommel auf und ab.

Kohlenverladestelle

Am Stollen Jupiter wurden die mit Kohle beladenen Förderwagen in Pferdefuhrwerke entleert. Nach 1945 benutzte man zur Verladung einen sogenannten Kreiselkipper, der die Förderwagen direkt in Lastwagen entlud, die zu diesem Zweck rückwärts in die Verladebucht einfuhren.

Stollenzeche Maximus

Dieser 91 m lange Stollen, aus dem von 1849 bis etwa 1920 gefördert wurde, war der erste im Muttental, der querschlägig – d. h. quer zur Längsrichtung des Flözes – in den Berg getrieben wurde.

Kohlenbahn

Seit 1828 verband eine Pferdebahn die Zeche Nachtigall und ihre Kohlenniederlassung an der Ruhr mit der Straße nach Wuppertal. Die ursprünglich hölzernen Schienen wurden 1838 durch eiserne ersetzt. Vom Endpunkt der Bahnstrecke ging der Transport mit Pferdefuhrwerken weiter zu den Schmieden im Bergischen Land.

Göpelanlage

Bei dieser Fördertechnik des 19. Jh.s zogen Pferde, die im Kreis getrieben wurden, über eine Seiltrommel die Förderkörbe auf und ab.

Burgruine Hardenstein

→dort.

Herbeder Schleuse

Der frühe Bergbau in den Seitentälern der Ruhr gab seit Mitte des 18. Jh.s den Impuls zur Schiffbarmachung der Ruhr (1776–1778). Die Schleuse von 1825 wird restauriert, damit Fahrgastboote zukünftig vom Fuß des Hohensteins über die Ruhr die Freizeitanlagen am Kemnader Stausee erreichen können.

Vereinigungsstollen

Dieser Wasserlösungsstollen gehörte zu vier Zechen. Heute führt er stark eisenhaltiges Wasser aus seinem unterirdischen Einzugsbereich zur Ruhr hin.

Steinbruch Muttental

In der Steinbruchwand ist deutlich erkennbar, daß die Flöze bis dicht unter der Erdoberfläche liegen. Die unmittelbar über den Flözen befindlichen Gesteinsschichten (das Hangende) bestehen aus Sandstein. Die unter dem Flöz liegenden Schichten (das Liegende) bestehen aus Tonschiefer.

Zeche Nachtigall

Die Zeche Nachtigall wird bereits 1728 urkundlich erwähnt. 1854 entstand durch den Zusammenschluß verschiedener Gruben (Kooperation seit 1832) die Zeche Vereinigte Nachtigall, später eine der ersten Tiefbauzechen an der Ruhr, die statt des bisherigen Stollenbaus senkrecht aus der Tiefe förderte, d. h. Kohlevorkommen unterhalb des Wasserspiegels der Ruhr erschloß. Um die Mitte des 19. Jh.s war sie die größte Schachtanlage des Ruhrgebiets und besaß auch die leistungsfähigste Dampfmaschine (500 PS). Erhalten sind die Außenmauern des Maschinenhauses mit Anbauten, die Waschkaue und ein viereckiger Ziegelschornstein. Gegen Ende des 19. Jh.s wurde die Grube stillgelegt und die Anlage zu einer Ziegelei umgebaut. Aus dieser Zeit stammen noch die beiden Kammerringöfen und ein Stollen, der das Gelände mit dem Steinbruch Muttental verbindet. Durch diesen Stollen wurde der für die Ziegelherstellung benötigte Ton herbeigeschafft.

Kohlenniederlage der Zeche Nachtigall

Entlang der schiffbaren Ruhr reihten sich blockartig, durch Mauern getrennt, die Kohlenlagerplätze; sie wurden meist von mehreren Gruben gemeinsam benutzt. Bis 1890 brachte man die Kohle auf Pferden oder mit Pferdebahnen hierher, um sie dann auf die Ruhrschiffe zu verladen.

Zwei Sehenswürdigkeiten außerhalb des bergbaugeschichtlichen Rundwanderweges ergänzen den historischen Überblick:

Kleinzeche Egbert

Die Kleinzeche Egbert (3 km südöstlich im Kamperbachtal) wurde als letzte Zeche im Raum Witten 1976 stillgelegt. Die Belegschaft war nur fünf bis zehn Mann stark. Der hölzerne Förderturm und die Förderanlagen über Tage wurden restauriert.

Wetterschornstein Buchholz

Der Wetterschornstein Buchholz (7 km südwestlich vom Muttental in Herbede-Buchholz), gebaut um 1880, diente dazu, dem Schacht der Zeche Geschwind die gefürchteten Grubengase (‚Wetter') zu entziehen und für Frischluft zu sorgen. Ein Feuer im Kamin sog die zur Verbrennung nötige Luft aus dem Wetterschornstein, der an den Ausgang des Schachtes angeschlossen war. So wurden die Gase im Stollen abgesaugt, während durch den Stolleneingang Frischluft nachströmen konnte.

Wasserburg Haus Kemnade

→Bochum: Wasserburg Haus Kemnade

Wuppertal

→Bergisches Land

Praktische Informationen von A bis Z

Allgemeine Verkehrseinrichtungen

Museumszug im Ruhrtal

Fahrzeuge

Der Museumszug gehört dem Eisenbahnmuseum Rhein-Ruhr in Bochum-Dahlhausen; Ausgangs- bzw. Endstation ist Hattingen. Er wird durch eine Diesellok aus dem Jahre 1939 gezogen, eine der ersten in Deutschland in Serie gebauten größeren Dielloks. Die Wagen des Museumszuges stammen aus den Jahren 1939 bis 1957 und stellen jeweils besondere Entwicklungsstufen in der Eisenbahngeschichte dar. Beispielsweise ist da der Wagen 4. Klasse für Reisende mit Traglasten oder der bereits 1912 gebaute gepolsterte preußische Abteilwagen.

Fahrtstrecke

Der Museumszug fährt auf der Ruhrtalbahn, einer der landschaftlich schönsten Strecken im Ruhrgebiet. Die 21 km lange Trasse wurde 1874 von der Bergisch-Märkischen Eisenbahn-Gesellschaft eröffnet. Später gehörte sie zur Königlich-Preußischen Eisenbahnverwaltung, zur Deutschen Reichsbahn, und schließlich kam sie zur Deutschen Bundesbahn. Heute rollen nur noch wenige Güterzüge über die Strecke sowie seit 1981 – jeden ersten Sonntag von April bis September – der Museumszug.

Haltestellen

Haltepunkte sind Hattingen (als Ausgangs- oder Endpunkt der Strecke), Blankenstein/Burg, Blankenstein/Ruhr, Herbede, Burgruine Hardenstein, Witten-Bommern, Wengern-Ost und Wetter-Oberwengern. Die ganze Fahrt dauert 41 Minuten.

Abfahrtszeiten

Die Abfahrtszeiten von Hattingen: 9.00, 10.50, 12.40, 14.30, 16.20 und 18.10 Uhr. Die Abfahrtszeiten von Oberwengern: 9.50, 11.40, 13.30, 15.20, 17.10 und 19.00 Uhr.

Fahrpreise

Kurzstrecke (1 Haltepunkt) DM 1,50; einfache Fahrt (4 Haltepunkte) Erwachsene DM 2,50, Kinder bis zu 12 Jahren DM 1,50; Tageskarte für Erwachsene DM 8,00, für Kinder bis zu 12 Jahren DM 4,00. Kinder bis zu 4 Jahren fahren kostenlos. Die Fahrkarten werden nur im Zug verkauft.

Informationen

Hauptbahnhof Hattingen, Tel. 02324/22849
Eisenbahnmuseum Rhein-Ruhr in Bochum-Dahlhausen, Tel. 0234/492516
Freizeitzentrum Kemnade, Tel. 02324/31122
Stadt Wetter, Tel. 02335/84237
Stadt Witten, Tel. 02302/581668

Ruhr-Tour

Busfahrten

Der Kommunalverband Ruhrgebiet, eine Institution für Landschaftspflege sowie Errichtung und Betrieb von Freizeitanlagen, veranstaltet zweimal in der Woche Busfahrten (vorwiegend für Gruppen) durch das Ruhrgebiet. Eine normale Tages-

tour führt rund 200 km lang durch verschiedene Städte und Regionen des Ruhrgebietes. Dabei sieht man neben den Wohn- und Arbeitsstätten der Bewohner kulturelle Einrichtungen und Bauwerke von historischem Interesse. Der Besuch eines Museums oder Industriebetriebes bildet den Höhepunkt jeder Fahrt.
Um den vielfältigen Wünschen der Teilnehmer entgegenzukommen, werden fünf Tagestouren mit verschiedenen Programmen angeboten (vorbehaltlich Änderungen):

Veranstalter:
Kommunalverband Ruhrgebiet,
Kronprinzenstr. 35,
Abt. Landeskunde und Kultur,
D-4300 Essen 1;
Tel. 0201/2069-365

Ruhr-Tour A

Tagesfahrt mit Besuch eines Hochofens, eines Stahlwerkes, eines Walzwerkes und des Hafens Schwelgern.

Ruhr-Tour B

Tagesfahrt mit Besuch eines Anschauungsbergwerkes oder einer Kokerei der Ruhrkohle AG, Essen.

Ruhr-Tour C

Tagesfahrt mit Besuch des Klärwerkes Emschermündung der Emschergenossenschaft in Dinslaken.

Ruhr-Tour D

Tagesfahrt, während der den Teilnehmern baulich und kulturgeschichtlich interessante Objekte vorgestellt werden; Höhepunkt ist der Besuch eines bedeutenden Museums.

Ruhr-Tour E

Diese Tour wird in Zusammenarbeit mit der Stadtbahngesellschaft Rhein-Ruhr mbH, Gelsenkirchen, dem Verkehrsverbund Rhein-Ruhr GmbH, Gelsenkirchen, und den Dortmunder Stadtwerken AG durchgeführt. Gezeigt werden Modellstrecken für neue Stadtbahnen (z. B. zwischen Essen und Mülheim), da man im Rahmen der Umstrukturierung des Ruhrgebietes auch den Nahverkehr neu ordnen will.

Ruhr-Tour F

Tagesfahrt mit einem Besuch des Pumpspeicherkraftwerkes Herdecke oder des Kraftwerkes Duisburg-Huckingen; beide Anlagen gehören der Rheinisch-Westfälischen Elektrizitätswerk Aktiengesellschaft (RWE) in Essen, einem der größten Stromerzeuger Westeuropas.

Organisation und Teilnahmebedingungen

Ausgangspunkt jeder Ruhr-Tour ist Essen (Kronprinzenstr. 35). Fahrtbeginn: Freitags oder mittwochs 7.45 Uhr (Ende ca. 16.00 Uhr – am Ausgangspunkt). Buchung und Kosten: Eine Tagesfahrt kostet DM 40,- pro Person (das Mindestalter für die Teilnahme liegt bei 17, das Höchstalter bei 65 Jahren).

Hinweis

Die Buchung muß spätestens 10 Tage vor dem geplanten Termin schriftlich vorliegen.

Verkehrsverbund Rhein-Ruhr (VRR)

Verbundraum

Im Verkehrsverbund Rhein-Ruhr (VRR) haben sich 20 kommunale Verkehrsbetriebe, die Deutsche Bundesbahn und ihre Autobusdienste (‚Bahnbusse‘) zu einer großen Einheit zusammengeschlossen. Im Großraum Rhein-Ruhr-Wupper – von Mönchengladbach bis Haltern und von Ennepetal bis Duisburg – sind alle Nahverkehrsmittel erfaßt:
- die S-Bahnen, Nahverkehrs- und Eilzüge der Bundesbahn,
- alle Stadtbahn-, Straßenbahn-, Omnibus- und Obuslinien,
- die Wuppertaler Schwebebahn.

Für den VRR gelten einheitliche Fahrpreise, überall gültige Fahrausweise und aufeinander abgestimmte Fahrpläne.

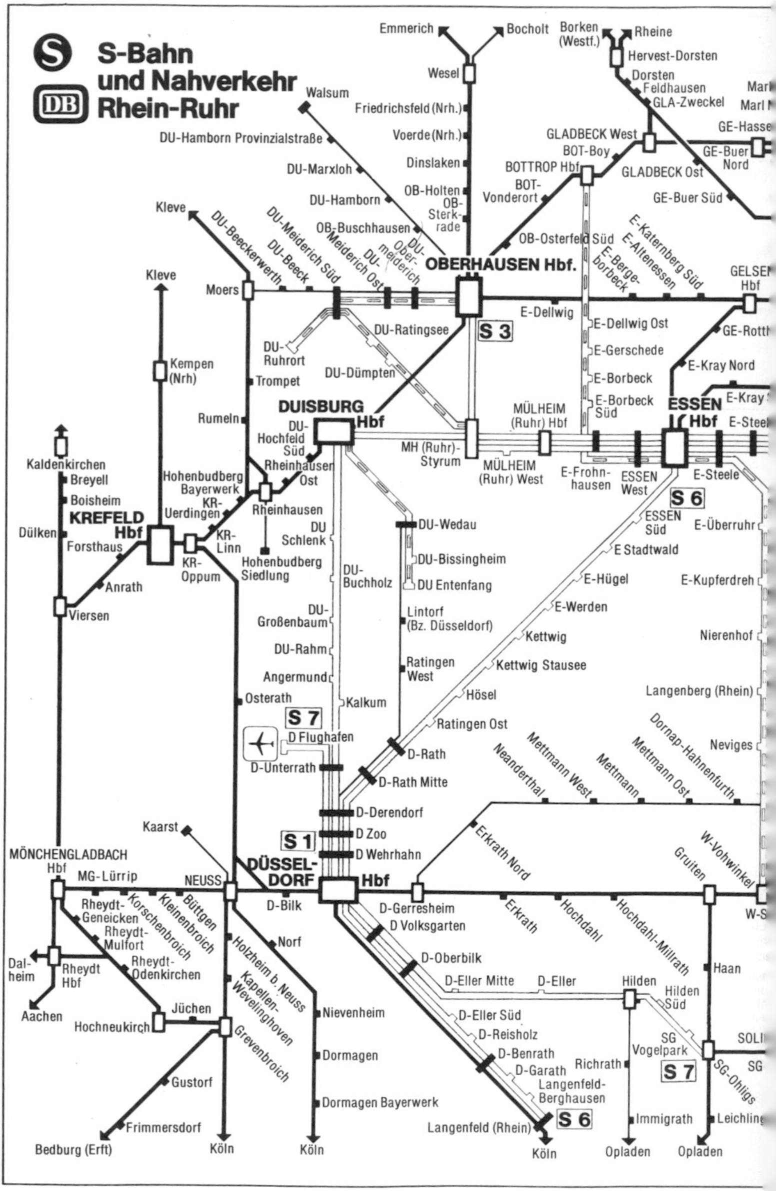

S-Bahn
und Nahverkehr
Rhein-Ruhr
Emmerich
Bocholt
Borken (Westf.)
Rheine
Hervest-Dorsten
Dorsten
Feldhausen
GLA-Zweckel
Wesel
Walsum
Friedrichsfeld (Nrh.)
Voerde (Nrh.)
Dinslaken
OB-Holten
OB-Sterkrade
DU-Hamborn Provinzialstraße
DU-Marxloh
DU-Hamborn
OB-Buschhausen
GLADBECK West
BOT-Boy
GLADBECK Ost
GE-Buer Nord
GE-Buer Süd
GE-Hasse
BOTTROP Hbf
BOT-Vonderort
OB-Osterfeld Süd
Kleve
DU-Beeckerwerth
DU-Meiderich Süd
DU-Beeck
DU-Meiderich Ost
DU-Obermeiderich
OBERHAUSEN Hbf.
E-Katernberg Süd
E-Altenessen
E-Bergeborbeck
GELSENKIRCHEN Hbf
Moers
E-Dellwig
S 3
DU-Ratingsee
E-Dellwig Ost
GE-Rotth
E-Gerschede
E-Kray Nord
E-Borbeck
E-Borbeck Süd
E-Kray
DU-Ruhrort
Kempen (Nrh)
Trompet
DU-Dümpten
DUISBURG Hbf
MÜLHEIM (Ruhr) Hbf
ESSEN Hbf
E-Steele
Rumeln
DU-Hochfeld Süd
MH (Ruhr)-Styrum
MÜLHEIM (Ruhr) West
E-Frohnhausen
ESSEN West
E-Steele Ost
Kaldenkirchen
Breyell
Boisheim
Dülken
KREFELD Hbf
Forsthaus
Hohenbudberg Bayerwerk
KR-Uerdingen
Rheinhausen
Rheinhausen Ost
DU Schlenk
DU-Wedau
S 6
ESSEN Süd
E-Überruhr
E Stadtwald
KR-Linn
KR-Oppum
Hohenbudberg Siedlung
DU-Bissingheim
DU Entenfang
DU-Buchholz
E-Hügel
E-Kupferdreh
Anrath
Viersen
DU-Großenbaum
Lintorf (Bz. Düsseldorf)
E-Werden
Kettwig
Nierenhof
DU-Rahm
Ratingen West
Kettwig Stausee
Angermund
Osterath
Kalkum
Hösel
Langenberg (Rhein)
S 7
D Flughafen
Ratingen Ost
D-Unterrath
D-Rath
D-Rath Mitte
Neanderthal
Mettmann West
Mettmann
Mettmann Ost
Dornap-Hahnenfurth
Neviges
D-Derendorf
D Zoo
D Wehrhahn
Kaarst
S 1
Erkrath Nord
W-Vohwinkel
Gruiten
MÖNCHENGLADBACH Hbf
MG-Lürrip
NEUSS
DÜSSELDORF Hbf
D-Bilk
D-Gerresheim
D Volksgarten
Erkrath
Hochdahl
Hochdahl-Millrath
Rheydt-Geneicken
Korschenbroich
Kleinenbroich
Büttgen
Rheydt-Mulfort
Rheydt-Odenkirchen
Norf
Holzheim b. Neuss
Kapellen-Wevelinghoven
D-Oberbilk
Haan
Dalheim
Rheydt Hbf
Aachen
Jüchen
Hochneukirch
Nievenheim
D-Eller Mitte
D-Eller
Hilden
Hilden Süd
D-Eller Süd
D-Reisholz
Grevenbroich
SG Vogelpark
SOLI
Dormagen
D-Benrath
D-Garath
Richrath
S 7
SG-Ohligs
Gustorf
Langenfeld-Berghausen
Dormagen Bayerwerk
S 6
Frimmersdorf
Langenfeld (Rhein)
Immigrath
Bedburg (Erft)
Köln
Köln
Köln
Opladen
Opladen

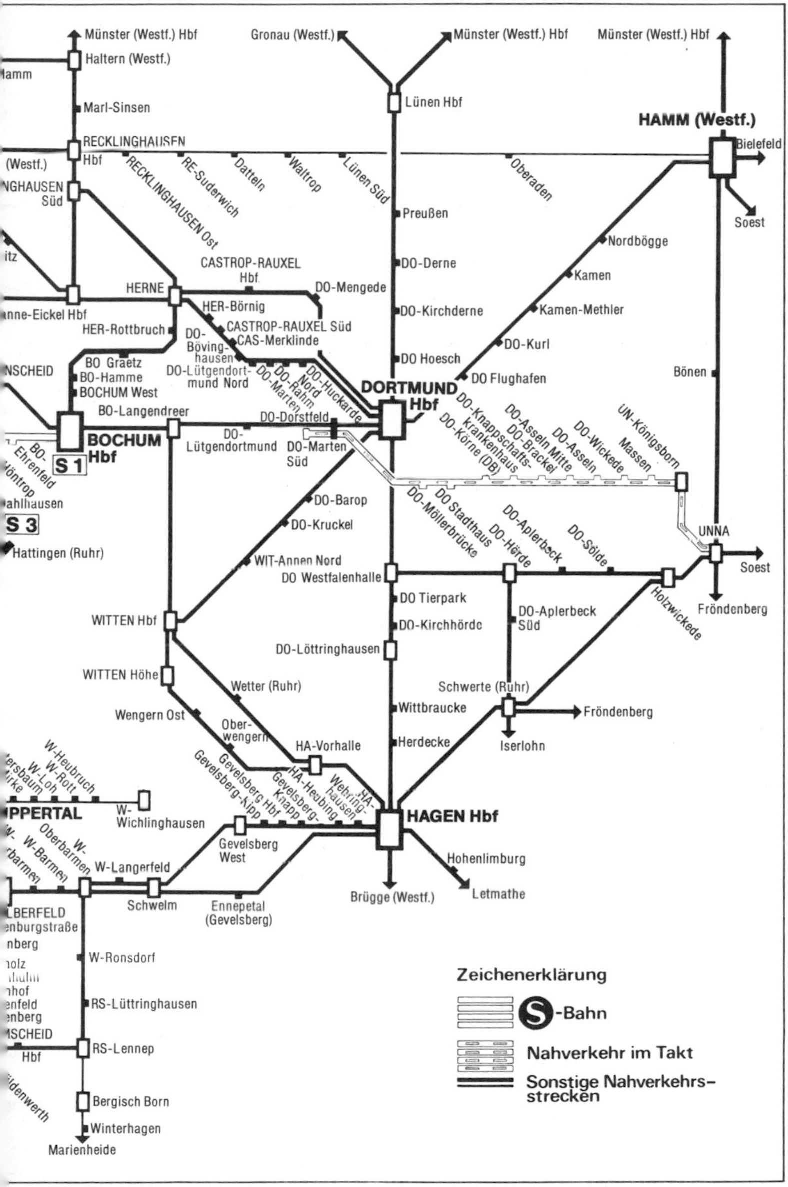
Münster (Westf.) Hbf
Haltern (Westf.)
Marl-Sinsen
RECKLINGHAUSEN Hbf
RECKLINGHAUSEN Ost
RE-Suderwich
Datteln
Waltrop
Lünen Süd
Gronau (Westf.)
Münster (Westf.) Hbf
Lünen Hbf
Münster (Westf.) Hbf
HAMM (Westf.)
Bielefeld
Soest
Oberaden
Preußen
DO-Derne
DO-Kirchderne
DO Hoesch
Nordbögge
Kamen
Kamen-Methler
DO-Kurl
DO Flughafen
Bönen
CASTROP-RAUXEL Hbf
DO-Mengede
HERNE
HER-Börnig
CASTROP-RAUXEL Süd
CAS-Merklinde
HER-Rottbruch
DO-Bövinghausen
DO-Lütgendortmund Nord
BO Graetz
BO-Hamme
BOCHUM West
BO-Langendreer
DO-Marten
DO-Rahm
Nord
DO-Huckarde
DORTMUND Hbf
DO-Dorstfeld
BOCHUM Hbf
S 1
DO-Lütgendortmund
DO-Marten Süd
BO-Ehrenfeld
S 3
Hattingen (Ruhr)
DO-Knappschaftskrankenhaus
DO-Körne (DB)
DO-Brackel
DO-Asseln Mitte
DO-Asseln
DO-Wickede
Massen
UN-Königsborn
UNNA
Soest
Fröndenberg
DO-Barop
DO-Kruckel
WIT-Annen Nord
DO Westfalenhalle
DO-Möllerbrücke
DO Stadthaus
DO-Hörde
DO-Aplerbeck
DO-Sölde
Holzwickede
DO Tierpark
DO-Kirchhörde
DO-Aplerbeck Süd
DO-Löttringhausen
WITTEN Hbf
WITTEN Höhe
Wetter (Ruhr)
Schwerte (Ruhr)
Fröndenberg
Wengern Ost
Oberwengern
Wittbraucke
Herdecke
Iserlohn
HA-Vorhalle
W-Heubruch
W-Rott
W-Loh
W-Wichlinghausen
Gevelsberg-Kipp
Gevelsberg Hbf
HA-Heubing
Gevelsberg-Knapp
HA-Wehringhausen
HAGEN Hbf
W-Oberbarmen
W-Barmen
W-Langerfeld
Gevelsberg West
Hohenlimburg
Schwelm
Ennepetal (Gevelsberg)
Brügge (Westf.)
Letmathe
W-Ronsdorf
RS-Lüttringhausen
RS-Lennep
Bergisch Born
Winterhagen
Marienheide
Zeichenerklärung
S-Bahn
Nahverkehr im Takt
Sonstige Nahverkehrsstrecken

Nicht zum Verkehrsverbund Rhein-Ruhr gehörende Gebiete

Nicht zum Verkehrsverbund gehören der Niederrhein-Raum (mit den angrenzenden Städten Dinslaken, Moers, Kamp-Lintfort und Wesel) und der Kreis Unna (mit den angrenzenden Städten Holzwickede, Schwerte, Unna, Kamen, Lünen und Selm/Olfen) – für Fahrten dorthin gilt ein besonderer Übergangstarif – sowie die Großstadt Hamm.

Tarifgebiete

Der Verbundraum (ca. 5000 qkm) ist in Tarifgebiete untergliedert, die grundsätzlich mit den Grenzen einer Stadt oder mehrerer Gemeinden zusammenfallen. Die großen Städte (Dortmund, Düsseldorf, Duisburg, Essen, Wuppertal) sind in je zwei Tarifgebiete geteilt. Innerhalb der Städte sind für Fahrten bis zu etwa 6 km sogenannte Waben die kleinste tarifliche Einheit; innerhalb einer Wabe gilt Preisstufe 1. Preisstufe 2 umfaßt bereits zwei Tarifgebiete. Mit wachsender Entfernung steigt der Verbundtarif bis zur Preisstufe 5.
Für welche Preisstufe der Fahrpreis jeweils zu zahlen ist, kann an jeder der rund 10000 Haltestellen im Verbundgebiet abgelesen werden.

Fahrausweise

Fahrausweise können in VRR-Verkaufsstellen und aus Automaten gelöst werden, in Bus oder Straßenbahn auch beim Fahrer. Die Fahrkarten sind vor Fahrtantritt in Entwertern (im Bahnhofsbereich oder in Bussen/Straßenbahnen) ‚gültig' zu machen. Preisgünstiger als Einzelfahrscheine sind Mehrfahrtenausweise (nur für Preisstufen 1 und 2), Wochen- oder Monatskarten (nur in Verkaufsstellen erhältlich) oder – vor allem für Kurzbesucher – der 24-Stunden-Fahrausweis: Er gilt für das Starttarifgebiet und alle unmittelbar daran angrenzenden Tarifgebiete.

Zwei-Städte-Ticket

Ohne sich mit den oft verwirrenden örtlichen Tarifbestimmungen der unterschiedlichen Nahverkehrssysteme befassen zu müssen, haben Fernreisende die Möglichkeit, mit einem Fahrschein Busse und Bahnen in zwei Städten zu benutzen. Das seit 1. Oktober 1981 bei den fünf Verkehrsverbünden München, Stuttgart, Frankfurt, Rhein-Ruhr und Hamburg geltende Städte-Ticket ist seit dem 1. Januar 1983 auf die Verkehrsbetriebe von Berlin, Bonn, Bremen, Hannover, Köln, Mannheim/Ludwigshafen und Nürnberg/Fürth erweitert. Die 24 Stunden geltende Netzkarte ermöglicht ihrem Besitzer jeweils am Ausgangs- und Zielort seiner Reise beliebig viele Fahrten mit öffentlichen Verkehrsmitteln. Das Ticket gibt es nur im Vorverkauf; es wird blanko ausgegeben und ist auch auf Vorrat erhältlich. Vor Fahrtantritt müssen die gewünschten zwei Städte sowie der Geltungsbeginn eingetragen und unterschrieben werden. Dem Städte-Ticket ist ein Merkblatt mit dem jeweiligen Geltungsbereich der einbezogenen Verkehrsbetriebe angeheftet. Diese Sonderfahrscheine werden an allen Fahrkartenschaltern der großen Bahnhöfe und bei allen amtlichen Reisebüros verkauft.

Bergisches Land

Allgemeine Informationen

Nähere Auskünfte und Prospekte über das Bergische Land erhält man u. a. beim Landesverkehrsverband Rheinland (Rheinallee 69, D-5300 Bonn 2 / Bad Godesberg, Tel. 0228/362921/2).

Düsseldorf

→dort

Naturpark Bergisches Land

Zweckverband Naturpark Bergisches Land,
Moltkestr. 34, D-5270 Gummersbach 1;
Tel. 02261/886901

Neandertal

Zweckverband Erholungsgebiet Neandertal,
Diepensiepen 2, D-4020 Mettmann;
Tel. 02104/6491

Remscheid

Amt für Wirtschafts- und Verkehrsförderung,
Theodor-Heuss-Platz 3, D-5630 Remscheid;
Tel. 02191/192600

Schwelm

Presseamt der Stadt Schwelm,
Hauptstr. 14, D-5830 Schwelm;
Tel. 02125/191217

Solingen

Presse- und Informationsamt,
Potsdamer Str. 41, D-5650 Solingen;
Tel. 02122/192310

Velbert

Verkehrs- und Werbeamt,
Verkehrspavillon am Denkmal, D-5620 Velbert;
Tel. 02051/313296

Wiehl

Verkehrsamt,
Bahnhofstr. 1, D-5276 Wiehl;
Tel. 02262/99200

Wuppertal

Wuppertal-Barmen:
Presse- und Informationsamt,
Rathaus, D-5600 Wuppertal-Barmen;
Tel. 0202/5636367

Wuppertal-Elberfeld:
Informationszentrum (auch für die Schwebebahn),
Döppersberg, D-5600 Wuppertal-Elberfeld;
Tel. 0202/5632270

Bochum D-4630

Auskunft

Verkehrsverein Bochum (auch Zimmernachweis), im Hauptbahnhof, Tel. 0234/13031
Informationszentrum Ruhr, Rathaus, Tel. 0234/621-3975

Bahnhöfe

Hauptbahnhof, Tel. 0234/615-1
Reiseauskunft, Tel. 0234/60691
Busbahnhof, Am Hauptbahnhof

Bibliotheken und Archive

Zentralbücherei Bochum, Rathausplatz 2–6, Tel. 0234/6212488
Stadtarchiv, Arndtstr. 19, Tel. 0234/6213896

Freizeit und Sport

Ruhrstadion
Weitmarer Forst

Hotels

*Am Südpark, Wattenscheid, Höntroper Str. 103, Tel. 02327/7911
Arcade, Universitätsstr. 3 (am Buddenbergplatz), Tel. 0234/33311

Bochum: Hotels (Fortsetzung)	Haus Oekey, Wiemelhausen, Universitätsstraße/Brenschederstraße, Tel. 0234/72016 *Novotel, Stadionring 22, Tel. 0234/594041 Ostmeier, Westring 35, Tel. 0234/60815 Pelter, Wattenscheid, Baarestr. 40, Tel. 02327/7912 Plaza, Hellweg 20, Tel. 0234/13085 Savoy, Huestr. 11, Tel. 0234/60886 Waldhotel Lottental, Stiepel, Grimbergstr. 52, Tel. 0234/797904
Kultureinrichtungen	Bochumer Künstlerbund, Königsallee 178, Tel. 0234/699126 Bochumer Kulturverein, Laer, Höfestr. 45, Tel. 0234/701592 Deutsche Shakespeare-Gesellschaft West, Franzstr. 3, Tel. 0234/66700 Kunst- und Bücherscheune, Querenburg, Lennershofstr. 156, Tel. 0234/704391
Museen	→Sehenswürdigkeiten Bochum
Museumszug im Ruhrtal	→Allgemeine Verkehrseinrichtungen
Notdienste	Apotheken-Notdienst: Tel. 0234/52591 Ärztlicher Notdienst: Tel. 0234/52591—96 Rettungsdienst/Krankentransporte: Tel. 0234/543666 Überfall, Verkehrsunfall: Tel. 110
Pannenhilfe	Tel. 0234/312310 ACE: Tel. 0234/551777 ADAC: Tel. 0234/31100
Post	Hauptpost, Wittener Str. 2, Tel. 0234/610-1
Restaurants	*Alt Nürnberg, Königsallee 16, Tel. 0234/311698 Altes Brauhaus Rietkötter, Große Beckstr. 7, Tel. 0234/16364 *Bagatelle, Wattenscheid, Leithestr. 12, Tel. 02327/35665 Café Döhmann, Große Beckstr. 2, Tel. 0234/16061 Ente (im Hotel Plaza), Hellweg 20, Tel. 0234/681507 Goldenes U, Brüderstr. 13, Tel. 0234/16610 Humboldt-Eck, Max-Kolbe-Str. 2, Tel. 0234/12825 Jägerstube (im Hotel Ostmeier), Westring 35, Tel. 0234/60815 Rain, Kortumstr. 19, Tel. 0234/12098 Schmidt, Drusenbergstr. 164, Tel. 0234/312469 Stadtpark, Bergstr. 19, Tel. 0234/59861 Stammhaus Fiege, Bongardstr. 23, Tel. 0234/12643 Wenderoth, Castroper Str. 178, Tel. 0234/590011
Taxi	Taxi-Zentrale, Brüderstr. 2, Tel. 0234/60511
Theater und Musik	Ruhrlandhalle, Gersteinring, Tel. 0234/594037-8 Schauspielhaus, Königsallee 15, Tel. 0234/37061

Bottrop D-4250

Auskunft	Verkehrsverein (auch Zimmernachweis), Gladbecker Str. 9, Tel. 02041/27011 Referat für Öffentlichkeitsarbeit, Rathausplatz 1, Tel. 02041/247-239

Bahnhöfe

Hauptbahnhof, Bahnhofstraße 35, Tel. 02041/66369
Busbahnhof, Berliner Platz

Freizeit und Sport

Traumlandpark Feldhausen
Haus Beck
Grafenmühle

Hotels

Große Wilde, Gladbecker Str. 207, Tel. 02041/33022
Gasthof Haseke, Kirchhellen, Münsterstr. 3, Tel. 02045/2306
Landhaus Berger, Kirchhellen-Feldhausen, Marienstr. 5, Tel. 02045/3061
Gasthof Berger, Kirchhellen-Feldhausen, Schloßgasse 35, Tel. 02045/2668

Notdienste

Ärztlicher Notdienst: Tel. 02041/29011
Überfall, Verkehrsunfall: Tel. 110

Post

Berliner Platz 6, Tel. 02041/24911

Restaurants

Forsthaus Specht, Dorstener Str. 391, Tel. 02041/36384
Landhaus Berger, Kirchhellen-Feldhausen, Schloßgasse 35, Tel. 02045/2668

Castrop-Rauxel — D-4620

Auskunft

Presseamt der Stadt Castrop-Rauxel (auch Zimmernachweis), Europaplatz 1, Tel. 02305/100-2210

Bahnhof

Hauptbahnhof, Bahnhofstraße, Tel. 02305/76430

Hotels

Daun, Bochumer Str. 266, Tel. 02305/22992
Hubbert, FKB-Habinghorst, Lange Str. 78, Tel. 02305/73434
Landhaus Köster, Oestricher Str. 18, Tel. 02305/22992

Notdienste

Ärztlicher Notdienst: Tel. 02305/1664
Rettungsdienst: DRK-Rettungswache, Tel. 02305/12627
Überfall, Verkehrsunfall: Tel. 110

Post

Hauptpost, Lönsstr. 20–22, Tel. 02305/2831

Restaurants

Daun, Bochumer Str. 266, Tel. 02305/22992
Schloß Goldschmieding, Ringstr. 97, Tel. 02305/13400

Datteln — D-4354

Auskunft

Presseamt der Stadt Datteln (auch Zimmernachweis), Elisabethstr. 8, Tel. 02363/1071

Autobushof

Busbahnhof, Neumarkt, Tel. 02363/2906

Hotels

Haus Sindern, Wittener Str. 35, Tel. 02363/61231
Hubertus, Am Tigg 2, Tel. 02363/4493
Vestischer Hof, Castroper Str. 122, Tel. 02363/6722
Waldhaus in der Haardt, Tel. 02363/1550
Zur Alten Post, Hafenstr. 4, Tel. 02363/2734

Datteln: Museen	→Sehenswürdigkeiten Datteln
Notdienste	Feuerwehr, Krankentransport: Tel. 112 Überfall, Verkehrsunfall: Tel. 110
Post	Tel. 02363/4011
Restaurants	Dattelner Hof, Heibeckstr. 12, Tel. 02363/2127 Landhaus Jammertal, Naturpark Haard, Tel. 02363/270
Taxi	Taxi-Zentrale, Tel. 02363/2822, 8544 und 4200

Dinslaken D-4220

Auskunft	Stadtverwaltung (auch Zimmernachweis), Wilhelm-Lantermann-Str. 69, Tel. 02134/66222
Bahnhof	Hauptbahnhof, Bahnhofsplatz, Tel. 02134/2368
Hotels	Burghotel, Althoffstr. 11, Tel. 02134/51003 Zum Grunewald, Berger Str. 152, Tel. 02134/4433 Zum Schwarzen Ferkel, Voerder Str. 79, Tel. 02134/51120
Post	Friedrich-Ebert-Str. 42, Tel. 02134/5091
Restaurants	Burgrestaurant, Althoffstr. 11, Tel. 02134/5944

Dorsten D-4270

Auskunft	Verkehrsverein (auch Zimmernachweis), Südwall 22, Tel. 02362/22850 Presseamt der Stadt Dorsten, Halterner Str. 5, Tel. 02362/66235
Bahnhof	Bahnhof Dorsten, Tel. 02362/22586
Freizeit und Sport	Naturpark Hohe Mark Märchenpark Feldhausen
Hotels	Dorstener Hof, Markt 13, Tel. 02362/22629 Haus Berken, Holsterhausen, An der Molkerei 30, Tel. 02362/61213 Schloßhotel Lembeck, Lembeck, Tel. 02369/22629 Schürmann, Wulfen, Dülmener Str. 163, Tel. 02369/3474
Museen	→Sehenswürdigkeiten Dorsten
Notdienste	Rettungsdienst: Tel. 112 Überfall, Verkehrsunfall: Tel. 110
Restaurants	Café Maus, Recklinghauser Str. 9, Tel. 02362/22600 Dorstener Hof, Markt 13, Tel. 02362/22629 Haus Schürmann, Wulfen, Dülmener Str. 163, Tel. 02362/3474 Petit, Holsterhausen, Freiheitsstr. 1, Tel. 02362/62853

Dortmund D-4600

Auskunft

Verkehrsverein (auch Zimmernachweis), Pavillon am Hauptbahnhof, Tel. 0231/54222174
Informations- und Presseamt der Stadt Dortmund, Balkenstr. 40, Tel. 0231/542-22130/39

Bahnhöfe

Hauptbahnhof, Bahnhofstraße, Tel. 0231/142244
Busbahnhof, gegenüber dem Hauptbahnhof

Bibliotheken und Archive

Institut für deutsche und ausländische Arbeiterliteratur, Ostenhellweg 56–58, Tel. 0231/542-23227
Institut für Zeitungsforschung, Hansaplatz, Tel. 0231/5421
Stadtarchiv, Betenstr. 28, Tel. 0231/5421
Stadt- und Landesbibliothek, Hansaplatz, Tel. 0231/542-23209

Freizeit und Sport

Bootshäuser am Dortmund-Ems-Kanal (Bootsrennen)
Freibäder: Derne, Hardenberg, Hoeschpark, Hombruch, Revierpark Wischlingen, Schallacker, Wellinghofen
Freizeitpark Fredenbaum
Freizeitzentrum „Tropa Mare“, Bornstr. 160
Golfplatz in Dortmund-Reichsmark (18 Löcher)
Pferderennbahn Wambel
Roller-Skating-Center, Bremer Str. 18
Rombergpark mit Botanischem Garten
Rudern und Paddeln auf dem Hengsteysee
Ruhr-Bowling-Zentrum, Mallinckrodtstr. 212–214
Tennisplätze
Tom's Eispalast, Im Spähenfelde 51
Schwimmstadion ‚Volkspark‘
Westfalenhalle →Sehenswürdigkeiten Dortmund
Westfalenpark (mit Deutschem Rosarium)

Hotels

Atlanta, Ostenhellweg 51, Tel. 0231/579518
Consul, Hohe Str. 117, Tel. 0231/103825
*Drees, Hohe Str. 107, Tel. 0231/103821
Drei Kronen, Münsterstr. 70, Tel. 0231/818661
Gildenhof, Hohe Str. 139, Tel. 0231/122035
Merkur (garni), Milchgasse 5, Tel. 0231/528349
Novotel, Brennaborstr. 2, Tel. 0231/65485
*Parkhotel Westfalenhalle, Strobelallee 41, Tel. 0231/1204230
*Parkhotel Wittekindshof, Westfalendamm 270, Tel. 0231/515059
*Römischer Kaiser, Olpe 2, Tel. 0231/528331
Stadthotel (garni), Reinoldistr. 14, Tel. 0231/571011
Union, Arndtstr. 66, Tel. 0231/528243

Kultureinrichtungen

Ausländisches Kulturzentrum Carl Duisberg-Haus, Heiliger Weg 10/51, Tel. 0231/523867
Rheinisch-Westfälische Auslandsgesellschaft Dortmund: Auslandsinstitut Dortmund, Arndtstr. 30 A, Tel. 0231/527454-57
Zentralstelle für die Vergabe von Studienplätzen, Sonnenstr. 171, Tel. 0231/10811

Museen

→Sehenswürdigkeiten Dortmund

Notdienste

Ärztlicher und zahnärztlicher Notdienst: Tel. 0231/435050
Überfall, Verkehrsunfall: Tel. 110

Post

Hauptpostamt, Bahnhofstr. 1

Dortmund: Restaurants	Grüner Baum, Lübkestr. 9 Hövelpforte, Hoher Wall 5–7 Kiepenkerl, Markt 6 Krone, Markt 10 Pfefferkorn, Hoher Wall 38 Reinoldi-Gaststätten, Reinoldistr. 7 Stadt-Treff, Passage Alter Markt Zum alten Krug, Westenhellweg 92
Taxi	Taxi-Zentrale, Königswall 42, Tel. 0231/144444
Theater und Musik	Jazzkeller ‚domicil', Leopoldstr. 60 Naturbühne Syburg (Sommerhalbjahr), Tel. 0234/68619 Philharmonisches Orchester der Stadt Dortmund, Vorverkauf an der Theaterkasse, Tel. 0231/144431/32 Städtische Bühnen Dortmund, Großes Haus, Hansastraße, Tel. 0231/144431/32 Theater am Ostwall

Duisburg D-4100

Auskunft	Stadtinformation (auch Zimmernachweis), Königstr. 53, Tel. 0203/2832189
Bahnhof	Hauptbahnhof, Mercatorstraße / Portsmouth-Platz, Tel. 0203/39081
Bibliotheken	Stadtarchiv, Rathaus, Burgplatz 19, Tel. 0203/2832155 Zentrale Stadtbibliothek, Düsseldorfer Str. 5–7, Tel. 0203/2833061
Freizeit und Sport	Revierpark Mattlerbusch Wedau-Sportpark →Sehenswürdigkeiten Duisburg
Hafenrundfahrten	Die Hafenrundfahrten finden statt von April bis Oktober. 1. ab Schwanentor (in der Innenstadt): Montag bis Samstag 15 Uhr, während der Sommerferien in Nordrhein-Westfalen auch 13 und 17 Uhr; Sonn- und Feiertage: 10 und 15 Uhr sowie vom 1. Mai bis 31. August auch 17 Uhr. 2. ab Mühlenweide (im Hafenbereich): Montag bis Samstag 14 Uhr, während der Sommerferien in Nordrhein-Westfalen auch 16 Uhr; Sonn- und Feiertage 11 und 14 Uhr sowie vom 1. Mai bis 31. August auch 16 Uhr. Informationen (auch Sonderfahrten): Duisburger Hafenrundfahrt GmbH, Hedwigstr. 23–29, Tel. 0203/395822 oder 596718.
Hotels	Angerhof, Huckingen, Düsseldorfer Landstr. 431, Tel. 0203/781658 Haus Reinhard, Fuldastr. 31, Tel. 0203/331316 Haus Werth, Siegstr. 12, Tel. 0203/335035 Plaza, Dellplatz 1, Tel. 0203/21975 Rheingarten, Homberg, Königstr. 78, Tel. 02136/5001 Salm, Hamborn, Kaiser-Friedrich-Str. 47, Tel. 0203/407046 Sittardsberg, Buchholz, Sittardsberger Allee 10, Tel. 0203/700001 Stadt Duisburg / Goldene Treppe, Düsseldorfer Str. 124, Tel. 0203/22375 *Steigenberger Hotel Duisburger Hof, König-Heinrich-Platz, Tel. 0203/331021

Kultureinrichtungen

Literarische Werkstatt, Johanniterstr. 71, Tel. 0203/663828
Kulturwerkstatt Meiderich, Bahnhofstr. 134, 12, Tel. 0203/442999
Kultur- und Freizeitzentrum Innenstadt (mit Filmforum), Dellplatz 16, Tel. 0203/283-4164, abends 283-2491
Kultur- und Freizeitzentrum Hamborn, Ratskeller im Rathaus, Hamborn, Tel. 0203/55535236

Museen

→Sehenswürdigkeiten Duisburg

Notdienste

Apotheken-Notdienst: Tel. 0203/370091
Ärztlicher Notdienst: Tel. 0203/370091
Überfall, Verkehrsunfall: Tel. 110

Post

Königstr. 100, Tel. 0203/121

Restaurants

Café Dobbelstein, Sonnenwall 8, Tel. 0203/20230
Dante, Mülheimer Str. 213, Tel. 0203/330480
Kuckeshof, Rumeln-Kaldenhausen, Düsseldorfer Str. 109, Tel. 0203/409527
Laterne, Mülheimer Str. 38, Tel. 0203/21298
Mercatorhalle, König-Heinrich-Platz, Tel. 0203/332066
Mühlenberger Hof, Rheinhausen, Hohenbudberger Str. 88, Tel. 02135/4565
Postkutsche, Ruhrort, Amtsgerichtsstr. 20, Tel. 0203/82343
Wilhelmshöhe, Am Botanischen Garten 21, Tel. 0203/330666

Taxi

Taxi-Zentrale, Tel. 0203/333030

Theater und Musik

Mercatorhalle, König-Heinrich-Platz, Tel. 0203/339026
Deutsche Oper am Rhein, König-Heinrich-Platz, Tel. 0203/39041
‚Duisburger Akzente' (Veranstaltungen)

Düsseldorf D-4000

Auskunft

Verkehrsverein der Stadt Düsseldorf (auch Zimmernachweis), Konrad-Adenauer-Platz 12, Tel. 0211/350505

Bahnhof

Hauptbahnhof, Konrad-Adenauer-Platz, Tel. 0211/3680-1
Reisezugauskunft, Tel. 0211/353494

Bibliotheken und Archive

Bibliothekstelle der Kulturinstitute der Stadt Düsseldorf, Heinrich-Heine-Allee 23, Tel. 0211/8995573
Düsseldorfer Institut für amerikanische Völkerkunde, Merowingerstr. 12, Tel. 0211/343118
Haus des Deutschen Ostens, Bismarckstr. 90, Tel. 0211/359581
Heinrich-Heine-Institut, Heinrich-Heine-Haus, Bilker Str. 14, Tel. 0211/8995571
Nordrhein-Westfälisches Hauptstaatsarchiv, Mauerstr. 55, Tel. 0211/4497-1
Stadtarchiv, Heinrich-Ehrhard-Str. 61, Tel. 0211/8995737
Stadtbücherei Stadtmitte, Berliner Allee 59, Tel. 0211/8994399; Außenstellen in zahlreichen Stadtteilen; Autobücherei (Bibliotheksbus)
Universitätsbibliothek, Universitätsstr. 1, Tel. 0211/3111
Verein Deutscher Ingenieure (VDI), Bibliothek und Dokumentationsstelle, Graf-Recke-Str. 84, Tel. 0211/62141

Praktische Informationen

Düsseldorf: Flughafen	Düsseldorf-Lohausen, 8 km nördlich City Air Terminal: Hauptbahnhof
Freizeit und Sport	Eisstadion, Brehmstr. 27 Sparkassen-Eissporthalle Benrath, Paulsmühlenstr. 6 Rheinstadion, Europaplatz 5
Hotels	Ambassador-Continental, Harkortstr. 9, Tel. 0211/370003 Berliner Hof, Ellerstr. 110, Tel. 0211/784744 Beyer, Scheurenstr. 57, Tel. 0211/370991 Börsenhotel, Kreuzstr. 19a, Tel. 0211/363071 *Breidenbacher Hof, Heinrich-Heine-Allee 36, Tel. 0211/8601 Esplanade, Fürstenplatz 17, Tel. 0211/375010 *Excelsior, Kapellstr. 1, Tel. 0211/486006 Fürstenhof, Fürstenplatz 3, Tel. 0211/370545 Graf Adolf, Stresemannplatz 1, Tel. 0211/360591 *Hilton, Georg-Glock-Str. 20, Tel. 0211/434963 Holiday Inn, Graf-Adolf-Platz 10, Tel. 0211/377053 Imperial, Venloer Str. 9, Tel. 0211/483008 *Inter-Continental, Karl-Arnold-Platz 5, Tel. 0211/434848 Lancaster, Oststr. 166, Tel. 0211/351066 Lindenhof, Oststr. 124, Tel. 0211/360963 *Nikko, Immermannstr. 41, Tel. 0211/8661 Prinz Anton, Karl-Anton-Str. 11, Tel. 0211/352055 *Ramada, Am Seestern 16, Tel. 0211/591047 *Ramada Renaissance, Nördl. Zubringer 6, Tel. 0211/62160 Rheinstern Penta, Emmanuel-Leutze-Str. 17, Tel. 0211/59971 Savoy, Oststr. 128, Tel. 0211/360336 *Steigenberger Parkhotel, Corneliusplatz 1, Tel. 0211/8651 Terminus, Am Wehrhahn 81–83, Tel. 0211/358350 Uebachs, Leopoldstr. 3–5, Tel. 0211/360566 Vossen am Karlplatz, Bilker Str. 2, Tel. 0211/325010
Kultureinrichtungen	Afro-Asiatisches Kultur- und Bildungszentrum, Oberbilker Allee 1, Tel. 0211/332952 Filminstitut/Filmforum, Prinz-Georg-Str. 80, Tel. 0211/480376 Institut Français, Bilker Str. 7–9, Tel. 0211/320654 Internationales Bildungszentrum ‚Die Brücke', Graf-Adolf-Str. 89, Tel. 0211/8993499 Kodály-Institut für Musik, Leopoldstr. 9, Tel. 0211/356197 Modeschule Düsseldorf, Schloßallee 42, Tel. 0211/211813 Robert-Schumann-Institut der Staatlichen Musikhochschule Rheinland, Fischerstr. 110, Tel. 0211/484030 Staatliche Kunstakademie, Eiskellerstr. 1, Tel. 0211/329334 Tonhalle, Ehrenhof 1, Tel. 0211/899612 1
Museen	Dumont-Lindemann-Archiv (Theatermuseum), Bilker Str. 12 Goethe-Museum →Bergisches Land, Düsseldorf Heinrich-Heine-Institut →Bergisches Land, Düsseldorf Hetjens-Museum →Bergisches Land, Düsseldorf Küstlerverein ‚Malkasten', Jacobistr. 6 Kunstmuseum, Pempelforter Str. 50–52; Ausstellungsräume auch in der Kreuzherrenkirche (Ratinger Straße / Ursulinengasse), in der Tonhalle (Hofgartenufer), im Kunstpalast (Ehrenhof) sowie an der Orangeriestraße (Haus Nr. 6) Kunstsammlung Nordrhein-Westfalen →Bergisches Land, Düsseldorf Landesmuseum Volk und Wirtschaft, Ehrenhof 2 Löbbecke-Museum und Aquarium, Brehmstraße Naturkundliches Heimatmuseum Benrath →Bergisches Land, Düsseldorf

Städtische Kellergalerie, Bilker Str. 7
Städtische Kunsthalle →Bergisches Land, Düsseldorf
Stadtmuseum →Bergisches Land, Düsseldorf

Notdienste

Ärztlicher Notdienst: Tel. 0211/597070
Feuerwehr-Krankentransport: Tel. 0211/388989
Überfall, Verkehrsunfall: Tel. 110

Obergärige Bierlokale

Im Füchschen, Ratinger Str. 28, Tel. 0211/84062
Zum Schiffchen (seit 1628), Hafenstr. 5, Tel. 0211/327176
Zum Schlüssel, Bolkerstr. 43, Tel. 0211/326155
Zum Uerige, Berger Str. 1, Tel. 0211/84455

Pannenhilfe

ACE: Tel. 0211/363777; ADAC: Tel. 0211/434943

Post

Hauptpost, Charlottenstr. 61

Restaurants

Benkay (im Hotel Nikko; japan.), Immermannstr. 41, Tel. 0211/8651
Daitokai (japan.), Mutter-Ey-Str. 1, Tel. 0211/374501
*Frickhöfer, Stromstr. 47, Tel. 0211/393931
Grill Royal (im Hotel Breidenbacher Hof), Heinrich-Heine-Allee 36, Tel. 0211/8601
*Im Schiffchen, Kaiserswerther Markt 9, Tel. 0211/401050
Kikaku (japan.), Klosterstr. 38, Tel. 0211/357853
La Rhénane (im Hotel Holiday Inn), Graf-Adolf-Platz 10, Tel. 0211/586359
Müllers & Fest, Königsallee 14, Tel. 0211/326001
Nippon-kan (japan.), Immermannstr. 35, Tel. 0211/353135
*Orangerie, Bilker Str. 30, Tel. 0211/373733
*Robert's Restaurant, Oberkasseler Str. 100, Tel. 0211/575672
Rôtisserie (im Steigenberger Parkhotel), Corneliusplatz 1, Tel. 0211/8651
San Francisco (im Hilton Hotel), Georg-Glock-Str. 20, Tel. 0211/434963

Taxi

Taxi-Ruf Düsseldorf, Tel. 0211/33333

Theater und Musik

Deutsche Oper am Rhein, Heinrich-Heine-Allee 16a, Tel. 0211/370981
Kammerspiele, Jahnstr. 3, Tel. 0211/378353
Kom(m)ödchen (Kabarett), Hunsrückenstr. 20, Tel. 0211/325428
Komödie (Boulevardtheater), Steinstr. 23, Tel. 0211/325151
Puppentheater am Fürstenplatz, Helmholtzstr. 38, Tel. 0211/371368
Rheinisches Marionettentheater Zangerle, Bilker Str. 7, Tel. 0211/328432
Schauspielhaus, Gustaf-Gründgens-Platz, Tel. 0211/363011
Tonhalle Düsseldorf, Ehrenhof 1, Tel. 0211/8995540
Zimmer-Theater, Uhlandstr. 24, Tel. 0211/352540

Essen D-4300

Auskunft

Verkehrsverein Essen (auch Zimmernachweis), Hauptbahnhof Südausgang, Tel. 0201/20401
Werbe- und Verkehrsamt der Stadt Essen, Rathaus, Tel. 0201/181-3015

Praktische Informationen

Essen: Bahnhöfe	Hauptbahnhof, Tel. 0201/234021 U-Bahn, Essener Verkehrs AG, Rüttenscheid, Zweigerstraße, Tel. 0201/7997423
Bibliotheken und Archive	Zentralbibliothek, Hindenburgstr. 25, Tel. 0201/1812665 Bibliothek für Blinde, Frohnhausen, Freytagstr. 29, Tel. 0201/1817225
Freizeit und Sport	Eislaufhalle Frohnhausen, Curtiusstraße (am Bahnhof Essen-West), Tel. 0201/744085 Bowling-Center Essen, Viehofer Str. 38, Tel. 0201/223551 Emscherpark Baldeneysee →Sehenswürdigkeiten Essen Kettwiger Stausee →Sehenswürdigkeiten Essen Vogelpark Wildgehege
Hotels	Arosa, Rüttenscheid, Rüttenscheider Str. 149, Tel. 0201/795451 Burg-Mintrop, Burgaltendorf, Schwarzensteinweg 81, Tel. 0201/57641 *Essener Hof (Haus der Technik), Teichstr. 2, Tel. 0201/20901 *Handelshof (Mövenpick), Am Hauptbahnhof 2, Tel. 0201/17080 *Parkhotel Bredeney, Bredeney, Theodor-Althoff-Str. 5, Tel. 0201/714081 Résidence, Kettwig, Auf der Forst 1, Tel. 02054/6058 Rheinischer Hof, Rüttenscheid, Hedwigstr. 11, Tel. 0201/781074 Rühl's Sengelmannshof, Kettwig, Sengelmannsweg 35, Tel. 02054/6058 Ruhr-Hotel, Rüttenscheid, Krawehlstr. 42, Tel. 0201/775172 *Schloß Hugenpoet, Kettwig, August-Thyssen-Str. 51, Tel. 02054/6054 Schmachtenbergshof, Kettwig, Schmachtenbergsstr. 157, Tel. 02054/4554 (8933) *Sheraton, Huyssenallee 55, Tel. 0201/20951
Kultureinrichtungen	Folkwanghochschule für Musik, Theater und Tanz, z. Z. Brunnenstr. 8, Tel. 0201/181-2611 Bergbau-Forschung GmbH, Franz-Fischer-Weg 61, Tel. 0201/1051 Stifterverband für die Deutsche Wissenschaft, Brucker Holt 56, Tel. 0201/711051 Essener Forum bildender Künstler, Alfredistr. 2, Tel. 0201/226538
Messen	Gruga-Hallen
Museen	→Sehenswürdigkeiten Essen
Notdienste	Apotheken-Notdienst: Tel. 114 Ärztlicher Notdienst: Tel. 114 Krankentransporte: Tel. 2461 Überfall, Verkehrsunfall: Tel. 110
Pannenhilfe	ACE: Schützenbahn 17, Tel. 0201/230422 ADAC: Hindenburgstr. 57, Tel. 0201/233151
Post	Hauptpost, Hachestr. 2, Tel. 0201/121

Restaurants

Bauer Barkhoff, Margarethenhöhe, Lehnsgrund 14a, Tel. 0201/715483
Bonne Auberge, Witteringstr. 92a, Tel. 0201/783999
Börsen-Gaststätte (Haus der Technik), Bachstr. 2, Tel. 0201/235516
Handelshof mit Pilsstuben und Mathäser-Keller, Am Hauptbahnhof 2, Tel. 0201/17080
Haus Gimken, Borbeck, Schloßstr. 182, Tel. 0201/671839
Haus Seeblick, Kettwig/Ruhrstausee, Auf der Rötsch 11, Tel. 02054/4556
Heimliche Liebe, Bredeney, Baldeney 33, Tel. 0201/441221
Hotel-Restaurant Bredeney, Bredeney, Theodor-Althoff-Str. 5, Tel. 0201/714081
Kockshusen, Rellinghausen, Pilgrimsteig 51, Tel. 0201/471721
*La Buvette, Werden, An der Altenburg 30, Tel. 0201/40848
Parkhaus Hügel, Bredeney, am Baldeneysee, Freiherr-vom-Stein-Str. 209, Tel. 0201/471091
Parkrestaurant Sheraton, Huyssenallee 55, Tel. 0201/20951
Rôtisserie Alter Ritter, Theaterplatz 3, Tel. 0201/236312
*Rôtisserie Ange d'or, Kettwig, Ruhrtalstr. 326, Tel. 02054/2307
*Schloß Hugenpoet, Kettwig, August-Thyssen-Str. 51, Tel. 02054/6054
Schwarze Lene, Bredeney, Baldeney 38, Tel. 0201/442351
Seeterrassen Schloß Baldeney, Bredeney, Freiherr-vom-Stein-Str. 386a, Tel. 0201/472132
Silberkuhlshof, Rüttenscheid, Lührmannstr. 80, Tel. 0201/773267
Stadtgarten, Huyssenallee 53 (Saalbau), Tel. 0201/221866
Zum Halben Hahn, Kennedyplatz 5, Tel. 0201/236855
Zur Platte, Weg zur Platte 73, Tel. 0201/491237

Taxi

Taxi-Zentrale, Tel. 0201/667066

Gelsenkirchen D-4650

Auskunft

Verkehrsverein Gelsenkirchen (auch Zimmernachweis), Ebertstraße, Tel. 0209/23376
Presseamt der Stadt Gelsenkirchen, Ebertstraße, Tel. 0209/169-2271

Bahnhöfe

Hauptbahnhof – Reiseauskunft: Tel. 0209/206029; Platzreservierungen: Tel. 0209/22759
S-/U-Bahn: Busbahnhof Gelsenkirchen, Tel. 0209/22379; Busbahnhof Gelsenkirchen-Buer, Tel. 0209/30012
Busbahnhof: Gelsenkirchen, Tel. 0209/22379; Gelsenkirchen-Buer, Tel. 0209/30012

Freizeit und Sport

Parkstadion, Sportpark Berger Feld
Revierpark Nienhausen, Feldmarkstr. 201, Tel. 0209/41006

Hotels

Am Stern, Bismarckstr. 70, Tel. 0209/812603
Gerbracht, Laurentiusstr. 45, Tel. 0209/55233
Haus Engelhardt, Claire-Waldoff-Str. 3, Tel. 0209/24125
Idelmann, Buer, Fraukampstr. 101, Tel. 0209/72263
*Maritim, Am Stadtgarten 1, Tel. 0209/15951
Monopol, Buer, Springestr. 9, Tel. 0209/30292
Weinhaus St. Petrus, Munckelstr. 3, Tel. 0209/26473
Zur Post, Bahnhofsvorplatz 1–2, Tel. 0209/21645

Gelsenkirchen: Museen	→Sehenswürdigkeiten Gelsenkirchen
Notdienste	Apotheken-Notdienst: Gelsenkirchen und Horst, Tel. 0209/43015; Buer, Tel. 0209/66666 Ärztlicher Notdienst: Gelsenkirchen, Tel. 0209/492299; Buer und Horst, Tel. 0209/66111 Überfall, Verkehrsunfall: Tel. 110
Post	Hauptpostamt, Tel. 0209/1560
Restaurants	Buersche Stuben, Buer, Springestr. 9, Tel. 0209/375562 Freudenstein am Zoo, Bleckstr. 47, Tel. 0209/85660 Hirt, Arminstr. 14, Tel. 0209/23235 Maritim mit Parkrestaurant und Maritim-Pub, Am Stadtgarten 1, Tel. 0209/15951 *Mövenpick Schloß Berge, Buer, Adenauerallee 103, Tel. 0209/59958 Parkhaus Kaiserau, Cranger Str. 66, Tel. 0209/591104 Tigges, Ebertstr. 28, Tel. 0209/21200 Weinhaus St. Petrus, Munckelstr. 3, Tel. 0209/26473
Taxi	Taxi-Zentrale, Tel. 0209/15211
Theater und Musik	Musiktheater im Revier, Kennedyplatz, Tel. 0209/41021

Gladbeck D-4390

Auskunft	Stadtverwaltung (auch Zimmernachweis), Hochstr. 1, Tel. 02043/2751
Bahnhöfe	Hauptbahnhof, Gladbeck-West, Tel. 02043/42741 Busbahnhof, ‚Oberhof'
Hotels	Baumgartner, Voßstraße 144, Tel. 02043/62292 Schultenhof, Schultenstraße 10, Tel. 02043/51779 Stadthotel, Hochstraße 15, Tel. 02043/23330
Notdienste	Apotheken-Notdienst: Tel. 02043/24000 Ärztlicher Notdienst: Tel. 02043/24000 Rettungsdienst: Tel. 02043/65081 Überfall, Verkehrsunfall: Tel. 110
Post	Hauptpostamt, Tel. 02043/26071
Restaurant	Wasserschloß Haus Wittringen, im Stadtpark, Tel. 02043/22323
Taxi	Taxi-Zentrale, Tel. 02043/24044, 23033, 23042

Hagen (Westfalen) D-5800

Auskunft	Verkehrs- und Werbeamt der Stadt Hagen (auch Zimmernachweis), Pavillon, Friedrich-Ebert-Platz, Tel. 02331/13573
Bahnhöfe	Hauptbahnhof, Berliner Platz, Tel. 02331/205-1 Busbahnhof, Berliner Platz, Tel. 02331/208339
Freizeit und Sport	Wasserburg Werdringen, Hagen-Vorhalle

Hotels

Bentheimer Hof, Hohenlimburg, Stennertstr. 20, Tel. 02334/4826
Central, Dahlenkampstr. 2, Tel. 02331/16302
Crest Hotel, Wasserloses Tal 4, Tel. 02331/3910
Dahler Schweiz, Dahl, Am Hemker Bach 12, Tel. 02337/1261
Deutsches Haus, Bahnhofstr. 35, Tel. 02331/21051
Dresel, Dahl, Rummenohler Str. 31, Tel. 02337/1318
Kehrenkamp, Ambrock, Delsterner Str. 172, Tel. 02331/79011
Landhotel Halden, Halden, Berchumer Str. 82, Tel. 02331/51869
Lex, Elberfelder Str. 71, Tel. 02331/28751
Schmidt, Selbecke, Selbecker Str. 220, Tel. 02331/70077
Union, Haspe, Kölner Str. 25, Tel. 02331/49091

Museen

→Sehenswürdigkeiten Hagen

Notdienste

Apotheken-Notdienst: Tel. 02331/1150
Ärztlicher Notdienst: Tel. 02331/53077
Überfall, Verkehrsunfall: Tel. 110

Post

Hauptpostamt, Tel. 02331/2031

Restaurants

Alt Eckesey, Eckesey, Eichendorffstr. 7, Tel. 02331/28885
Café Dreisbach, Elberfelder Str. 22, Tel. 02331/23895
Hennert, Haspe, Enneper Str. 3, Tel. 02331/43350
Lex, Elberfelder Str. 71, Tel. 02331/22454
Schloßrestaurant, Hohenlimburg, Alter Schloßweg 30, Tel. 02334/2056
Wacholderhäuschen, Haspe, Berliner Str. 90, Tel. 02331/41033
Zum Bauernhaus, Feithstr. 141, Tel. 02331/81743
Zum Deelenkrug, Garenfeld, Tel. 02304/67066

Taxi

Taxi-Zentrale, Tel. 02331/22222, 23333, 16666, 26666

Theater und Musik

Ischelandhalle
Städtische Bühnen

Hamm D-4700

Auskunft

Verkehrsverein (auch Zimmernachweis), am Bahnhof, Tel. 02381/23400
Presseamt der Stadt Hamm, Rathaus, Theodor-Heuss-Platz 16, Tel. 02381/101-320

Bahnhöfe

Hauptbahnhof, Tel. 02381/20066
Busbahnhof, Tel. 02381/274-1

Bibliothek

Stadtbücherei, Ostenallee 1–5

Hotels

Breuer, Ostenallee 95, Tel. 02381/84001
Herzog, Caldenhofer Weg 22, Tel. 02381/20050
Selbachpark, Pelkum, Tel. 02381/40944
Stadt Hamm, , Südstr. 9–13, Tel. 02381/29091

Kanalfahrten

Hamm-Hafen am Datteln-Hamm-Kanal ist der Stammplatz der „Santa Monica“. Die Passagierjacht fährt von den verschiedensten Kanalhäfen im Ruhrgebiet aus. Beliebteste Zielpunkte sind das Schiffshebewerk Henrichenburg (→Waltrop) und das Wasserschloß Sandfort am Dortmund-Ems-Kanal. In den Sommer-

Hamm (Fortsetzung)
Kanalfahrten mit der Passagierjacht „Santa Monica“: Hammer Schiffswerft, Abt. Fahrgastschiffahrt, Hafen-Nordufer, Tel. 02381/44791 und 02381/441186

zeit (Mai bis Ende September) finden an Sonn- und Feiertagen regelmäßige Kreuzfahrten statt; während der Sommerferien auch am Mittwoch, Donnerstag und Samstag.
Regelmäßig werden ferner Sommernachtspartys auf dem Wasser organisiert sowie auf Wunsch Charterfahrten (Schulausflüge, Betriebsfeiern u. a.). Die Fahrten können in das ganze Ruhrgebiet führen oder bis ins Münsterland hinauf nach Ibbenbüren/Riesenbeck.
Hafenplätze der „Santa Monica“ im Ruhrgebiet sind: Hamm, Werne, Lünen, Waltrop, Dortmund, Gelsenkirchen, Herne, Wanne-Eickel, Castrop-Rauxel, Datteln, Flaesheim und Dorsten.

Museen

→Sehenswürdigkeiten Hamm

Notdienste

Ärztlicher Notdienst: Tel. 02381/444444
Zahnärztlicher Notdienst: Tel. 02381/444040
Überfall, Verkehrsunfall: Tel. 110

Post

Hauptpostamt, Tel. 02381/277-1

Restaurants

Alt Hamm, Nordstr. 16, Tel. 02381/28563
Kipp'n in, Bahnhofstr. 29, Tel. 02381/22676
Stunikenhaus, Antonistr. 10, Tel. 02381/12255
Wagenrad, Alleestr. 8, Tel. 02381/51151
Wielandstuben, Wielandstr. 84, Tel. 02381/401217
Zum Roten Läppchen, Heessen, Polberger Str. 53, Tel. 02381/32872

Taxi

Taxi-Zentrale, Tel. 02381/20000 und 22100

Theater und Musik

Kurhaus Bad Hamm
Städtischer Saalbau Bockum-Hövel
Zentralhallen
Freilichtbühne Heessen

Veranstaltung

Westfälische Freilichtspiele (Mai – September)

Hattingen D-4320

Auskunft

Verkehrsverein (auch Zimmernachweis), am Busbahnhof, Tel. 02324/204428
Presseamt der Stadt Hattingen, Rathausplatz 1, Tel. 02324/204-226

Bahnhöfe

Hauptbahnhof, Tel. 02324/22849
Busbahnhof, Tel. 02324/204428

Hotels

City-Hotel, Am Dünkhof 14, Tel. 02324/27814
Landhaus Siebe, Am Stuten 29, Tel. 02324/23477
Waldhotel, Bredenscheid, Hackstückstr. 125, Tel. 02324/7638
Westfälischer Hof, Bahnhofstr. 7, Tel. 02324/23560

Museumszug im Ruhrtal

→Allgemeine Verkehrseinrichtungen

Notdienste

Ärztlicher Notdienst: Tel. 02324/23070
Rettungsdienst: Tel. 02324/23079
Überfall, Verkehrsunfall: Tel. 110

Post
Moltkestr. 6, Tel. 02324/22021

Restaurants
Alt Blankenstein, Blankenstein, Burgstr. 2, Tel. 02324/60939
Landhaus Felderbachtal, Oberelferinghausen, Felderbachstr. 133, Tel. 0202/522011
*Rôtisserie Landhaus Leick, Niedersprockhövel, Bochumer Str. 67, Tel. 02324/73433

Taxi
Taxi-Zentrale, Tel. 02324/21011

Herdecke — D-5804

Auskunft
Presseamt der Stadt Herdecke, Kirchplatz 3, Tel. 02330/61-217

Bahnhof
Bahnhof Herdecke, Bahnhofstraße, Tel. 02330/2992

Bootsfahrten auf Harkort- und Hengsteysee
Rundfahrten (ab Ostern) auf dem Harkortsee (MS „Friedrich Harkort") und auf dem Hengsteysee (MS „Freiherr vom Stein"); ferner Riverboat-, Lampion- und Gesellschaftsfahrten (Saison):
Harkortsee, Tel. 02330/4175
Hengsteysee, Tel. 02330/5284

Freizeit und Sport
Freizeitzentrum Bleichstein

Hotels
Bonsmanns Hof, Wittbräucker Str. 38, Tel. 02330/70762
Bürgerhaus, Kampstr. 8, Tel. 02330/2436
Rheinischer Hof, Hauptstr. 50, Tel. 02330/4821

Restaurants
Gästehaus im Schiffswinkel, Im Schiffswinkel 35, Tel. 02330/2155
Harkortklause, Ringstr. 51, Tel. 02330/1778
Haus Kurzbach, Hauptstr. 97, Tel. 02330/2358
Kloster-Pütt, Stiftsstr. 4a, Tel. 02330/4973
Ratskeller, Hauptstr. 39a, Tel. 02330/3711
Ruhrschlößchen, Hagener Str. 2, Tel. 02330/2510
Stiftsstübchen, Frühlingstr. 3, Tel. 02330/2133
Terrine, Wittener Landstr. 39, Tel. 02330/71856

Herne — D-4690

Auskunft
Verkehrsverein Herne (auch Zimmernachweis), Berliner Platz 11, Tel. 02323/595-2844
Presseamt der Stadt Herne, Friedrich-Ebert-Platz 2, Tel. 02323/595 2210

Bahnhöfe
Hauptbahnhof Herne, Tel. 02323/51055
Hauptbahnhof Wanne-Eickel, Tel. 02325/72087
Busbahnhof Herne, Bahnhofsvorplatz
Busbahnhof Wanne-Eickel, Buschmannshof und Bahnhofsvorplatz

Freizeit und Sport
Revierpark Gysenberg, Sodingen, Am Ruhmbach

Hotels
Jägerhof, Vinckestr. 1, Tel. 02323/50266
Parkhotel, Schaeferstr. 111, Tel. 02323/52047
Der Stachel, Wanne-Eickel, Hauptstr. 186, Tel. 02325/75337

Herne: Museen	→Sehenswürdigkeiten Herne
Notdienste	Apotheken-Notdienst: siehe Tagespresse Ärztlicher Notdienst: Herne, Tel. 02323/45545; Wanne-Eickel, Tel. 02325/3938 Überfall, Verkehrsunfall: Tel. 110
Post	Hauptpostamt Herne, Bebelstr. 20, Tel. 02323/52001 Hauptpostamt Wanne-Eickel, Wanner Str. 25, Tel. 02325/72031
Restaurants	Galland, Am Ruhmbach 7, Tel. 02323/60523 Kulturzentrum, Berliner Platz 11, Tel. 02323/50170 Parkhaus, Schaeferstr. 110, Tel. 02323/52047 Schulte-Pelkum, Wanne-Eickel, Richard-Wagner-Str. 54, Tel. 02325/32607

Herten D-4352

Auskunft	Verkehrsverein und Reisebüro Herten GmbH (auch Zimmernachweis), Antoniusstr. 26, Tel. 02366/35256 Presseamt der Stadt Herten, Kurt-Schumacher-Str. 2, Tel. 02366/303-356
Bibliothek	Stadtbücherei
Freizeit und Sport	Erholungspark Katzenbusch
Hotels	Lauer, Gartenstr. 59, Tel. 02366/35414 Stadtschänke, Kurt-Schumacher-Str. 7, Tel. 02366/35126 Vestischer Hof, Ewaldstr. 132, Tel. 02366/35391 Ketteler, Ewaldstr. 106, Tel. 02366/35027
Museen	→Sehenswürdigkeiten Herten
Notdienste	Apotheken-Notdienst: siehe Tagespresse Ärztlicher Notdienst: Tel. 02366/304-1 Rettungsdienst: 02366/35535
Polizei	Jakobstr. 6, Tel. 02366/33094
Post	Hauptpostamt, Kurt-Schumacher-Str. 3, Tel. 02366/35011

Kamen D-4618

Auskunft	Heimat- und Verkehrsverein (auch Zimmernachweis), Markt 1, Tel. 02307/148393 Presseamt der Stadt Kamen, Bahnhofstr. 37, Tel. 02307/148-249
Bahnhöfe	Hauptbahnhof, Bahnhofstraße, Tel. 02307/75574; Gepäck: Tel. 02307/74467 Busbahnhof, Am Hauptbahnhof, Tel. 02307/18015
Freizeit und Sport	Sportschule Kaiserau, Methler/Kaiserau
Hotels	Gambrinus, Ängelholmer Str. 16, Tel. 02307/10446

Gasthof Rieder, Markt 6, Tel. 02307/73084
König von Preußen, Am Geist 3, Tel. 02307/73117
Stadt Kamen, Markt 11, Tel. 02307/7702

Notdienste

Apotheken-Notdienst: siehe Tagespresse
Ärztlicher Notdienst: siehe Tagespresse
Rettungsdienst: Tel. 02307/7744
Überfall, Verkehrsunfall: Tel. 110

Post

Poststraße 20, Tel. 02307/7811

Restaurants

Gambrinus, Ängelholmer Str. 16, Tel. 02307/10446
Kamener Stuben, Markt 11, Tel. 02307/7702

Theater und Musik

Konzertaula

Lünen D-4670

Auskunft

Referat für Öffentlichkeitsarbeit der Stadt Lünen (auch Zimmernachweis), Graf-Adolf-Str. 38, Tel. 02306/104-501

Bahnhof

Hauptbahnhof, Münsterstr. 50, Tel. 02306/50005

Freizeit und Sport

Cappenberger See – Freibad, Wehrenboldstraße, Tel. 02306/53269
Volkspark Schwansbell, Kamener Straße

Hotels

Drei Linden, Lange Str. 71, Tel. 02306/19235
Siebenpfennigsknapp, Altlünen, Borker Str. 281, Tel. 02306/5868
Stadthotel, Dortmunder Str. 10, Tel. 02306/13668

Notdienste

Apotheken-Notdienst: Tel. 02306/5921-23
Ärztlicher Notdienst: Tel. 02306/5921-23
Überfall, Verkehrsunfall: Tel. 110

Post

Kurt-Schumacher-Str. 5, Tel. 02306/5901

Restaurants

Altes Brauhaus, Lange Str. 71, Tel. 02306/19235
Erdelbrauck, Lange Str. 69, Tel. 02306/14650
Zum Lüner Brunnen, Brunnenstr. 91, Tel. 02306/12192

Theater und Musik

Heinz-Hilpert-Theater

Marl D-4370

Auskunft

Presseamt der Stadt Marl, Creiler Platz, Tel. 02365/105-703

Bahnhöfe

Bahnhof Marl-Mitte, Tel. 02365/8515
Busbahnhof, beim Bahnhof Marl-Mitte

Freizeit und Sport

Freibäder:
Freibad an der Hülsstraße
Guido-Heiland-Bad im Volkspark Alt-Marl
Waldbad in Hamm
Minigolf im Freizeitpark Brassert

Marl: Hotels	Loemühle, Loemühlweg 221, Tel. 02365/44015 Glückauf, Lipper Weg 86, Tel. 02365/42315 Jägerhof-Tränke, Recklinghäuser Str. 188, Tel. 02365/14071 Haus Baumeister, Nordstr. 267, Tel. 02365/22263 Haus Hiltrop, Victoriastr. 60, Tel. 02365/42698
Museen	→Sehenswürdigkeiten Marl
Notdienste	Ärztlicher Notdienst: Tel. 02365/3111 und 3112 Überfall, Verkehrsunfall: Tel. 110

Mülheim an der Ruhr — D-4330

Auskunft	Verkehrsverein (auch Zimmernachweis), Rathaus, Tel. 0208/455-9016 Hauptamt der Stadt Mülheim, Ruhrstr. 32–34, Tel. 0208/455-9011
Bahnhof	Hauptbahnhof, Eppinghofer Straße, Tel. 0208/402001
Freizeit und Sport	Galopp-Rennbahn Raffelberg
Hotels	Alt Mülheim, Teinerstr. 24, Tel. 0208/382006 Auberg, Saarn, Voßbeckstr. 37, Tel. 0208/48312 Friederike, Friederikestr. 32, Tel. 0208/381374 Handelshof, Friedrichstr. 15, Tel. 0208/35003 Hopfensack, Kalkstr. 23, Tel. 0208/383636 Kämpgens Hof, Dümpten, Denkhauser Höfe 46, Tel. 0208/70021 Kastanienhof, Dimbeck 27, Tel. 0208/ 360210 Noy, Schloßstr. 28, Tel. 0208/44671 Ostermann, Am Schloß Broich 27, Tel. 0208/422038 Van Dyk, Menden, Berger Str. 11, Tel. 0208/373965
Museen	→Sehenswürdigkeiten Mülheim
Notdienste	Apotheken-Notdienst: siehe Aushang in Apotheken Ärztlicher Notdienst: Tel. 0208/436055 Überfall, Verkehrsunfall: Tel. 110
Post	Viktoriaplatz 1, Tel. 0208/450-1
Restaurants	Am Kamin, Striepensweg 62, Tel. 0208/760036 *Fuente, Gracht 209, Tel. 0208/431853 Haus Grobe, Zeppelinstr. 60, Tel. 0208/375267 Mintarder Wasserbahnhof, Mintard, August-Thyssen-Str. 129, Tel. 02054/4957 Mövenpick, Humboldtring 13 (Rhein-Ruhr-Zentrum), Tel. 0208/49948 Speigner's Müller, Menden, Mendener Str. 109, Tel. 0208/374015 *Thermoplan Casino, Wiescher Weg 100, Tel. 0208/4437 Wasserbahnhof, Schleuseninsel, Tel. 0208/381636
Theater und Musik	Stadthalle
‚Weiße Flotte' (Personenschiffahrt auf der Ruhr)	Die ‚Weiße Flotte' besteht aus fünf Fahrgastschiffen; diese werden oft noch immer ‚Dampfer' genannt, obwohl sie durch Die-

selmotoren angetrieben werden. Die ‚Weiße Flotte' verkehrt zwischen April und Oktober nach festen Fahrplänen. Die Schiffe können auch für besondere Veranstaltungen angemietet werden – z. B. für Bordfeste und Frühschoppenfahrten.

Münsterland

Allgemeine Informationen

Nähere Auskünfte und Prospekte über das Münsterland erhält man u. a. beim Landesverkehrsverband Westfalen (Balkenstr. 40, D-4600 Dortmund 1, Tel. 0231/571715).

Bocholt

Verkehrsbüro,
Europaplatz 22, D-4290 Bocholt;
Tel. 02871/953298

Borken

Stadtverwaltung,
Heilig-Geist-Str. 8, D-4280 Borken;
Tel. 02861/881

Dülmen

Verkehrsverein,
im Rathaus, D-4408 Dülmen;
Tel. 02594/12292

Münster

Verkehrsverein,
Berliner Platz 22, D-4400 Münster;
Tel. 0251/40495

Raesfeld

Gemeindeverwaltung,
Weseler Str. 19, D-4281 Raesfeld;
Tel. 02865/8007

Niederrheinisches Tiefland

Allgemeine Informationen

Nähere Auskünfte und Prospekte über das Niederrheinische Tiefland erhält man u. a. beim Landesverkehrsverband Rheinland (Rheinallee 69, D-5300 Bonn 2, Tel. 0228/362921/2).

Emmerich

Verkehrsamt,
Martinikirchgang 2, D-4240 Emmerich;
Tel. 02822/75207

Isselburg

Stadtverwaltung,
im Stadtteil Anholt, Markt 14, D-4294 Isselburg;
Tel. 02871/2055

Kalkar

Stadtverwaltung,
Markt 20, D-4192 Kalkar;
Tel. 02824/13138

Kevelaer

Verkehrsamt (im Rathaus),
Peter-Plümpe-Platz 12, D-4178 Kevelaer;
Tel. 02832/4981

Kleve

Verkehrsamt,
im Rathaus, D-4190 Kleve;
Tel. 02821/84267

Niederrhein (Fortsetzung) **Rees**	Stadtverwaltung, Markt 1, D-4242 Rees; Tel. 02851/1011
Wesel	Verkehrsverein, Franz-Etzel-Platz 4, D-4230 Wesel; Tel. 0281/24498
Xanten	Presseamt der Stadt Xanten, Karthaus 2, D-4232 Xanten; Tel. 02801/37-219

Oberhausen D-4200

Auskunft	Verkehrsverein (auch Zimmernachweis), Berliner Platz 4, Tel. 0208/26220 Presseamt der Stadt Oberhausen, Schwarzstr. 72, Tel. 0208/825-2211
Bahnhof	Hauptbahnhof, Tel. 0208/832-1
Hotels	Börsch, Neumühler Str. 9, Tel. 0208/668235 Hubertushof, Sterkrade, Inselstr. 26, Tel. 0208/640213 Ruhrland, Berliner Platz 2, Tel. 0208/805031 Zum Rathaus, Freiherr-vom-Stein-Str. 41, Tel. 0208/21608 Zur Bockmühle, Osterfeld, Teutoburger Str. 156, Tel. 0208/69020
Kultureinrichtungen	Westdeutsche Kurzfilmtage Sportfilmtage
Notdienste	Apotheken-Notdienst: Tel. 0208/861055-58 Ärztlicher Notdienst: Tel. 0208/861055-58 Überfall, Verkehrsunfall: Tel. 110
Post	Tel. 0208/830-1
Restaurants	Gasthof Frintrop, Mühlenstr. 116, Tel. 0208/870975 Gasthof Zum Rathaus, Freiherr-vom-Stein-Str. 41, Tel. 0208/21608 Im Treppchen, Stöckmannstr. 66, Tel. 0208/21539 Ratsstube (in der Stadthalle), Düppelstr. 1, Tel. 0208/801041
Theater und Musik	Städtische Bühnen

Recklinghausen D-4350

Auskunft	Städtisches Reisebüro (auch Zimmernachweis), Kunibertstr. 23, Tel. 02361/587672 Amt für Öffentlichkeitsarbeit, Rathausplatz 3, Tel. 02361/587-239
Bahnhöfe	Hauptbahnhof, Tel. 02361/2071 Busbahnhof, Tel. 02361/14430
Bibliothek	Stadtarchiv Recklinghausen

Freizeit und Sport

Trabrennbahn Hillerheide

Hotels

Barbarossa-Hotel, Löhrhof 8, Tel. 02361/25071
Die Engelsburg, Augustinessenstraße 10, Tel. 02361/25066
Landhaus Quellberg, Holunderweg 9, Tel. 02361/41014
Wüller, Hammer Straße 1, Tel. 02361/42218

Kultureinrichtungen

Ruhrfestspielhaus →Sehenswürdigkeiten Recklinghausen

Museen

→Sehenswürdigkeiten Recklinghausen

Post

Tel. 02361/511

Restaurants

Die Engelsburg, Augustinessenstraße 10, Tel. 02361/25066
Haus Breuing, Marler Str. 29, Tel. 02361/22452

Taxi

Taxi-Zentrale, Tel. 02361/22222

Ruhrtal-Museumszug

→Allgemeine Verkehrseinrichtungen

Ruhr-Tour

→Allgemeine Verkehrseinrichtungen

Sauerland

Allgemeine Informationen

Nähere Auskünfte und Prospekte über das Sauerland erhält man u. a. beim Landesverkehrsverband Westfalen (Balkenstr. 40, D-4600 Dortmund 1, Tel. 0231/571715), beim Fremdenverkehrsverband Sauerland (Im Ohl 12, D-5948 Fredeburg, Tel. 02974/6068) und bei der Touristik-Zentrale Sauerland (Postfach 1460, D-5790 Brilon, Tel. 02961/91229).

Sauerländischer Gebirgsverein

Der Sauerländische Gebirgsverein (SGV; Emster Str. 104, D-5800 Hagen 1, Tel. 02331/55255), der u. a. zahlreiche und gut beschilderte Wanderwege angelegt hat, ist im ganzen Ruhrgebiet durch zahlreiche Ortsvereine vertreten. Informationen über die verschiedenen SGV-Veranstaltungen (Wanderungen, Ausflüge), an denen sich jedermann beteiligen kann, sind der örtlichen Tagespresse zu entnehmen.

Altena

Stadtverwaltung,
Lüdenscheider Str. 22, D-5990 Altena;
Tel. 02352/2090

Attendorn

Verkehrsamt,
Rathaus, D-5952 Attendorn;
Tel. 02722/64229

Balve

Verkehrsverein,
Drostenplatz 8, D-5983 Balve;
Tel. 02375/5380

Sauerland (Fortsetzung) **Ennepetal**	Presseamt der Stadt Ennepetal, Bismarckstr. 21, D-5828 Ennepetal; Tel. 02333/795-217
Hemer	Verkehrsverein, Hauptstr. 183, D-5870 Hemer; Tel. 02372/10868
Iserlohn	Verkehrsamt, Bahnhofsplatz 2, D-5860 Iserlohn; Tel. 02371/2172258
Lennestadt	Stadtverwaltung, im Stadtteil Grevenbrück, Kölner Str. 57, D-5940 Lennestadt; Tel. 02721/1404
Karl-May-Festspiele Elspe	Karl-May-Festspiele Freilichtbühne in Lennestadt-Elspe Spielzeit: Anfang Juni bis Ende August (jährlich wechselndes Programm) Kartenvorverkauf: Tel. 02721/1551
Lüdenscheid	Stadtverwaltung, Rathaus, D-5880 Lüdenscheid; Tel. 02351/17642
Naturpark Arnsberger Wald	Zweckverband Naturpark Arnsberger Wald, Osthofenstr. 60/62, D-4770 Soest; Tel. 02921/101229
Naturpark Diemelsee	Verein Naturpark Diemelsee e. V., Kreishaus, D-3540 Korbach; Tel. 05631/54357
Naturpark Ebbegebirge	Zweckverband Naturpark Ebbegebirge, Danziger Str. 2, D-5960 Olpe; Tel. 02761/81425
Naturpark Homert	Zweckverband Naturpark Homert, Kreishaus, Weddinghauser Straße, D-5760 Arnsberg; Tel. 02931/83408
Naturpark Rothaargebirge	Zweckverband Naturpark Rothaargebirge, Steinstr. 39, D-5778 Meschede; Geschäftsstelle in Brilon, Tel. 02961/91224
Olsberg	Verkehrsamt, Bahnhofstr. 4, D-5787 Olsberg; Tel. 02962/14911
Stausee Biggesee	→Naturpark Ebbegebirge
Stausee Möhnesee	→Naturpark Arnsberger Wald
Stausee Sorpesee	→Naturpark Homert
Winterberg	Kurverwaltung, Hauptstr. 1, D-5788 Winterberg; Tel. 02981/2252

Schwerte D-5840

Amt für Stadtentwicklung (auch Zimmernachweis), Bahnhofstr. 26, Tel. 02304/104-1 — Auskunft
Presseamt, Rathausstr. 31, Tel. 02304/104-333

Hauptbahnhof, Tel. 02304/14788 — Bahnhöfe
Busbahnhof, Auskunft über Hagen: Tel. 02331/205447

Im Spiek, Ergste, Letmather Str. 216, Tel. 02304/7105 — Hotels
Menzebach, Ostenstr. 23, Tel. 02304/16590

→Sehenswürdigkeiten Schwerte — Museen

Ärztlicher Notdienst: Tel. 02304/42153, 42154 — Notdienste
Rettungsdienst: 02304/4863 oder 40505
Überfall, Verkehrsunfall: Tel. 110

Postplatz 5, Tel. 02304/18051 — Post

Gutshof Wellenbad, Geisecke, Zum Wellenbad 7, Tel. 02304/40065 — Restaurants
Haus Becker, Villigst, Am Buschufer 7, Tel. 02304/73135

Selm D-4714

Presseamt der Stadt Selm, Adenauer-Platz 2, in Selm-Bork, Tel. 02592/69-238 — Auskunft

Burg-Hotel, Kreisstr. 63, Tel. 02306/3773 — Hotels
Haus Knipping, Ludgeristr. 32, Tel. 02592/3009
Kreutzkamp, Cappenberg, Cappenberger Damm 3, Tel. 02306/54181

Gutshof Kreutzkamp, Cappenberg, Cappenberger Damm 3, Tel. 02306/54181 — Restaurant

Unna D-4750

Verkehrsverein (auch Zimmernachweis), Bahnhofsstr. 37, Tel. 02303/21031 — Auskunft
Presseamt der Stadt Unna, Nordring 3, Tel.02303/103-338

Bahnhof Unna-Mitte, Tel. 02303/12267 — Bahnhöfe
Busbahnhof, Unna-Mitte (beim Bahnhof)

Eissporthalle Unna, Bergenkamp 5, Tel. 02303/60697 — Freizeit und Sport
Hellweg Sporthallen Unna, Palaiseanstr. 1, Tel. 02303/60891
Thermalbad Unna-Massen

Gut Höing, Hammer Straße, Tel. 02303/6824 — Hotels
Kraka, Gesellschaftsstr. 10, Tel. 02303/1811
Lutherhaus, Obere Husemannstr. 4, Tel. 02303/12560
Parkhotel, Friedrich-Ebert-Str. 55, Tel. 02303/6549

Unna: Museen	→Sehenswürdigkeiten Unna
Notdienste	Apotheken-Notdienst: siehe Aushang in Apotheken Rettungsdienst: Tel. 02303/1822 Überfall, Verkehrsunfall: Tel. 110
Post	Bahnhofstr. 46, Tel. 02303/1765
Restaurant	Haus Kissenkamp, Hammer Str. 102, Tel. 02303/60377

Waltrop D-4355

Auskunft	Presseamt der Stadt Waltrop, Münsterstr. 1, Tel. 02309/62-237
Bahnhof	Hauptbahnhof, Tel. 02309/40565
Hotels	Haus der Handweberei, Bahnhofstr. 95, Tel. 02309/3003 Kranefoer, Hilbertstr. 12, Tel. 02309/2328 Schneider, Hochstr. 72, Tel. 02309/2105
Post	Am Moselbach 5, Tel. 02309/2081
Restaurants	Alt-Waltrop, Kirchplatz 4, Tel. 02309/2214 Rotisserie Stromberg, Isbruchstraße, Tel. 02309/4228

Werne D-4712

Auskunft	Presseamt der Stadt Werne, Konrad-Adenauer-Platz 1, Tel. 02389/71-247
Bahnhöfe	Hauptbahnhof, Tel. 02389/2211 Busbahnhof, Konrad-Adenauer-Straße, Tel. 02389/2211
Freizeit und Sport	Solebad →Sehenswürdigkeiten Werne
Hotels	Baumhove, Markt 2, Tel. 02389/2298 Centralhof, Markt 1, Tel. 02389/2824 Hubertushof, Horst, Hellstraße 22, Tel. 02389/3845
Museen	→Sehenswürdigkeiten Werne
Notdienste	Rettungsdienst: Tel. 02389/2121 Überfall, Verkehrsunfall: Tel. 110
Post	Münsterstr. 3, Tel. 02389/7011
Theater und Musik	Freilichtbühne

Wetter D-5802

Auskunft	Presseamt der Stadt Wetter (auch Zimmernachweis), Kaiserstr. 170, Tel. 02335/84-214
Bahnhof	Hauptbahnhof Wetter, Tel. 02335/5300

Freizeit und Sport

Harkortsee; Sportzentrum Harkortberg

Hotels

Burghotel Volmarstein, Am Vorberg 12, Tel. 02335/6531
Haus Elbschetal, Wengern, Kirchstr. 2, Tel. 02335/7575
Haus Henriette Davidis, Wengern, Trienendorfer Str. 8, Tel. 02335/70177
Westfälischer Hof, Kaiserstr. 129, Tel. 02335/4413

Museumszug im Ruhrtal

→Allgemeine Verkehrseinrichtungen

Notdienste

Apotheken-Notdienst: Tel. 02335/5333
Ärztlicher Notdienst: Tel. 02335/5335
Überfall, Verkehrsunfall: Tel. 110

Post

Tel. 02335/4031

Restaurant

Leimkasten →Sehenswürdigkeiten Wetter

Witten D-5810

Auskunft

Presseamt der Stadt Witten, Marktstr. 16, Tel. 02302/581-457

Bahnhöfe

Hauptbahnhof, Bergerstr. 35, Tel. 02302/5871
Busbahnhof: Bochum-Gelsenkirchener Straßenbahnen AG, Johannisstraße

Freizeit und Sport

Hohensteiner Spielwiesen →Sehenswürdigkeiten Witten

Hotels

Dünnebacke, Breddestraße 36, Tel. 02302/56450
Hoppe, Annen, Stockumer Str. 6, Tel. 02302/60307
Parkhotel, Bergerstr. 23, Tel. 02302/57041
Specht, Annen, Westfalenstr. 104, Tel. 02302/60393

Motorschiff „Schwalbe" (Personenschiffahrt)

Von Witten-Bommern fährt das Motorschiff „Schwalbe" regelmäßig flußabwärts bis zur Burgruine Hardenstein (→Sehenswürdigkeiten Witten) und zurück. Wenn die im Krieg zerstörte Ruhrschleuse Herbede wieder instand gesetzt ist, wird das Motorschiff bis in den Kemnader See (Bochum) hineinfahren.
Eine solche Fahrt auf der Ruhr vermittelt sowohl vielfältige landschaftliche Eindrücke als auch solche aus verschiedenen historischen Epochen: So sieht man gleich nach Fahrtbeginn auf der rechten Flußseite ein Wasserwerk und ein großes Edelstahlwerk; am gegenüberliegenden Ufer thront auf einem grünen Steilhang Schloß Steinhausen, ein ehemaliger Adelssitz.

Museen

→Sehenswürdigkeiten Witten

Museumszug im Ruhrtal

→Allgemeine Verkehrseinrichtungen

Notdienste

Ärztlicher Notdienst: Tel. 02302/81011
Überfall, Verkehrsunfall: Tel. 110

Post

Postamt Witten, Berliner Str. 17–19, Tel. 02302/5841

Restaurants

Ratskeller, Marktstr. 16, Tel. 02302/56807
Saalbau, Berger Str. 25, Tel. 02302/54440

Taxi

Taxi-Zentrale, Poststr. 18, Tel. 02302/52002 und 54444

Die wichtigsten Rufnummern auf einen Blick

	Telefon
Notruf	
– Polizei (Überfall, Verkehrsunfall)	110
– Feuerwehr (Erste Hilfe)	112
Auskunft (Städte)	
– Bochum	0234/621-3975/77
– Bottrop	02041/247-239
– Castrop-Rauxel	02305/106-2210
– Datteln	02363/107-389
– Dinslaken	02134/66-202
– Dorsten	02362/66-235
– Dortmund	0231/542-22130/39
– Duisburg	0203/2832189
– Düsseldorf	0211/350505
– Essen	0201/181-3015
– Gelsenkirchen	0209/169-2271
– Gladbeck	02043/275-319
– Hagen	02331/207-509
– Hamm	02381/101-320
– Hattingen	02324/204-226
– Herdecke	02330/61-217
– Herne	02323/595-2249
– Herten	02366/303-356
– Kamen	02307/148-249
– Lünen	02306/104-501
– Marl	02365/105-703
– Mülheim	0208/455-9011
– Oberhausen	0208/825-2211
– Recklinghausen	02361/587-239
– Schwerte	02304/104-333
– Selm	02592/69-238
– Unna	02303/103-338
– Waltrop	02309/62-237
– Werne	02389/71-247
– Wetter	02335/84-214
– Witten	02302/581-457
Auskunft (Verbände)	
– Kommunalverband Ruhrgebiet, Essen	0201/2069-365
– Landesverkehrsverband Westfalen, Dortmund	0231/571715
– Landesverkehrsverband Rheinland, Bonn 2 (Bad Godesberg)	0228/362921
– Landschaftsverband Westfalen-Lippe, Münster	0251/5911
– Landschaftsverband Rheinland, Köln	0221/82831

Register